Die schönsten Wochenendtrips

52 Top-Ziele in Europa

Mit Extra-Heft!

Nordwesteuropa

01 Dublin 6
02 Edinburgh 9
03 London 12
04 Östliches Südengland 16
05 Brüssel 19
06 Antwerpen 22
07 Amsterdam 26

Nordeuropa

08 Oslo 32
09 Kopenhagen 35
10 Stockholm 38
11 Helsinki 42
12 Tallinn 45
13 Riga 48
14 Sankt Petersburg 52

Mittel- und Osteuropa

15 Sylt 58
16 Rügen 61
17 Hamburg 64
18 Köln 67
19 Berlin 70
20 Leipzig 74
21 Dresden 77
22 München 80
23 Bodensee 84
24 Zürich 87
25 Genfer See 90
26 Salzburg 93
27 Wien 96
28 Prag 100
29 Krakau 103
30 Budapest 106
31 Ljubljana 110

Südwesteuropa

32 Paris 116
33 Bordeaux 120
34 Straßburg 123
35 Provence 126
36 Porto 130
37 Lissabon 133
38 Andalusien 136
39 Madrid 139
40 Barcelona 142
41 Mallorca 146

Süd- und Südosteuropa

42 Südtirol 152
43 Gardasee 156
44 Mailand 159
45 Venedig 162
46 Toskana 166
47 Rom 169
48 Palermo 172
49 Malta 175
50 Dubrovnik 178
51 Athen 182
52 Istanbul 185

Register 188
Bildnachweis 191
Impressum 192

Nordwest-europa

»Die Vorstellung ist wundervoll, aber noch wundervoller ist das Erlebnis!«

Oscar Wilde

01 Dublin

Dublin, das ist Irland wie man es sich vorstellt – und eine moderne Metropole von außergewöhnlichem Charme. Von Meer und Bergen eingerahmt, liegt die irische Hauptstadt am Fluss Liffey, der sie untergliedert in einen eher proletarischen Nord- und den wohlhabenderen Südteil mit dem Regierungs- und dem alten Univiertel. Dort sind auch die wichtigsten »sights« zu finden: Dublin Castle, das Trinity College mit seinen Bibliotheksschätzen, St. Patrick's Cathedral oder die Nationalmuseen. Am Südufer des Liffey erstrecken sich auch die engen, kopfsteingepflasterten Gassen von »Temple Bar«, dem Kultur- und Ausgehviertel. 1742 wurde hier Händels »Messias« uraufgeführt; heute kann man zu trendigen Beats die Nacht durchtanzen oder in uralten Pubs traditionelle irische Musik hören. Leicht kommt man an der Theke mit Einheimischen ins Gespräch. Die »Dubs« – wie sie sich selbst nennen – begegnen Touristen mit großer Herzlichkeit. Es kann gut sein, dass man im Pub über die Verhältnisse zwischen Dubliner »Northside« und »Southside« aufgeklärt wird oder lohnende Tipps für Ausflüge ins Umland bekommt. Das eine oder andere Pint und ein Irish Stew gehören dann dazu.

Hort des Wissens: der Long Room in der Alten Bibliothek des Trinity College.

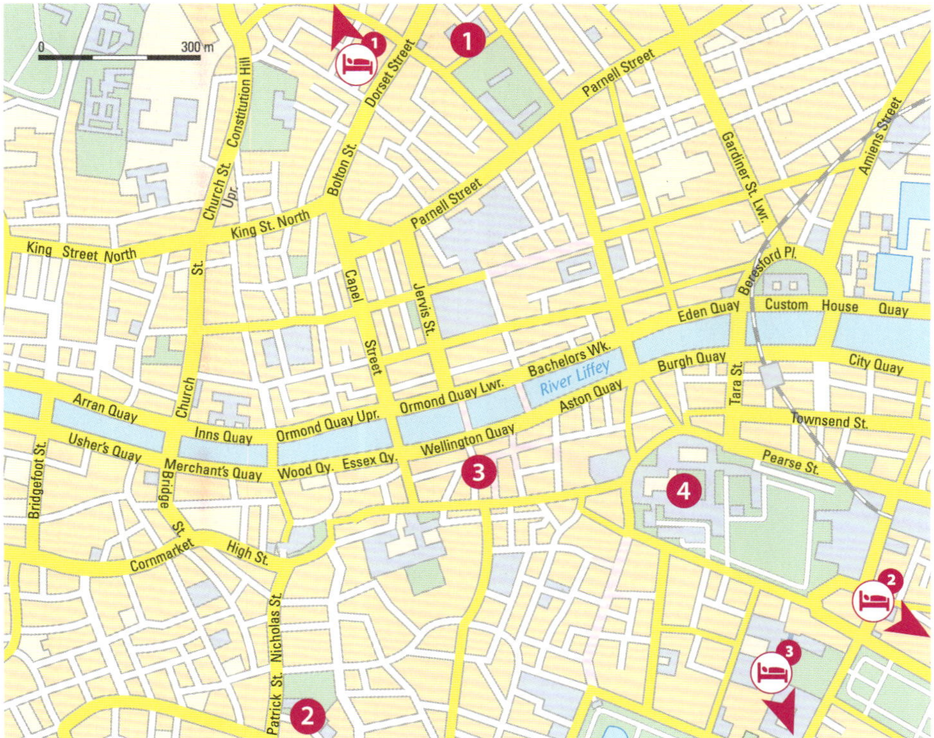

LEGENDE

- 1 Hugh Lane Gallery
- 2 St. Patrick's Cathedral
- 3 Temple Bar
- 4 Trinity College
- Hotel 1 Botanic Villa
- Hotel 2 Butlers Town House
- Hotel 3 Number 31

1 Hugh Lane Gallery

Eine der umfangreichsten Sammlungen Irlands für moderne und zeitgenössische Kunst umfasst rund 2000 Arbeiten – darunter Claude Monet, Pierre-Auguste Renoir und Edgar Degas, aber auch zahlreiche irische Künstler wie Walter Osbourne, Roderic O'Conor oder Francis Bacon, dessen komplettes Londoner Studio hinter Glas originalgetreu wieder aufgebaut wurde. »Sundays at Noon« heißen die beliebten Gratis-Konzerte im Museum, deren Spektrum von Klassik bis Jazz reicht.

Parnell Square North, Di–Do 9.45–18, Fr 9.45–17, Sa 10–17, So 11–17 Uhr, www.hughlane.ie

2 Saint Patrick's Cathedral

Das größte Gotteshaus Irlands stammt aus dem 13. Jh., wurde aber auf einem Vor-

Hotels

Botanic Villa

Dieses gemütliche B&B liegt nicht nur günstig zwischen Stadtzentrum und Flughafen, sondern bietet auch erschwingliche Preise. Zu dem viktorianischen Gebäude gehört ein privater Parkplatz, auf dem man sein Auto sicher abstellen kann. Morgens kann zwischen einem irischen Frühstück, »continental breakfast« oder einer vegetarischen Option gewählt werden.

13 Botanic Road, www.botanicvilla.com, Tel. +353 1 830 21 80, DZ ab 40 €

Butlers Town House

Elegantes Stadthaus aus dem 19. Jh., das in stilvoll eingerichteten Zimmern modernen Komfort mit viktorianischem Flair verbindet. Besonders schön ist der illustre »Drawing Room« mit Bibliothek, dieser dient als Aufenthaltsraum. Vom Hotel sind die meisten Sehenswürdigkeiten Dublins schnell erreicht.

44 Lansdowne Road, www.butlers-townhouse.ie, Tel. + 353 1 667 40 22, DZ ab 120 €

Number 31

Der Architekt Sam Stephenson hat dieses georgianische Stadthaus mit ruhigem Garten nach eigenen Vorstellungen umgewandelt und geschmackvoll mit alten Möbeln eingerichtet. Gäste schwärmen besonders von dem köstlichen Frühstück.

31 Leeson Close, www.number31.ie, Tel. +353 1 676 50 11, DZ ab 180 €

Mehr »Temple Bar« geht nicht: Im Pub The Temple Bar in der Temple Bar Straße im Stadtteil Temple Bar.

gängerbau errichtet, der auf das 5. Jh. und auf den Hl. Patrick zurückgeht: An einer Quelle soll er damals Heiden getauft haben. Die Kirche war der Mittelpunkt der anglo-irischen Gemeinde.

Saint Patrick's Close, Mo–Fr 9.30–17, So 9–10.30, 12.30–14.30, März–Okt. Sa 9–18, So 16.30–18, So 16.30–18, Nov.–Feb. Sa 9–17 Uhr, www.stpatrickscathedral.ie

Beste Reisezeit

Mai bis September gilt als wettermäßig ideal, aber auch ein Besuch zum Saint Patrick's Day (17. März) ist reizvoll: Während des Festivals zu Ehren des Nationalheiligen gibt es Konzerte, Ausstellungen, Theater, Straßenkünstler, Feuerwerk und natürlich viel, viel zu trinken ...

3 Temple Bar

Das alte Temple Bar mit seinen engen Gassen ist heute ein quirliges, junges Kreativ- und Kulturquartier, berühmt für seine Pubs. Die Kunst, ein perfektes Pint Guinness zu zapfen, beherrschen die Barkeeper: Das Bier läuft aus dem Hahn, bis zur Harfe wird das Glas schräg gehalten, dann kommt es in die Vertikale. Besonders gut beobachten lässt sich dieser Vorgang etwa im »Porterhouse« und »The Stag's Head« – vielleicht sogar bei Livemusik.

Am Südufer des Liffey

4 Trinity College

Die Old Library der 1592 gegründeten Universität birgt im Long Room die größten Schätze des Colleges wie die berühmte, 1200 Jahre alte Handschrift des Book of Kells, das Book of Durrow and Armagh, etwa 200 000 kunstvoll gebundene alte Bücher und eine uralte irische Harfe.

College Street, Mai Mo–Sa 9.30–17, So 9.30–16.30, Juni–Sept. Mo–Sa 8.30–17, So 9.30–17 Uhr, www.bookofkells.ie

5 Newgrange

Das Farmland am Fluss Boyne birgt die bedeutendste Stätte antiker Kulturdenkmäler Europas, insbesondere die jungsteinzeitlichen Ganggräber in Newgrange, Dowth und Knowth mit einem geschätzten Alter von 5000 Jahren. Welchem Zweck sie dienten, weiß man bis heute nicht: Möglicherweise wurden sie für religiöse oder Begräbniszeremonien genutzt.

51 km nördlich von Dublin an der M 2, Feb.–Apr. tgl. 9.30–17.30, Mai 9–18.30, Juni–Mitte Sept. 9–19, Mitte–Ende Sept. 9–18.30, Okt. 9.30–17.30, Nov.–Jan. 9–17 Uhr, www.newgrange.com

Anreise

Berlin:	2:15 h
Frankfurt:	2:00 h
München:	2:25 h
Zürich:	2:15 h
Wien:	2:50 h

02 Edinburgh

Auf sieben Hügeln über dem Nordseefjord des »Firth of Forth« erhebt sich die Hauptstadt Schottlands. Imposant nistet Edinburghs mittelalterliche »Old Town« auf einem schroffen Lavafelsen. Über allem thront die mächtige Burganlage. Der ruppige Nordseewind hält dort oben Schottlandfahnen und Möwen in ständiger Bewegung. Dagegen scheinen in den engen Gassen der Altstadt die Jahrhunderte oft stillzustehen, so malerisch begegnet man hier schottischer Geschichte. Auch Edinburghs »New Town« ist nicht ganz neu: Die elegante Stadterweiterung in der Ebene entstand im 18. Jahrhundert. Hier wie dort lockt die Stadt mit einer Fülle kultureller Angebote, von hochkarätigen Museen bis zu ambitionierten Festivals. Edinburgh ist stolz auf das kulturelle Erbe, hat aber mehr zu bieten als vergangene Größe. Die Stadt beherbergt eine der renommiertesten britischen Universitäten, als Sitz des schottischen Parlaments spielt sie auch politisch eine immer größere Rolle. Dabei verbindet sich der metropolitane Anspruch mit kleinstädtischer Gelassenheit und ausgeprägter Genussfreudigkeit zu einem faszinierenden Flair – mit stark schottischem Akzent.

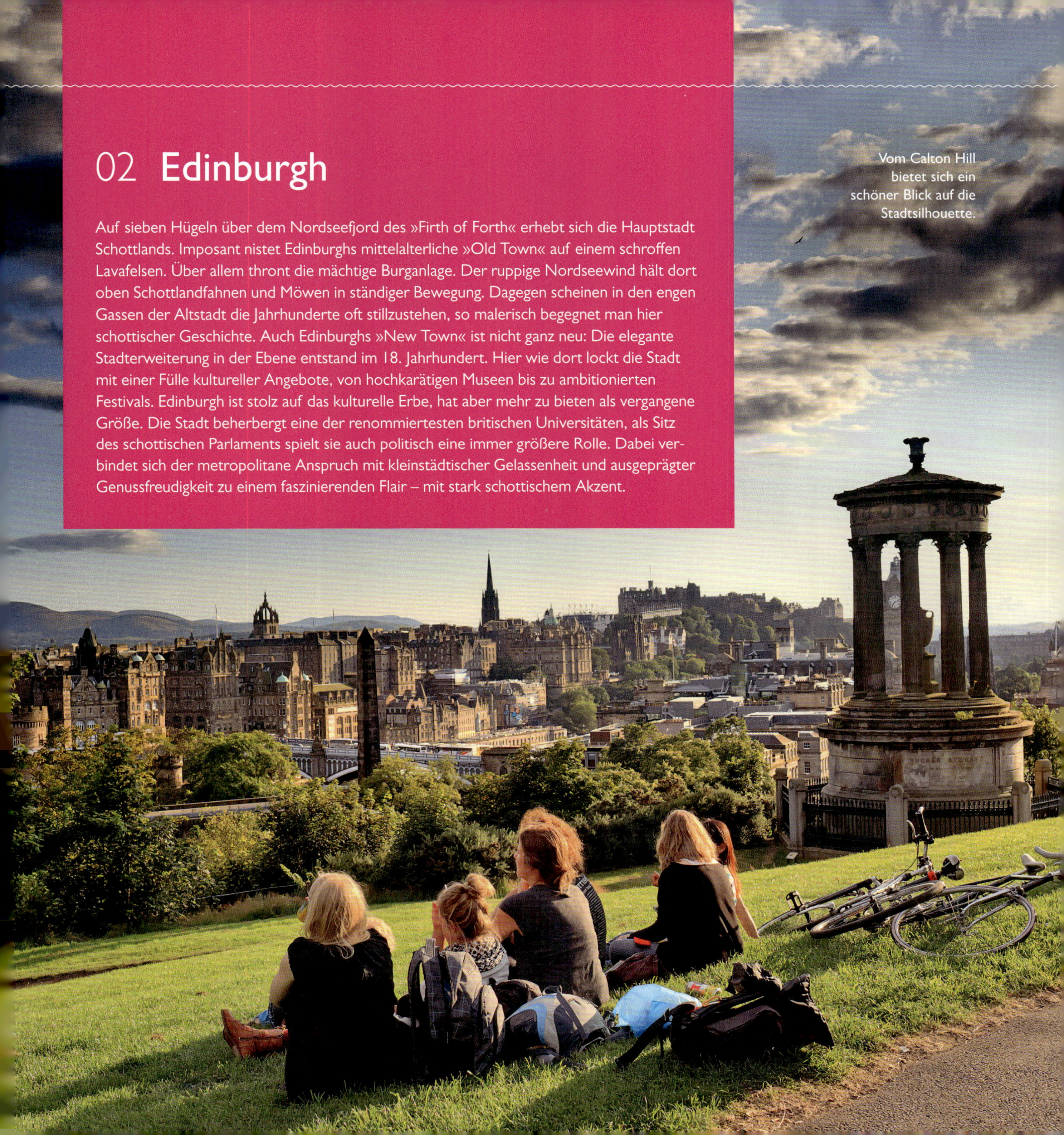

Vom Calton Hill bietet sich ein schöner Blick auf die Stadtsilhouette.

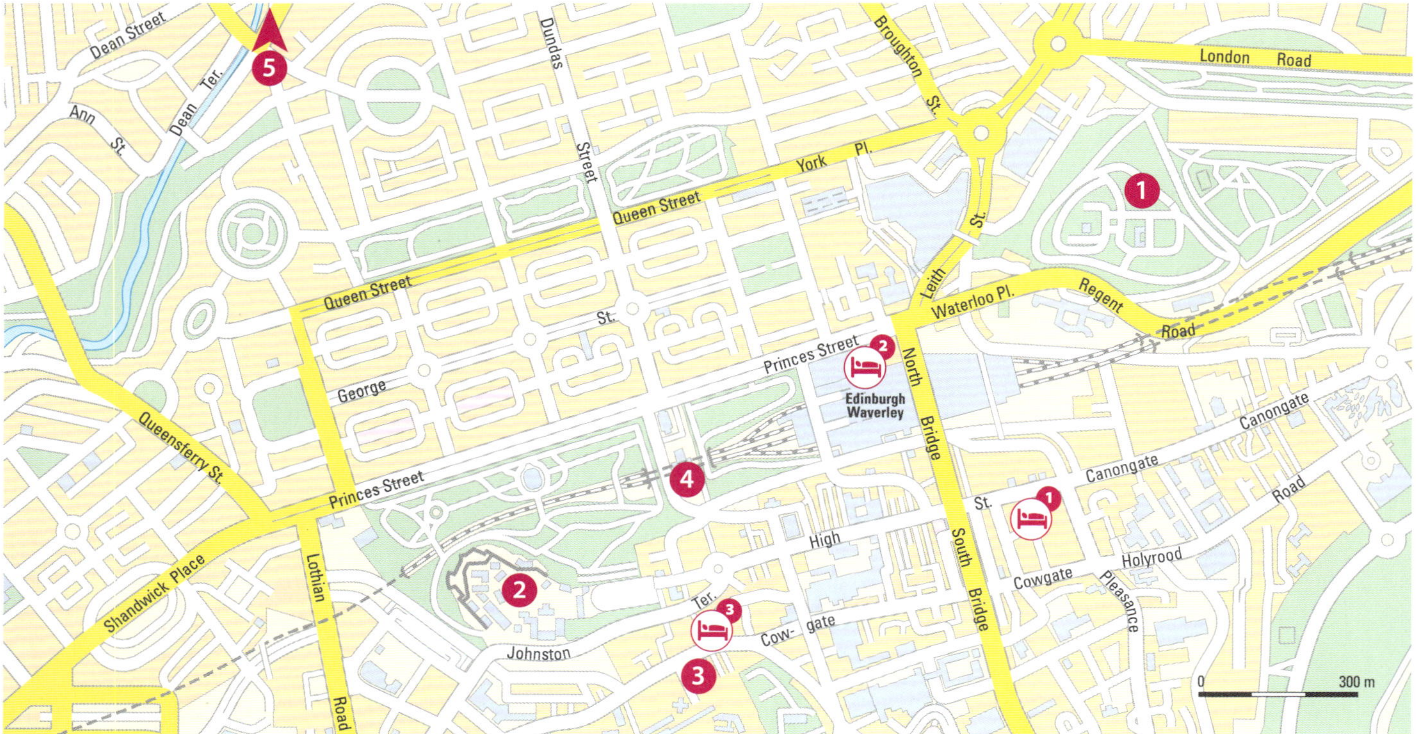

LEGENDE

1 Calton Hill
2 Edinburgh Castle
3 Grassmarket
4 National Galleries of Scotland
5 Royal Botanic Garden
Hotel 1 The Balmoral
Hotel 2 Grassmarket Hotel
Hotel 3 High Street Hostel

1 Calton Hill

Der Aussichtsberg sollte im 19. Jh. Edinburghs Ruf als »Athen des Nordens« festigen. 1826 begann man mit dem Bau der schottischen Akropolis, doch drei Jahre später musste die Arbeit wegen Geldmangels gestoppt werden. Bis heute ragen die Säulen zusammenhanglos in den Himmel. Sehenswert auch das Nelson Monument.

Oberhalb des Bahnhofs Waverley Station

2 Edinburgh Castle

Auf dem Basaltkegel eines vor 340 Mio. Jahren erloschenen Vulkans wurde im 7. Jh. die imposante Din Eidyn (Gälisch: Burg Eidyns) gebaut, die im 12. Jh. unter König Malcom III. und seiner Frau Margaret zur Hauptfestung der schottischen Monarchie avancierte.

Castlehill, Apr.–Sept. tgl. 9.30–18, Okt.–März tgl. 9.30–17 Uhr, www.edinburghcastle.gov.uk

3 Grassmarket

Bis in die Achtzigerjahre gehörte der Grassmarket zu den Slums von Edinburgh, dann avancierte er zum quirligen Ausgehviertel. Urige Pubs und Restaurants, kleine Boutiquen und ausgefallene Secondhandläden reihen sich heute aneinander. Am Abend gibt es oft Livemusik.

Zwischen King's Stables Road und George IV Bridge

Die Nationalgalerie wirkt auf viele Besucher wie ein Museum aus dem Bilderbuch.

4 National Galleries of Scotland

Die schottische Nationalgalerie beherbergt die größte Sammlung europäischer Kunst des Landes – von der Renaissance bis zum Post-Impressionismus – auf einer Ausstellungsfläche auf drei Häuser verteilt.

The Mound, tgl. 10–17, Do bis 19 Uhr, www.nationalgalleries.org

5 Royal Botanic Garden

Der Botanische Garten ist wissenschaftliche Institution, Touristenattraktion und Erholungsraum für Familien und Anwohner zugleich.

Inverleith Row, März–Sept. tgl. 10–18, Okt. und Feb. bis 17, Nov.–Jan. bis 16 Uhr, www.rbge.org.uk

Beste Reisezeit

Zum Wandern und Entdecken ist es im Mai, Juni und September am schönsten in Edinburgh. Aber Schottland im Winter? Klar doch! Hogmanay, das schottische Pendant zum New Year (Silvesterfeier), wird besonders ausgelassen gefeiert.

Anreise

Berlin:	2:10 h
Frankfurt:	1:55 h
München:	2:20 h
Zürich:	2:15 h
Wien:	2:45 h

Hotels

The Balmoral
Komfort, Luxus und Tradition stehen in dem Fünf-Sterne-Palast seit jeher an erster Stelle. Stadtbekannt ist die weithin sichtbare Turmuhr des Hotels, die seit Eröffnung des Balmorals im Jahr 1902 ganze drei Minuten vorgeht, damit Gäste nie ihren Zug im nahe gelegenen Waverly Bahnhof verpassen.
1 Princes Street, www.thebalmoralhotel.com, Tel. +44 131 556 24 14, DZ ab 300 €

Grassmarket Hotel
Das Design des traditionsreichen Hauses hebt sich kontrastreich von den typischen Altstadthotels ab: Comic-Tapeten, Metallmöbel und spleenige Accessoires ziehen ein stylishes Publikum an. Das historische Stadtviertel Grassmarket lockt zudem noch mit einer Vielzahl an Läden, Pubs und Restaurant.
94–96 Grassmarket, www.thegrassmarkethotel.co.uk, Tel. +44 131 220 22 99, DZ ab 100 €

High Street Hostel
Dieses urige Hostel ist bereits eine Institution im Herzen des Old Towns und beliebt bei Reisenden von nah und fern, nicht zuletzt wegen seiner Lage auf der High Street sowie der urgemütlichen Atmosphäre und des sympathischen Umgangstons.
8 Blackfriars Street, www.highstreethostel.com, Tel. +44 131 557 39 84, DZ ab 70 €

Die Tower Bridge imponiert
seit über 120 Jahren zu
jeder Tages- und Nachtzeit.

03 London

London eine Weltstadt zu nennen, wäre eine Untertreibung. Von hier wurde einst das weltumspannende Britische Empire gelenkt, heute sind es globale Finanzströme. Doch London ist selbst schon eine Welt für sich: 8,3 Millionen Menschen aus aller Herren Länder leben hier. Sie verteilen sich auf 32 »boroughs«, die im Lauf der Jahrhunderte aus etlichen Dörfern zusammengewachsen sind, mit jeweils eigenen Identitäten. »Wer London sieht, hat alles vom Leben gesehen, was die Welt einem zeigen kann«, formulierte der Gelehrte Samuel Johnson vor 300 Jahren. Und die Liste weltberühmter Sehenswürdigkeiten ist in London länger als in jeder anderen Stadt. So bekannt die Wahrzeichen der Stadt und des Königsreiches sind – seien es der Tower, die Tower Bridge, Big Ben und die Houses of Parliament, die großen Kirchenbauten oder der Buckingham Palace – ihre Magie entfalten sie erst, wenn man sie persönlich erlebt. An diesen Orten wird (Welt-)Geschichte lebendig, ohne dass sich das alltägliche Leben davon aus der Ruhe bringen ließe oder die – zu allen Zeiten heiß umstrittene – Weiterentwicklung der Stadt einen Moment innehalten würde. Augenfälligstes architektonisches Beispiel der jüngsten Zeit ist Norman Fosters »Gherkin«-Hochhaus, jene grüne Stahl-und-Glas-Gurke, die nun St. Paul's Cathedral überragt. London steht nie still. London wird nie langweilig. So viel hat die kosmopolitische Megacity zu bieten, dass jeder Besuch zwangsläufig mit der Erkenntnis endet, wiederkommen zu müssen, um noch mehr von dieser Welt zu entdecken.

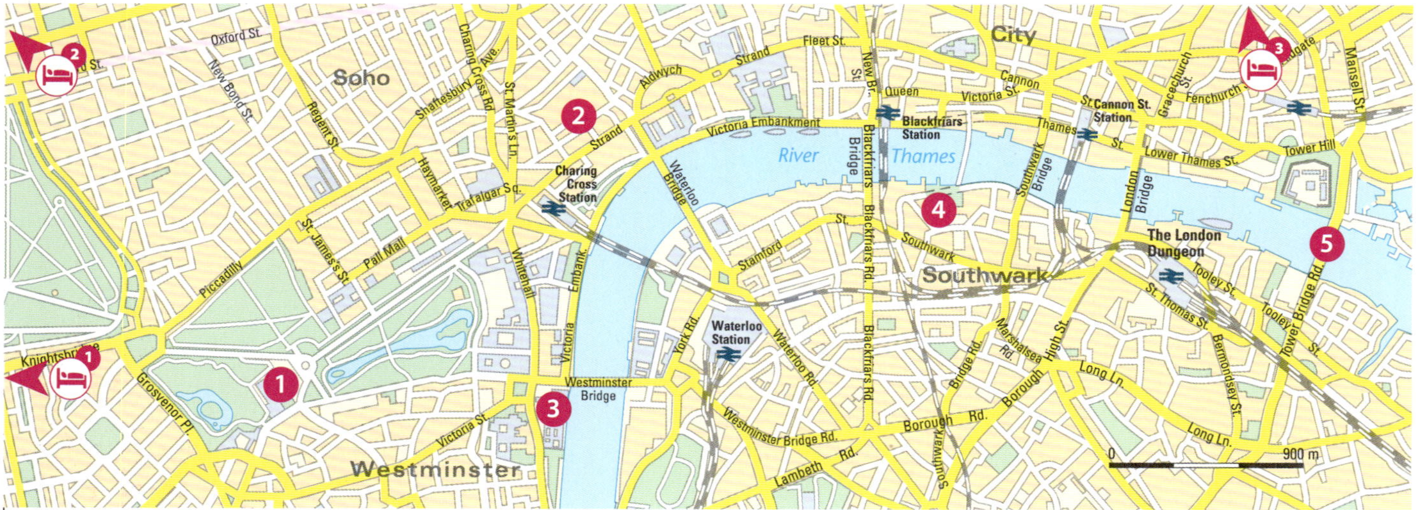

LEGENDE

1 Buckingham Palace
2 Covent Garden Market
3 Houses of Parliament
4 Tate Modern
5 Tower Bridge

1 The Gore
2 La Suite West
3 Tune Liverpool Street

1 Buckingham Palace

Das Regierungsviertel Westminster steht für Macht und Politik, zu viktorianischen Zeiten stand es gar für Weltpolitik, als England über ein Empire herrschte. Buckingham Palace gilt als offizielle »Stadtwohnung mit Büro« der königlichen Familie und entstand aus dem 1703 für den Herzog von Buckingham erbauten Buckingham House.

SW1A, Besichtigung nur Aug./Sept., Wachablösung Feb.–Juni, www.royal.uk

Beste Reisezeit

Warm wird es ab Mai, aber selbst im Winter ist es relativ mild – dann lohnt sich die Reise zu Chinese New Year (Ende Jan./Anfang Feb.), wenn man einen farbenfrohen Umzug, Musik, Drachentänze und Feuerwerk erlebt.

2 Covent Garden Market

Wo man heute zwischen Restaurants und Cafés bummelt, in kleinen Läden stöbert und vorbei an Straßenkünstlern schlendert, bauten Nonnen vor etwa 1000 Jahren Obst und Gemüse an und gaben der Gegend mit jenem »Convent«-Garten ihren Namen. Am bekanntesten ist das Royal Opera House mit dem wunderschönen Glasbau der ehemaligen Floral Hall. Aber auch die Fülle an Theatern zeichnet diesen Stadtteil aus, wie z. B. das älteste Theater Londons, das Theatre Royal Drury Lane.

WC 2, www.coventgarden.london

3 Houses of Parliament

Das prächtige Parlamentsgebäude, das offiziell Palace of Westminster heißt, ist eine Mischung verschiedener Baustile. Der älteste Teil des Gebäudes ist die Westminster Hall, die neben der Krypta der St. Stephen's Chapel und dem Jewel Tower den Brand von 1834 überstand. Die riesige Halle wurde 1097 errichtet. Sie war mit 1547 qm die größte Versammlungshalle Englands. Heute wird sie für zeremonielle

Postkartenreif: Ablösung der Wachen in ihren knallroten Uniformen und schwarzen Bärenfellmützen am Buckingham Palace.

Staatsereignisse genutzt und zur Aufbahrung von Monarchen oder ihren Angetrauten. Der 96 m hohe Clock Tower mit der riesigen Glocke Big Ben heißt seit dem diamantenen Thronjubiläum der Queen im Jahr 2012 »Elizabeth Tower«.

Parliament Square, SW 1, Besichtigung nur mit Führung Jan.–Okt. Sa 9.20–16.30 Uhr und an ausgewählten Werktagen, www.parliament.uk

Anreise

Berlin:	1:50 h	✈
Frankfurt:	1:25 h	✈
München:	1:50 h	✈
Zürich:	1:35 h	✈
Wien:	2:10 h	✈

4 Tate Modern

Das Tate-Museum der modernen Kunst entstand aus einem stillgelegten Kraftwerk und bietet weltweit einen der umfangreichsten Schätze zeitgenössischer Kunst.

Bankside, SE 1, So–Do 10–18, Fr/Sa 10–22 Uhr, www.tate.org.uk

5 Tower Bridge

Die Tower Bridge ermöglicht einen Blick über die Themse aus 42 m Höhe. Sie wurde 1894 eröffnet und gilt als Meisterstück viktorianischer Ingenieurskunst. Die gewaltige Zugbrücke kann innerhalb von 90 Sekunden geöffnet werden.

Tower Bridge Rd, Apr.–Sept. 10–17.30, Okt.–März 9.30–17 Uhr, www.towerbridge.org.uk

Hotels

The Gore
Romantik und aristokratisches Flair – in der ehemaligen Residenz des Herzog von Orleans sorgen alte Drucke an den Wänden und edles Mobiliar in den üppig ausgestatteten Zimmern für ein stimmungsvolles Ambiente. Hier lässt sich britischer Lifestyle von seiner luxuriösen Seite erleben.
190 Queen's Gate, South Kensington, SW7, www.gorehotel.com, Tel. +44 20 75 84 66 01, DZ ab 200 €

La Suite West
Das typische Londoner Stadthaus in einer ruhigen Straße überrascht mit minimalistischer Innenausstattung in Schwarz-Weiß. Die bekannte Designerin Anouska Hempel, Besitzerin mehrerer Luxushotels, kreierte diesen zen-artigen, einladenden Zufluchtsort mit Terrassen-Oase in der Nähe des Hyde Parks.
41–51 Inverness Terrace, Bayswater, W 2, www.lasuitewest.com, Tel. +44 20 73 13 84 84, DZ ab 124 €

Tune Liverpool Street
Hinter dem schlichten Backsteinhaus verbirgt sich ein modernes Hotel, das auf einen großen Gartenhof blickt. Die Zimmer sind klein, aber sauber, allerdings kosten Handtücher, Haartrockner, TV und Reinigung extra. Verschiedene Underground-Stationen sind in Laufweite zu erreichen.
13–15 Folgate Street, Shoreditch E1, www.tunehotels.com, DZ ab 90 €

04 Südengland (östlicher Teil)

In der Grafschaft Kent erwarben Vita Sackville-West und ihr Gatte Harold Nicolson 1930 einen maroden Burgturm. Drum herum schufen sie den berühmtesten Garten des Landes, Sissinghurst Castle, zu dem heute Gartenliebhaber aus aller Welt pilgern. Englands historische Gebäude, Parks und ländliche Idyllen zu erhalten, darum kümmern sich Privatleute und Organisationen wie »National Trust« und »English Heritage«. Viele dieser Schätze sind für Besucher geöffnet, Meisterwerke der Gestaltung, gehegt und gepflegt mit dem Ehrgeiz, dass alles noch so aussieht wie auf den überlieferten Abbildungen. Außer pittoresken Dörfern und traumhaften Gartenanlagen findet man in Südengland auch eine der schönsten Städte des Landes: Als romantisches Schmuckstück mit mittelalterlicher Kathedrale schlägt Canterbury jeden in seinen Bann. Ganz anderen Charme zeigt Brighton mit seinem ins Meer reichenden Pier. Noch immer eines der beliebtesten britischen Seebäder, kehrt man gern in den verwinkelten Gassen des alten Fischerviertels »The Lanes« ein. Nahe Brighton liegt übrigens Monk's House, wo zuletzt Vita Sackville-Wests berühmte Freundin lebte, die Schriftstellerin Virginia Woolf. Klar, dass auch dieser Ort bestens erhalten ist und Besuchern offen steht.

Auf 524 m Länge Brighton Pier lässt es sich schön flanieren.

LEGENDE

1 Alfriston
2 Brighton Pier
3 Canterbury Cathedral
4 Leeds Castle
5 Sissinghurst
Hotel 1 Pelirocco
Hotel 2 St Stephen's
Hotel 3 Wingrove House

1 Alfriston

Das typisch englische Dorf Alfriston liegt eingebettet zwischen sanften Hügeln am Fluss Cuckmere. Fachwerkhäuser reihen sich aneinander, und teilweise lässt sich auch ein Blick hinter deren Kulisse werfen: wenn nämlich eines der ehrwürdigen Gebäude heute ein Pub oder ein Hotel beherbergt. Die Gemeindekirche aus dem Jahr 1350 ist im Perpendicular-Stil errichtet und lohnt mit ihrem Fachwerk und dem im Original erhaltenen Kalksteinfußboden eine Besichtigung.

30 km östlich von Brighton,
www.alfriston-village.co.uk

Beste Reisezeit

Durch das wechselhafte maritime Klima ist ganzjährig mit Wind und Regen, aber auch milden Temperaturen, die der Golfstrom bringt, zu rechnen. Interessant ist auch das Glyndebourne Festival mit Opern und Picknicks in den Pausen (Mai–Aug.).

2 Brighton Pier

Den besonderen Reiz Brightons bilden nicht nur die im 19. Jh. errichteten Plätze und Arkaden im Regency-Stil und die prachtvollen Villen, sondern auch das pulsierende Leben in den verwinkelten Gassen des einstigen Fischerviertels The Lanes. Ihren guten Ruf als Kur- und See-

Hotels

Pelirocco
Das Dekor der Gästezimmer des extravaganten Regency-Hauses kreist um Pop und Subkultur. Die 19 Räume des Hotels sind individuell eingerichtet, jedes Zimmer folgt einem speziellen Thema: So gibt es z. B. ein »lord vader's quarters«, einen »pin up parlour« ... Das Hotel liegt zentral in Brighton, nur einen Steinwurf vom Meer entfernt.
10 Regency Sq., Brighton,
www.hotelpelirocco.co.uk,
Tel. +44 1273 32 70 55, DZ ab 111 €

St Stephen's
Familiär geführtes Guesthouse im Tudor-Stil, in ruhiger Lage, zehn Minuten Fußweg vom Stadtzentrum entfernt. Wer zu Fuß gehen möchte, läuft entlang des Flusses Stour. Die neun Zimmer sind behaglich eingerichtet. Ein Bilderbuchgarten umgibt das hübsche Haus mit schwarzem Fachwerk.
100 St Stephens Road, Canterbury,
www.ststephens-guesthouse.co.uk,
Tel. +44 1227 76 76 44, DZ ab 70 €

Wingrove House
Sieben große, gemütliche Räume befinden sich in dem modernisierten Gästehaus aus dem 19. Jh. Auf Gäste wartet ein herzlicher Empfang und perfekter Service. Das dazugehörige Restaurant ist exzellent.
High Street, Alfriston, www.wingrovehousealfriston.com, Tel. +44 1323 87 02 76, DZ ab 125 €

Inbegriff eines englischen Schlosses und ehemaliger Königssitz: Leeds Castle.

bad erlangte die Stadt bereits im 18. Jh., spätestens als der 21-jährige Prince of Wales, der spätere König George IV., sich hier niederließ. Die englische High Society zog nach, errichtete ihre Sommerresidenzen und bald folgten die Bürger, um hier in aristokratischem Ambiente Erholung zu finden. Der 1899 gebaute Landungssteg Brighton Pier trägt ebenfalls zur bis heute ungebrochenen Beliebtheit der Stadt bei und lädt auf einer Länge von über 500 m zum Flanieren ein. Mit seiner verspielten Architektur gehört das Bauwerk zu den Glanzpunkten britischer Badeorte. Ein mit Zwiebeltürmchen überdachter Gebäudekomplex beherbergt Cafés und Boutiquen.

Madeira Drive, www.brightonpier.co.uk

3 Canterbury Cathedral

Die berühmteste Kirche Großbritanniens ist ein »must« jeder Canterbury-Besichtigung. Erst ein Besuch im Inneren vermittelt die Schönheit und Spiritualität des Bauwerkes. Seit dem Mittelalter ist die Kathedrale Ziel zahlreicher Pilger, hier verbinden sich Geschichte, Baukunst und Glaube auf unnachahmliche Weise. Um 1070 begann man auf den Ruinen der von Augustinus errichteten und durch einen Brand zerstörten Christ Church mit dem Bau. Ausgetreten sind die Stufen, die zur Trinity Chapel führen: Bis zur Zerstörung durch Heinrich VIII. befand sich hier der vergoldete Schrein des Erzbischofs. Ein Erlebnis ist es, den mehrmals pro Woche auftretenden Chor zu hören.

11 The Precincts, Winter Mo–Sa 9–17, Sommer 9–17.30, So 12.30–14.30 Uhr, www.canterbury-cathedral.org

4 Leeds Castle

Idyllisch auf zwei kleinen Inseln inmitten eines Sees gelegen, war das im Jahr 857 erbaute Leeds Castle im Mittelalter bevorzugtes Domizil der englischen Königinnen. 1926 avancierte das Schloss zum feudalen Wohnsitz eines britischen »upperclass«-Paares, das die Zimmerfluchten und Salons im französischen Country-Look einrichtete. Zum Anwesen gehört ein 200 ha großer Park, u. a. mit Irrgarten, Teichen, den historischen Culpeper Gardens und Restaurant.

6,5 km östlich von Maidstone an der M 20, Apr.–Sept. tgl. 10.30–18, Okt.–März 10.30–17 Uhr, www.leeds-castle.com

5 Sissinghurst

Als Victoria Sackville-West und ihr Ehemann Harold Nicholson 1930 das Anwesen erwarben, gab es zunächst nur einen verwahrlosten Garten. Heute ziehen die passioniert gestalteten Gartenräume Gartenliebhaber aus ganz Europa an. Besichtigt werden kann auch das Arbeitszimmer der Schriftstellerin und eine Ausstellung über die Familie.

Bei Cranbrook an der A 229, Mitte März–Okt. tgl. 11–17.30 Uhr, www.nationaltrust.org.uk/sissinghurst-castle-garden

Anreise (über Gatwick)

Berlin:	1:50 h
Frankfurt:	1:25 h
München:	1:50 h
Zürich:	1:35 h
Wien:	2:15 h

05 Brüssel

Dass Brüssel mit seinem Image als Fritten- und Pralinenmetropole kokettiert, zeugt von Selbstironie. Wie die Figur des Petit Julien, des berühmtesten Stehpinklers der Welt. Als Hauptstadt und Regierungssitz Belgiens, Wohnsitz der Königsfamilie, Verwaltungszentrum der Europäischen Union sowie der NATO ist Brüssel (eine Million Bewohner aus 149 Ländern) nicht provinziell, sondern voller Leben: unberechenbar, verwirrend, chaotisch. Und ein ständiges Provisorium. Trotz aller Neubauten wahrt die Stadt ihr Erbe aus 1000 Jahren: Mittelalter im Zentrum um die Grand-Place, Belle Époque in den Quartieren von Ixelles und Etterbeek, wiederbelebte Fabrikpaläste am Canal de Charleroi und den Marolles, Postmoderne im Europaviertel, Multikulti in der Südstadt und dazwischen grüne Idylle für gestresste Großstadtseelen. Auf engstem Raum drängen sich skurrile, köstliche und originelle Sehenswürdigkeiten. Von den bedeutenden Museen des Kunstbergs bis zum Schlemmerviertel nördlich der Grand-Place, wo sich Berge aus Meeresfrüchten türmen, sind es nur wenige Hundert Meter. Haushohe Comicfiguren, von Künstlern gestaltete Metrostationen, übermütige Modedesigner, ambitionierte Chocolatiers, der Flohmarkt in den Marolles: Überall beflügelt Brüssel die Sinne.

Futuristisch und strahlend dient das Atomium als Wahrzeichen Brüssels.

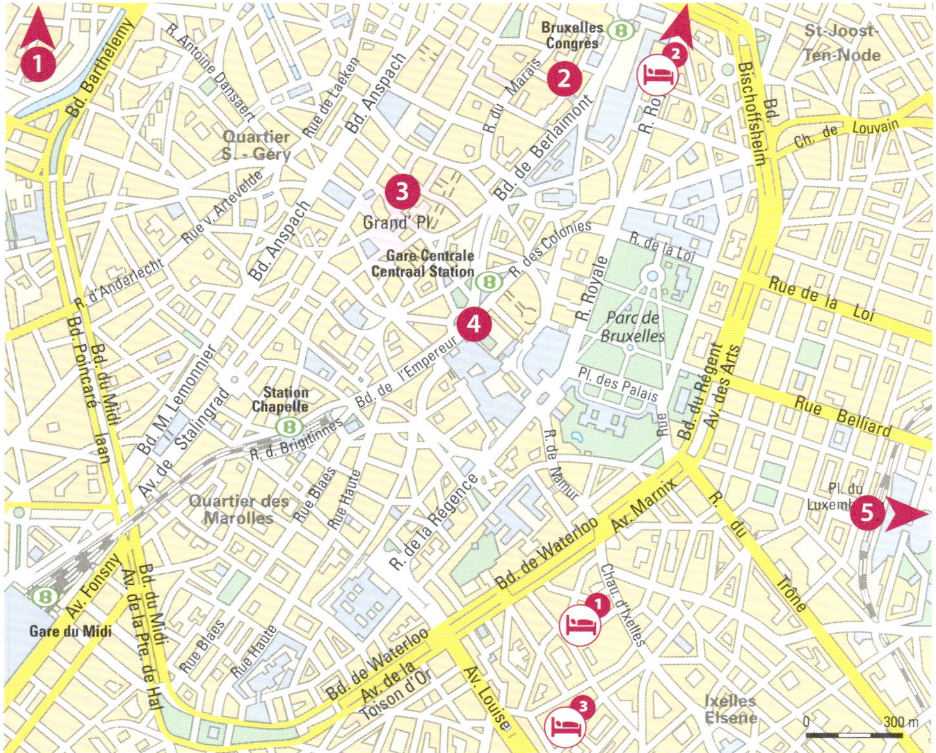

LEGENDE

1 Atomium
2 Belgisches Comic-Zentrum
3 Grand-Place
4 Mont des Arts
5 Parlement Européen
Hotel 1 Le Berger
Hotel 2 Bloom!
Hotel 3 Rembrandt

1 Atomium

Der 102 m hohe Koloss aus Stahl und Aluminium stellt als Symbol für das Atomzeitalter die 165-milliardenfache Vergrößerung eines Eisenkristallmoleküls dar. Auf der oberen Kugel befindet sich eine Aussichtsplattform mit Panoramablick. Seit seiner umfassenden Renovierung glänzt der Bau mit interaktiven Ausstellungen und einer eigenen Kugel für Kinder. Spaß macht es auch, sich unter das Atomium zu stellen, um in den glänzenden Kugeln seine verzerrten Spiegelbilder zu suchen.

Avenue de l'Atomium, tgl. 10–18 Uhr,
www.atomium.be

2 Belgisches Comic-Zentrum

In dem von Jugendstilbaumeister Horta erbauten ehemaligen Warenhaus werden neben einer gezeichneten Zeitreise von den ersten Höhlenmalereien bis zu japanischen Mangas aus dem 19. Jh. die kreativen Prozesse und Produktionsschritte erläutert. Wechselnde Ausstellungen widmen sich den Stars der belgischen Comic-Zeichner, etwa Frank Pé oder Hergé, der Figuren wie Tim & Struppi erschuf. Die Bibliothek des Centre Belge de la Bande Dessinée verleiht ca. 25 000 Bände.

20, Rue des Sables, Di–So 10–18 Uhr,
www.cbbd.be

Beste Reisezeit

Am ersten Donnerstag im Juli findet der Ommegang statt, ein prachtvolles Historienfest mit rund 1500 Darstellern, das an den Einzug Kaiser Karls V. und seines Gefolges im Jahr 1549 erinnert.

3 Grand-Place

Geschaffen wurde der Platz, der zum Unesco-Weltkulturerbe zählt, Ende des 10. Jh., als man die sumpfigen Wiesen der Senne trockenlegte. Brüssel entwickelte sich zur bedeutenden Handelsstadt, sodass nach dem Bau des Rathauses (Hôtel de Ville) im Jahr 1402 nach und nach Zunft- und Gildehäuser den Platz einrahmten. Ein verheerendes Bombardement durch französische Truppen zerstörte 1695 fast alle historischen Gebäude, doch schon drei Jahre später wurden sie in neuer Pracht wieder aufgebaut. So prägen heute barocke, klassizistische und neogotische Elemente das opulente Bild.

Wer kennt sie nicht: Tim und Struppi und den bärbeißigen Kapitän Haddock. Diese und weitere Figuren großer Zeichner gibt es im belgischen Comic-Zentrum zu entdecken.

4 Mont des Arts

Auf Geheiß von König Leopold II., der sich als kultivierter Förderer der nationalen Künste inszenierte, entstanden Ende des 19. Jh. am steilen Osthang der Senne prachtvolle Parkanlagen und Kulturtempel, von der Nationalbibliothek an der Place de l'Albertine bis zu den Musées des Beaux Arts an der Place Royale. Hell und mondän begrüßt der »Berg der Künste« alle Besucher, die vom Zentrum heraufsteigen, um seinen Schätzen zu huldigen.

www.montdesarts.com

Anreise

Berlin:	1:20 h	Flugzeug
Frankfurt:	3:05 h	Bahn
München:	1:20 h	Flugzeug
Zürich:	1:15 h	Flugzeug
Wien:	1:40 h	Flugzeug

5 Parlement Européen

Die futuristische Fußgängerbrücke an der Place du Luxembourg bringt Tag für Tag Tausende von Abgeordneten, Lobbyisten, Eurokraten und Besucher hinein in das glasverkleidete Doppel-Oval des Europäischen Parlaments. »Größenwahnsinniges Ufo« und »Doppelter Camembert« sind nur einige Koseworte für das ehrgeizige architektonische Projekt.

43, Rue Wiertz, Multimedia-Führungen: Mo–Do 10, 15, Fr 11, Juli–Aug. zus. Mo–Do 11, 14, Fr 11 Uhr, (außer in Sitzungswochen), www.europarl.europa.eu

Hotels

Le Berger

Wer opulentes Ambiente und nostalgisches Flair liebt, fühlt sich in diesem kleinen renovierten Hotel mit seinem eigenwilligen Jugendstildesign aus den 1930er-Jahren wohl. 66 plüschig nostalgische Zimmer mit echtem Charme machen Lust auf einen Aufenthalt.

24, Rue du Berger, www.lebergerhotel.be, Tel. +32 2 510 83 40, DZ ab 55 €

Bloom!

Trendy, kosmopolitisch und großzügig präsentiert sich das Arthotel seinen Gästen aus aller Welt. Bester Service, zentrale Lage und blumig bunte, von Künstlern aus ganz Europa gestaltete Zimmer zu fairen Preisen machen gute Laune. Ein idealer Ausgangspunkt, um Brüssel zu entdecken.

250, Rue Royale, www.hotelbloom.com. Tel. +32 2 220 66 11, DZ ab 80 €

Rembrandt

Hotel mit angenehmer Atmosphäre in einem stilvoll renovierten, nostalgischen Haus in einem ruhigen Sträßchen mitten im Stadtteil Ixelles gelegen. Für das gebotene Ambiente ist die Übernachtung sehr preiswert. Die Zimmer sind geräumig und liebevoll eingerichtet. Alter Brüsseler Charme. Die Metro ist in wenigen Minuten zu erreichen.

42, Rue de la Concorde, www.hotelrembrandt.be, Tel. +32 2 512 71 39, DZ ab 65 €

Aussichtsreiches Antwerpen: Die Außengalerie des MAS ist sogar ohne Museumsbesuch zugänglich.

06 Antwerpen

Sonnenstrahlen tauchen die prächtigen Gildehäuser mit ihren reich verzierten Fassaden in ein warmes, goldenes Licht. Der Groote Markt ist eine Wucht. Wie der Brabobrunnen, der mit seinem makabren Handwurf an die Namenslegende Antwerpens erinnert. Weniger makaber erscheint das »bolleke« auf dem Tisch. Es schmeckt, flämisch gesprochen, »lekker« und ist das hier typische Bier in bauchigen Gläsern. Es mundet nach einem »Rubensspaziergang« durch die Altstadt, der interessant ist und intensiv. Intensiv der kulturellen Eindrücke wegen, weniger wegen des Geländes. Antwerpen ist flach wie eine Flunder. Die einzigen Berge, sang Jaques Brel auf französisch, das sind hier die Kathedralen – wie die gotische Kathedrale, die mit gleich vier Meisterwerken von Rubens aufwartet. Die vielen Belfriede mit ihren gotischen Glockentürmen machen ihnen oft ganz frech und direkt daneben weltliche Konkurrenz. Antwerpen besteht aber nicht nur aus Gotik. Der Stadtteil Zurenborg zeigt sich in prächtigstem Jugendstil und das Hochhaus Boerentoren in perfektem Art déco. Und das Museum an der Stroom imponiert als hochmoderner Bau, dessen rote Sandsteinfassade mit (man denke an den Brabobrunnen) 3000 Händen versehen ist. Antwerpens elftes Gebot lautet übrigens »Gij zult genieten!«. Der Aufforderung, zu genießen, lässt sich in der Stadt mit Europas zweitgrößtem Hafen bestens in einem (Fisch)Restaurant nachkommen. Auch daran herrscht kein Mangel.

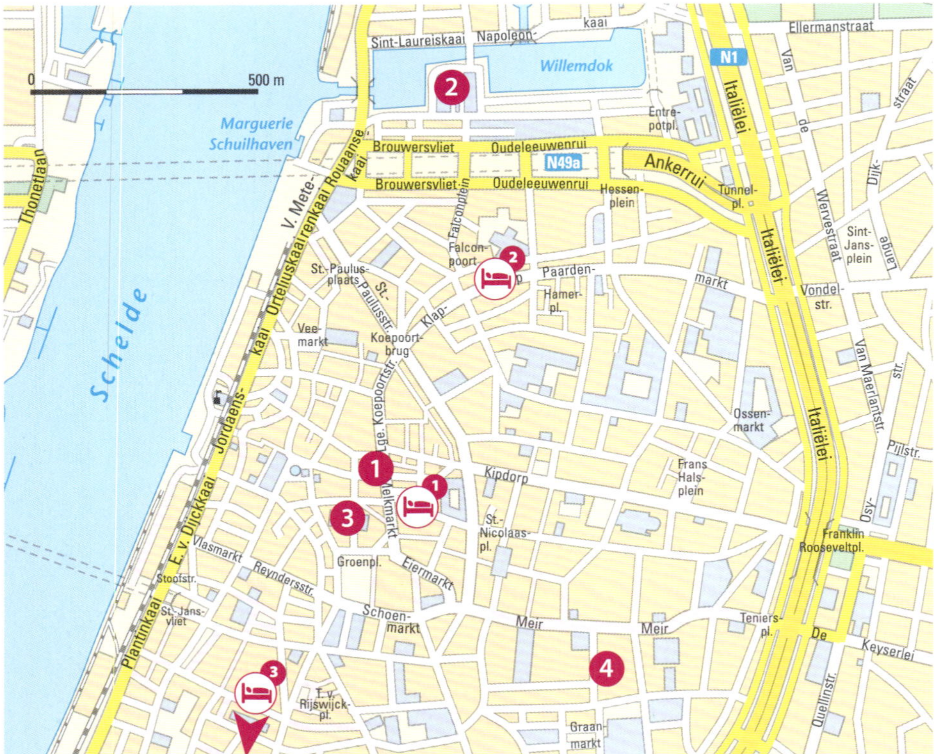

LEGENDE

1 Grote Markt
2 Museum aan de Stroom
3 Onze-Lieve-Vrouwekathedraal
4 Rubenshuis
1 Boetiekhotel Julien
2 home@feek
3 Soul Suites

Beste Reisezeit

Am sonnigsten und wärmsten ist es von Juni bis Sept., dafür ist die Stadt im Winter weitaus weniger überlaufen. Das Summerfestival Anfang Juli ist eine Attraktion für Liebhaber elektronischer Musik, dann ist das Beste zu sehen und zu hören, was die internationale Szene zu bieten hat.

1 Grote Markt

Das 78 m breite Stadhuis, das Rathaus, und die prachtvollen Gildehäuser am Grote Markt zeugen vom Ruhm des Goldenen Zeitalters, das die Scheldestadt im 16. Jh. erlebte. Vor dem Rathaus steht der 1887 entworfene Brabobrunnen. Er zeigt den auf einem Felsen stehenden römischen Krieger Sylvio Brabo, wie er die Hand des Riesen Antigonius in die Schelde wirft: Glaubt man der Legende, hat Brabo, der ein Neffe von Julius Cäsar gewesen sein soll, Antwerpen auf diese Weise vom Terror des Riesen befreit, denn dieser blockierte die Schelde und forderte von jedem einen Tribut oder er hackte ihm die Hand ab. Der Ort des Geschehens heißt seitdem »Handwerfen« – Antwerpen.

Grote Markt

2 Museum aan de Stroom

Das MAS erzählt die Geschichte der Stadt und des Hafens und beherbergt verschiedene städtische Sammlungen. Es besteht aus zehn Ausstellungssälen, die wie gigantische Koffer übereinandergestapelt sind – und zwar versetzt, jeweils um 90 Grad gedreht. Dadurch bietet jeder Saal einen anderen Ausblick über die Hafenstadt. Das gilt auch für die verglaste Galerie, die sich spiralförmig wie eine gigantische Wendeltreppe außenherum nach oben schraubt. In die Fassade des eigenwilligen Backsteinbaus wurden Tausende von kleinen glänzenden »antwerpse handjes« eingearbeitet: das Symbol der Stadt.

Hanzestedenplaats 1, Apr.–Okt. Di–Fr 10–17, Sa/So 10–18, Nov.–März Di–So 10–17 Uhr, MAS-Boulevard Apr.–Okt. Di–So 9.30–24, Nov.–März 9.30–22 Uhr, www.mas.be

3 Onze-Lieve-Vrouwekathedraal

Die größte gotische Kirche der Benelux-Länder wurde 1521 vollendet, nach einer Bauzeit von 170 Jahren. Ihr filigraner,

Alles echt: Der Grote Markt sieht aus wie ein Zuckerbäckerwunderland.

123 m hoher Noordertoren, der Nordturm, ist das Wahrzeichen der Stadt und fast überall sichtbar. Innen ist die Kathedrale trotz mehrerer Brände und Plünderungen immer noch mit hochkarätigen Kunstwerken ausgestattet, darunter Gemälde von Rubens sowie die »Madonna mit Kind« von Michelangelo.

Groenplaats 21, Mo–Fr 10–17, Sa 10–15, So 13–16 Uhr, www.dekathedraal.be

Anreise (über Brüssel)

Berlin:	1:20 h	Flugzeug
Frankfurt:	4:00 h	Auto
München:	1:20 h	Flugzeug
Zürich:	1:15 h	Flugzeug
Wien:	1:40 h	Flugzeug

4 Rubenshuis

Im Quartier Latin liegt ein stattliches Patrizierhaus mit angrenzendem Ateliergebäude, das der berühmte Malerfürst bis zu seinem Tod 1640 bewohnte. Rubens erwarb es 1610, im Jahr seiner Vermählung mit seiner ersten Frau Isabella Brant. Das Wohnhaus ist im flämischen Stil gehalten und immer noch originalgetreu eingerichtet. Viele Gemälde hingen bereits zu Rubens' Zeiten an den Wänden und gehörten zu seiner Privatsammlung. Das rechts daneben liegende Atelier hingegen erinnert mit seinem weißen Sandstein und den Rundbogenfenstern an einen italienischen Palazzo, wo der Maler seine hohen Gäste aus dem In- und Ausland angemessen empfangen konnte.

Wapper 9–11, Di–So 10–17 Uhr, www.rubenshuis.be

Hotels

Boetiekhotel Julien
Mitten in der Altstadt, in zwei historischen Häusern aus dem 16. Jh. gelegen, um einen grünen Patio herum. Die Dachterrasse bietet eine unvergleichliche Aussicht, die Zimmer klassisches Design mit allem Komfort. Entspannen lässt es sich im eleganten Spa-Bereich bei einer Wellnessbehandlung.
Korte Nieuwstraat 24, www.hotel-julien.com, Tel. +32 3 229 06 00, DZ ab 189 €

home@feek
Zentrales B & B im Schipperskwartier zwischen nördlichem Hafen und Altstadt. Drei komfortable Suiten mit viel Design und Jacuzzi, gestaltet von Frederik van Heereveld, einem jungen niederländischen Designer, der mit seinem Label »feek« internationale Erfolge feiert.
Klapdorp 52, www.feeksuites.com, Tel. +32 479 27 98 42, DZ ab 150 €

Soul Suites
Das kleine Apartmenthotel befindet sich im Epizentrum des brausenden Ausgeh-Viertels Zuid am Marnixplatz, zwischen Bars, Terrassen und Cafés. Jeder Gast hat eine eigene Küche, Bad, Schlaf- und Wohnzimmer. Vintagemöbel und moderne Kunst schaffen Atmosphäre: Schriftsteller mieten hier, um ein paar Wochen zu schreiben. Je länger man bleibt, desto günstiger wird es.
Marnixplaats 15, www.thesoulantwerp.com, Tel. +32 479 61 88 18, DZ ab 80 €

07 Amsterdam

Amsterdam ist gut zu Fuß zu erobern. Bei einem romantischen Spaziergang entlang der Grachten kann man die Besonderheiten bestaunen: die Giebelsteine, die etwas über die ersten Bewohner verraten, oder die traumhaften Interieurs in den historischen Kaufmannshäusern. Zum Glück haben Amsterdamer nur selten Gardinen, man kann und darf also ruhig hineinschauen. Diese Stadt ist eine Stadt der Gegensätze. Studentengruppen mit Ghettoblastern und Bierkisten bilden einen Kontrast zu melancholischer Ruhe, im Viertel Plantage etwa mit seinen alten Bäumen. Der Grachtengürtel versetzt zurück in das Goldene Zeitalter und auf den Inseln im Osten findet sich spektakuläre moderne Architektur. Von den Brücken dort lässt es sich stundenlang auf das weite IJmeer und die großen Kähne schauen und der Melodie dieser Stadt lauschen: dem Quietschen der Straßenbahnen, den Glockenspielen der alten Kirchen, dem Geschrei der Möwen. Wer anders lebt, denkt, glaubt oder liebt als der Durchschnittsbürger, wird hier in Ruhe gelassen. Früher wie heute. Menschen aus fast 180 Kulturen machen die Straßen und Märkte bunt. Das ungeheure Freiheitsgefühl, die Lockerheit und Toleranz, aber auch die historische Innenstadt und die Kunstschätze ziehen Jahr für Jahr viele internationale Besucher an. Wer nur ein Wochenende in der Stadt ist, braucht dennoch keine Angst vor den klassischen Sehenswürdigkeiten haben. Die Grachten, das Reichsmuseum, das Anne Frank Haus und das Rotlichtviertel lieben auch Amsterdamer an ihrer Stadt. Am Abend lässt sich bei »biertje« und »bitterballen« in einem der »bruin Cafés« die berühmte Geselligkeit erleben. Und wer zurück ins Hotel schlendert, die vielen Lichter im Wasser der Grachten glitzern und die Stadt in ein magisches Licht gehüllt sieht, summt vielleicht auch schon die heimliche Hymne der Stadt: »An den Amsterdamer Grachten habe ich für immer mein Herz verloren.«

Amsterdam-Klischee an der Keizersgracht: Brücken, Fahrräder und schmucke Bürgerhäuser.

Beste Reisezeit

Im Mai, Juni und Aug. darf man auf viel Sonne und wenig Regen hoffen. Ein Erlebnis ist aber auch der Koningsdag am 27. Apr.: Am Geburtstag von König Willem-Alexander wird die ganze Stadt zu einem einzigen Flohmarkt mit fröhlichem Geschiebe und Gedränge.

1 Anne Frank Huis

In das dunkle Kapitel der deutschen Besatzung im Zweiten Weltkrieg kann man sich hautnah und ergreifend im Anne Frank Huis hineinversetzen. Das Hinterhaus an der Prinsengracht ist weltweit Symbol gegen Rassismus. Hier war Anne Frank bis 1944 vor den Deutschen untergetaucht und schrieb ihr weltberühmtes Tagebuch. Hinter einem Regal war die steile Stiege zum Versteck verborgen. Oben in dem engen Kämmerchen wird jeder still.

Prinsengracht 267, Apr.–Okt. tgl. 9–22, Nov.–März tgl. 9–19, Sa bis 21 Uhr, www.annefrank.org

2 De Wallen

Dieses Viertel rund um die Straße Zeedijk ist typisch für Amsterdam. Denn die offene Prostitution und die Coffeeshops, in denen man Haschisch legal kaufen kann, beruhen auf der pragmatischen Einsicht, dass Verbote und Restriktionen nur zu gesellschaftlicher Unruhe führen, die dem Handel schaden würde. Doch in den letzten Jahren wurden im Kampf gegen Frauenhandel und Geldwäsche viele Fenster durch Boutiquen u. Ä. ersetzt.

www.iamsterdam.com

3 Grachten

Amsterdam ist eine Stadt des Wassers. Die berühmten Grachten machen die

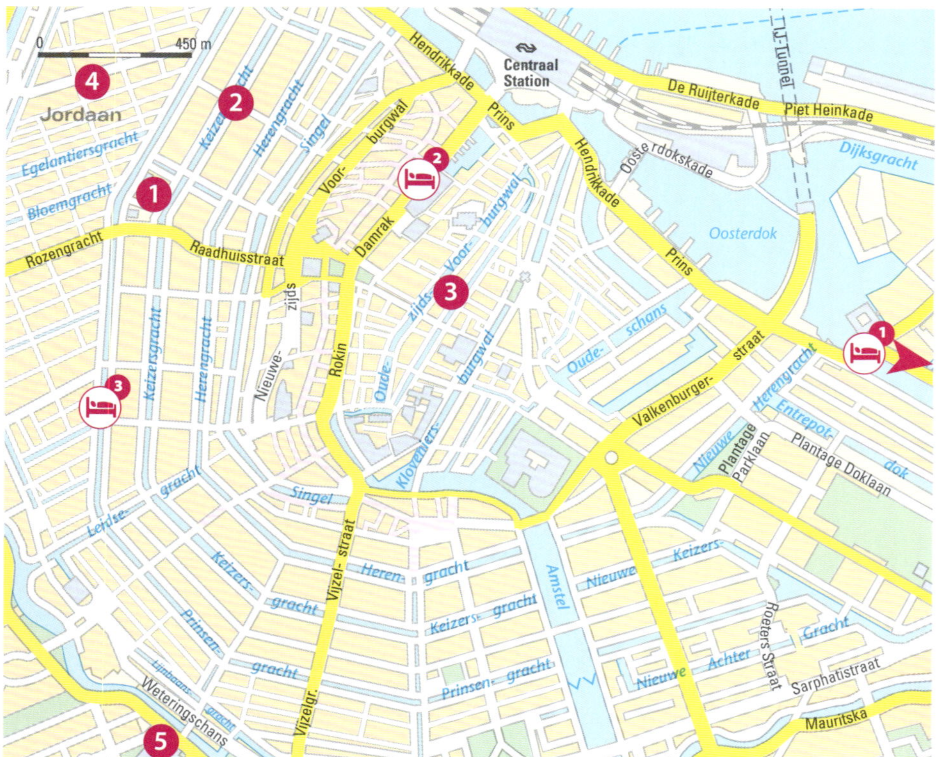

LEGENDE

1 Anne Frank Huis
2 De Wallen
3 Grachten
4 Jordaan
5 Rijksmuseum

1 Camping Zeeburg
2 The Exchange
3 Hotel Wiechmann

Anreise

Berlin:	///	1:20 h	Flugzeug
Frankfurt:	/////////////////////	4:12 h	Zug
München:	////	1:30 h	Flugzeug
Zürich:	/////	1:35 h	Flugzeug
Wien:	//////	1:55 h	Flugzeug

besondere und leichte Atmosphäre der Stadt aus. Singel-, Prinsen-, Heren- und Keizersgracht sind die Hauptgrachten, die sich wie ein Gürtel um das Zentrum winden. Dazwischen bilden kleinere Grachten ein sehr romantisches Netz von Wasserstraßen. Der Grachtengürtel gehört zum Welterbe der Unesco. 165 Grachten hat die Stadt heute, 90 Inseln und 1300 Brücken – das sind weit mehr, als es in Venedig gibt.

Im Zentrum von Amsterdam

Wiege der berühmten niederländischen Toleranz: De Wallen, das älteste Viertel der Stadt mit Rotlichtbezirk, Coffeeshops und Chinatown.

4 Jordaan

Das vielfach besungene Kleine-Leute-Viertel ist fast schon eine Stadt an sich. Die engen Gassen, Vorgärtchen und hutzeligen Häuschen haben sich viel von ihrem alten Charme bewahrt. Der Jordaan ist der Kern des Ur-Amsterdams. Die Menschen hier sind für ihre freche Schnauze und ihr großes Herz bekannt. Heute ist es mit vielen kleinen schicken Boutiquen und Galerien sehr trendy. Sowohl Amsterdamer als auch Besucher lieben das gesellige Treiben.

Im nordwestlichen Zentrum von Amsterdam

5 Rijksmuseum

Die atemberaubende Kathedrale für Rembrandt wurde 2013 traumhaft und teuer restauriert. Ein passender Rahmen für die großen holländischen Meister aus dem Goldenen Zeitalter: Rembrandt, Jan Steen, Vermeer. Durch die verglaste Eingangshalle steigt man empor zur Ehrengalerie. Gewölbte Decken, zarte Ornamente, bleiverglaste hohe Fenster, und am Ende strahlt von mitternachtsblauer Wand das Juwel: »Die Nachtwache«. Und es gibt noch viel mehr zu bestaunen in der Schatzkammer der Niederlande: Porzellan, Möbel, Schmuck, Kunstwerke vom Mittelalter bis zur Neuzeit. Man kann sich hier ruhig Zeit nehmen, um die Kostbarkeiten auf den vier Etagen des riesigen Museums entsprechend zu würdigen.

Museumstraat 1, tgl. 9–17 Uhr, www.rijksmuseum.nl

Hotels

Camping Zeeburg

Auf der kleinen Insel im Osten der Stadt direkt am Ijmeer kann man Zelten einmal anders erleben: zum Beispiel in einem romantisch bunten Zirkuswagen oder in einer der neuen hippen Eco-Hütten. Nichts für Anspruchsvolle, aber ein fröhliches Abenteuer allemal.

Zuider IJdijk 20, www.campingzeeburg.nl, Tel. +31 20 694 44 30

The Exchange

Hier trifft Architektur auf Mode. Alle Zimmer im The Exchange wurden von jungen Modedesignern »angezogen«, sodass Gäste modisch einschlafen und auch sehr stilvoll wieder aufwachen können. Und das auch noch für (fast) jeden Geldbeutel. Denn hier gibt es Zimmer von einem bis fünf Sternen.

Damrak 50, www.hoteltheexchange.com. Tel. +31 20 523 00 80, DZ ab 150 €

Hotel Wiechmann

Frühstücken mit Blick auf die Gracht: Stilvoller kann ein Tag kaum beginnen. Die Zimmer und Dachstübchen mehrerer alter Grachtenhäuser sind sehr liebevoll ausgestattet. Über Generationen hat die Inhaberfamilie das Hotel mit ihren Privatsammlungen eingerichtet. Zum Jordaan und zur Shoppingmeile Negen Straatjes ist es nur ein Katzensprung.

Prinsengracht 328–332, www.hotelwiechmann.nl, Tel. +31 20 626 33 21

Nordeuropa

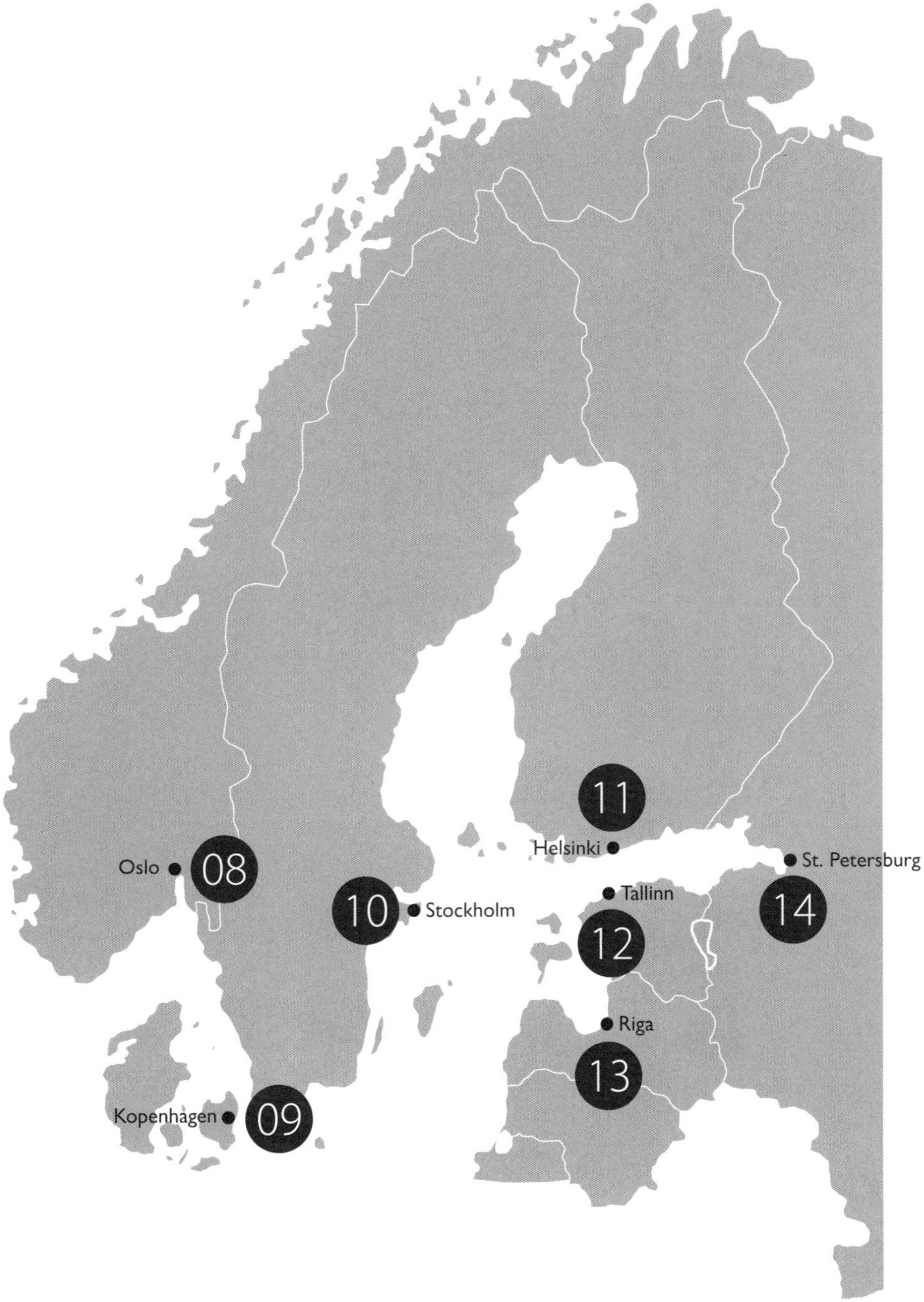

11
Helsinki
St. Petersburg
Oslo
08
Tallinn
10
Stockholm
14
12
Riga
13
Kopenhagen
09

»Das ist das Angenehme
auf Reisen, dass auch
das Gewöhnliche durch
Neuheit und Überraschung
das Ansehen eines
Abenteuers gewinnt.«

Johann Wolfgang von Goethe

Wo sich früher Container stapelten, wird heute in der Oper Hochkultur gepflegt.

08 Oslo

Dass der Winter hier kein Witz ist, wird merken, wer zwischen November und April in Norwegens Hauptstadt reist. Die Osloer machen das Beste daraus, gehen Ski laufen oder auf den zugefrorenen Buchten des Oslofjords spazieren. Schnee hält sich oft bis nach Ostern. Im Frühjahr (ab Mai) erwacht das Stadtleben wieder, das quirlig bleibt bis in den Herbst. Oslos Oktober, das Herbstlaub in schönsten Farben, macht den Frognerpark mit der unglaublichen Skulpturensammlung des Bildhauers Gustav Vigeland ebenso zum sinnlichen Erlebnis wie das Norsk Folkemuseum oder die Inseln im Oslofjord. Ganz zu schweigen von der Oslomark, wo Elche und Luchse frei leben. Der Grüngürtel aus Wäldern, Hügeln und Seen lässt sich vom Zentrum in 20 Minuten per U-Bahn erreichen. Oslo ist nicht billig, was Reisende rasch spüren. 40 Euro für ein Essen im Durchschnittsrestaurant sind happig, aber normal. Die Preise spiegeln das hohe Einkommensniveau: Dank seiner Erdölvorkommen zählt Norwegen zu den reichsten Nationen der Welt. Funktionalismus prägte Oslos Baustil, mit dem Rathaus (wo der Friedensnobelpreis verliehen wird) als markantestem Beispiel. Extravagant dagegen ist das neue Opernhaus. Die noch immer junge Hauptstadt mag hie und da unfertig wirken, langweilig ist sie nie.

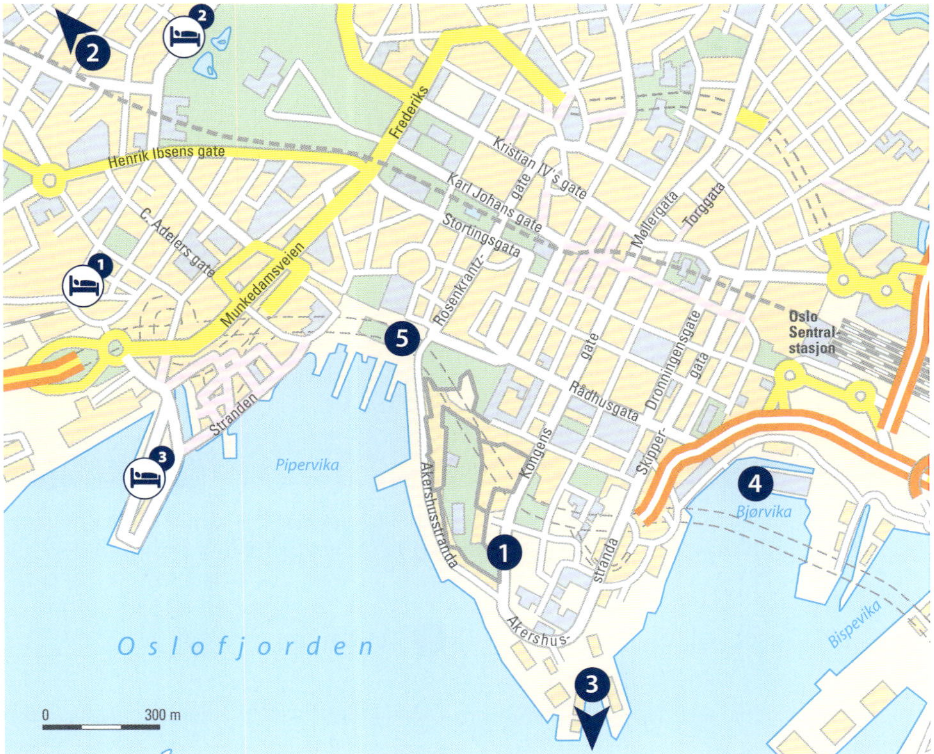

LEGENDE

1 Akershus
2 Holmenkollen
3 Inseln im Oslofjord
4 Operahuset
5 Rådhuset
1 Carlton Guldsmeden
2 Cochs Pensjonat
3 The Thief

1 Akershus

Die erste Festungsanlage auf der Landzunge im Oslofjord stammt noch aus dem späten 13. Jh., doch annähernd ihr heutiges Aussehen bekam sie erst Ende des 16. Jh., als unter dem dänischen König Christian IV. die Mittelalterburg zu einem Renaissanceschloss umgebaut wurde. Nach Ende des Zweiten Weltkriegs wurden hier norwegische Kollaborateure, u. a. der Chef der norwegischen Marionettenregierung, Vidkun Quisling, hingerichtet. An die deutsche Besatzungszeit erinnert das in der Festung untergebrachte »Hjemmefrontmuseet« (Heimatfrontmuseum), das den Widerstand gegen die Besatzung schildert. Das Schloss dient heute der norwegischen Regierung zur Repräsentation bei Festivitäten.

Eingang am Festungstor im Südosten der Anlage, Mai–Sept. tgl. 6–21, Okt.–Apr. tgl. ab 7 Uhr, www.akershusfestning.no

Beste Reisezeit

Die Hauptreisezeit ist zwischen Juni und August, wenn es noch bis spätabends hell ist und sich das Leben draußen abspielt. Außerhalb dieser Sommermonate haben viele Sehenswürdigkeiten eingeschränkte Öffnungszeiten.

2 Holmenkollen

»Holmenkollen« ist zunächst nur der Name eines Hügels am Rande Oslos. Weltweit bekannt ist er aber als Kurzform von »Holmenkollbakken«, wie die berühmte Sprungschanze richtig heißt. Seit 1892 werden hier Wettkämpfe durchgeführt; eine permanente Schanze wurde aber erst 1914 errichtet und seither viele Male um- und neu gebaut. Die neue Schanze wird von einer atemberaubenden Aussichtsplattform gekrönt. Im Felsen unter der Schanze liegt heute das Skimuseet, von dem man auch zur Aussichtsplattform auf der Schanze gelangt.

7 km nordöstlich des Stadtzentrums, Sprungschanze und Skimuseum: Juni–Aug. tgl. 9–20, Mai, Sept. 10–17, Okt.–Apr. 10–16 Uhr, www.skiforeningen.no

3 Inseln im Oslofjord

Zur Stadt Oslo gehören neun Inseln im Inneren Oslofjord. Per Linienboot von Oslo aus gelangt man nach Hovedøya,

Hotels

Carlton Guldsmeden
Das Hotel liegt in einer ruhigen, aber zentrumsnahen Gegend. In ein paar Minuten erreicht man Aker Brygge, ein lebendiges Stadtviertel mit zahlreichen Einkaufsmöglichkeiten, Restaurants und Bars. Die Zimmer sind hell und gemütlich mit warmen Farben und viel Holz.
Parkveien 78, www.guldsmedenhotels.com, Tel. +47 2 327 40 00, DZ ab 105 €

Cochs Pensjonat
Die alteingesessene Pension genießt einen sehr guten Ruf als einfache und günstige Unterkunft. Freilich darf man hier keinen Luxus erwarten; so sind etwa die billigsten Zimmer ohne eigenes Bad. Doch die Übernachtungspreise sind in dieser Lage unschlagbar und die Zimmer sind modern, hell und freundlich eingerichtet.
Parkveien 25, www.cochspensjonat.no, Tel. +47 2 333 24 00, DZ ab 75 €

The Thief
Stylishes Designhotel auf Tjuvholmen (zu deutsch »Diebesinsel«), dem neuen Kulturviertel Oslos. Die Zimmer des Hotels wurden von renommierten Designern gestaltet. Erwähnenswert ist auch die Spa-Landschaft auf 800 qm, die wie auch das fantastische Wellness-Verwöhnprogramm von Nicht-Hotelgästen genutzt werden kann.
Landgangen 1, www.thethief.com, Tel. +47 2 400 40 00, DZ ab 260 €

Auf der winzigen Insel Dyna wird der wenige Platz optimal genutzt. Das »Leuchtfeuer«, dessen Räume heute exklusiven Veranstaltungen dienen, liegt direkt an der Fahrrinne in den Hafen.

Lindøya, Nakholmen, Gressholmen, Bleikøya sowie zur Doppelinsel Langøyene. Auf allen Inseln, die teilweise Naturschutzgebiet sind, kann man schöne Spaziergänge unternehmen.

Abfahrt Rådhusbrygge 4

4 Operahuset

Das moderne Gebäude erinnert mit seiner schräg geneigten Dachfläche an einen Eisberg. Auch technisch gesehen ist die Oper »state of the art«: vom mit 8000 Leuchtdioden bestückten Kronleuchter, der gleichzeitig als akustischer Reflektor fungiert, bis zum Textsystem an jedem Stuhl, mit dem man in einer Auswahl von acht Sprachen das Libretto mitlesen kann.

Kirsten Flagstads plass 1, Führung Englisch Mo–Fr, So 13, Sa 12 Uhr, www.operaen.no

5 Rådhuset

Das Rathaus ist neben dem Opernhaus immer noch das aufsehenerregendste Gebäude der Stadt und weltweit als Verleihungsort des Friedensnobelpreises bekannt. Sehenswert sind die großflächigen Wandgemälde in der mächtigen Rathaushalle.

Fridtjof Nansens plass, www.oslo.kommune.no/politikk-og-administrasjon/radhuset/

Anreise

Berlin:	1:35 h
Frankfurt:	2:00 h
München:	2:10 h
Zürich:	2:15 h
Wien:	2:15 h

09 Kopenhagen

In Kopenhagen ist nicht nur die kleine Meerjungfrau zu Hause. Die Stadt am Öresund ist auch eine Metropole innovativer Designer, Modemacher, Architekten und Spitzenköche: Lange schon zieht es deren Fans in die dänische Hauptstadt und so ist die »Strøget«, Dänemarks längste Fußgängerzone, auch ein Shopping-Paradies für skandinavisches Design und angesagte Mode »made in Denmark«. Neuester Anziehungspunkt ist Kopenhagens Spitzengastronomie und ihr Konzept der Neuen Nordischen Küche, das international Furore macht. Seit zwei Jahrzehnten hat sich die Stadt außerdem zum Mekka der Gegenwartsarchitektur entwickelt, mit spektakulären Neubauten wie der Königlichen Bibliothek (der »Schwarze Diamant«), des Schauspielhauses oder der Oper im Hafengebiet. Doch jenseits dieser modernen, avantgardistischen Seite bleibt Kopenhagen weiterhin ganz »hyggelig« – eine Stadt von altmodischer Gemütlichkeit. Nicht nur wegen der heimeligen Altstadt, der Radfahrleidenschaft der Kopenhagener oder ihrer steten Freundlichkeit. Auch deshalb, weil Nostalgie und Fantasie ihren festen Platz haben: Hans Christian Andersen ist aus Kopenhagen nicht wegzudenken.

Abendlicher Blick von der Terrasse des Schauspielhauses auf die Königliche Oper, eine der modernsten Bühnen der Welt.

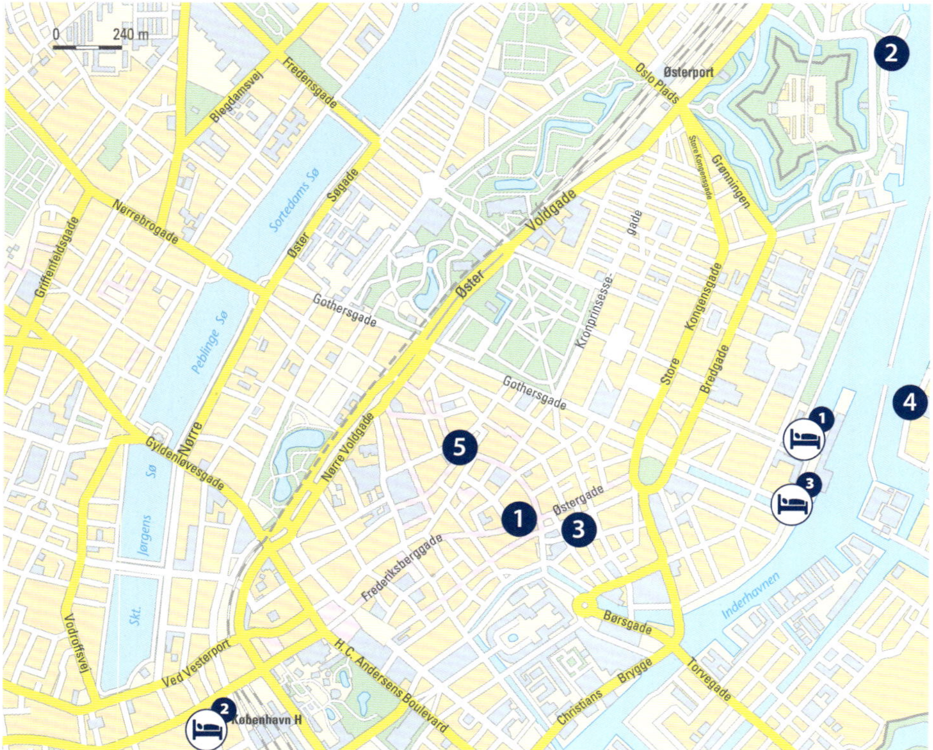

LEGENDE

1 Illums Bolighus
2 Kleine Meerjungfrau
3 Nikolaj Kunsthal
4 Operaen
5 Rundetårn
Hotel 1 Admiral Hotel
Hotel 2 Annex Copenhagen
Hotel 3 71 Nyhavn Hotel

1 Illums Bolighus

Das Einrichtungshaus bietet zwar auch Mode an, in erster Linie jedoch Stoffe, Möbel, Lampen, Glas, Küchenutensilien und natürlich jede Menge Schnickschnack. Ein Bummel durch das Bolighus ist wie ein Streifzug durch die skandinavische Design-Welt in ihrer höchsten Vollendung.

Amagertorv 10, Mo–Do, Sa 10–19, Fr 10–20, So 11–18 Uhr, www.illumsbolighus.com

2 Kleine Meerjungfrau

Nichts und niemand in Kopenhagen wird so oft fotografiert wie die Kleine Meerjungfrau. Entlehnt ist das Motiv einem Märchen Hans Christian Andersens. Den Auftrag für die Statue, die der Künstler Edvard Eriksen nach dem Gesicht der Primaballerina Ellen Price und dem Körper seiner Frau bildete, erteilte der Bierbrauer Carl Jacobsen. 1913 stellte man das Werk auf, das seither des Öfteren Misshandlungen ausgesetzt ist. Doch weder diese Missetaten noch die Menschenmassen, die die Kleine Meerjungfrau täglich besuchen, konnten ihren sehnsüchtigen Blick hinaus auf das offene Meer trüben.

Langelinie

3 Nikolaj Kunsthal

Die drittälteste Kirche Kopenhagens beherbergt heute – nachdem sie auch schon ein Feuerwehrhaus, ein Seefahrermuseum und eine Bücherei war – eine sehenswerte Galerie. Diese fokussiert sich auf moderne Kunst und berücksichtigt dabei insbesondere digitale Medien. Eine eindrucksvolle Kombination.

Nikolaj Plads 10, Di–So 12–17, Do bis 21 Uhr, www.nikolajkunsthal.dk

4 Operaen

Anfang 2005 eröffnete das neue Opernhaus am Hafen und sorgte von Beginn an mit seiner spektakulären Architektur und seinen außergewöhnlichen Aufführungen

Beste Reisezeit

Der Mai reizt als Reisemonat nicht nur wegen der geringen Niederschlagsmenge, sondern auch aufgrund des Karnevals. Für einen Besuch im Juli spricht das hochkarätig besetzte Copenhagen Jazz Festival.

Der unvergleichliche Design-Tempel im Stadtzentrum: Illums Bolighus.

für Furore. Das vom Architekten Henning Larsen entworfene Gebäude auf der ehemaligen Militärinsel Holmen war ein Geschenk des größten dänischen Reeders und reichsten Mann des Landes an den dänischen Staat. Welch ein Glück, denn die zu den modernsten Opernhäusern der Welt gehörende »Operaen« ist zugleich eine der teuersten ihrer Art. Eine beeindruckende Sicht auf das gigantische Gebäude bietet sich von einer der Hafenfähren.

Ekvipagemestervej 10, www.kglteater.dk

Anreise

Berlin:	//////////////////	6:50 h	Zug
Frankfurt:	////	1:25 h	Flug
München:	////	1:30 h	Flug
Zürich:	/////	1:45 h	Flug
Wien:	/////	1:40 h	Flug

5 Rundetårn

Der Runde Turm, 35 m hoch und 15 m im Durchmesser, stellt ein architektonisches Kuriosum dar. Der dänische König Christian IV. ließ ihn 1640 bis 1642 von Hans van Steenwinckel dem Jüngeren erbauen. Statt über Treppen schreitet man auf einem 209 m langen gewundenen Gang nach oben. Erst auf den allerletzten Metern wartet noch eine sehr enge Treppe. Auf dem Dach angekommen, stellt man aber fest, dass sich die Anstrengung gelohnt hat: Der weite Ausblick über Dänemarks Hauptstadt ist einzigartig. Das wusste auch Katharina I., Frau Peters des Großen und spätere Zarin: Sie profitierte vor knapp 300 Jahren von ihrem Prominentenstatus und ließ sich mit der Pferdekutsche hinaufbringen.

Købmagergade 52a, tgl. 10–18, Mitte Mai bis Mitte Sept. bis 20, Mitte Okt. bis Mitte März Di/Mi bis 21 Uhr, www.rundetaarn.dk

Hotels

Admiral Hotel
Das Vier-Sterne-Hotel befindet sich in einem alten, umgebauten Speicherhaus nahe des Stadtzentrums und ist ganz im maritimen Stil eingerichtet. Weiche Betten mit allergiefreien Matratzen sorgen für einen entspannten Schlaf. Aus den kleinen Fenstern zur Seeseite kann man auf die neue Oper gegenüber und auf den Hafen schauen.
Toldbodgade 24–28, www.admiralhotel.dk, Tel. +45 3 374 14 14, DZ ab 120 €

Annex Copenhagen
Ein sehr buntes Hotel mit ebensolchen Zimmern, die einfach und zweckmäßig eingerichtet und für Kopenhagener Verhältnisse günstig sind. Bad und Toilette befinden sich auf dem Gang. Das Hotel liegt nur 5 Min. vom Hauptbahnhof entfernt, die meisten Sehenswürdigkeiten sind von hier schnell zu erreichen.
Helgolandsgade 15, www.annexcopenhagen.de, Tel. +45 3 331 43 44, DZ ab 65 €

71 Nyhavn Hotel
Die Lage am Hafen und mitten in der Stadt ist unschlagbar. Gleich um die Ecke findet man das neue Schauspielhaus mit seiner schönen Promenadenfront zum Hafen. Die Zimmer in den umgebauten Hafenspeichern sind zwar klein, haben aber ein besonderes Flair dank der über 200 Jahre alten Eichenbalken.
Nyhavn 71, www.71nyhavnhotel.com, Tel. +45 3 343 62 00, DZ ab 160 €

10 Stockholm

Viel Wasser, üppiges Grün und eine ebenso entspannte wie strahlende Metropole: Stockholm, das Venedig des Nordens. Ein Dutzend Inseln zwischen der Ostsee und dem Mälarsee, verbunden durch über 50 Brücken. Die kräftigen Farben der Bürgerhäuser leuchten im klaren nordischen Licht. Dazwischen wildromantische Parkanlagen. Alles umgeben von klarem Wasser, das herrlich in der Sonne glitzert und im Winter Eiswelten hervorbringt. Die schwedische Hauptstadt ist das politische und wirtschaftliche Zentrum des Landes, eine der dynamischsten Wirtschaftsregionen des Ostseeraums. Und doch sind Hektik und Geschäftigkeit hier fremd. Die übersichtliche Altstadt »Gamla stan« beherbergt Parlament, Königsschloss und weltweit beachtete Institutionen, wie die Schwedische Akademie und die Nobel-Stiftung. Dennoch bleibt der Rhythmus in den kopfsteingepflasterten Gassen ein geruhsamer. Nicht Autoverkehr, sondern Möwengeschrei bestimmt den Takt. Duftende Zimtschnecken in sympathischen Straßencafés lassen ein Gefühl der Entschleunigung aufkommen. Selbst die Soldaten, die täglich vor dem Schloss aufziehen, strahlen Gelassenheit aus. Die Zeiten schwedischer Großmachtambitionen sind lange vorbei. An sie erinnert eindrucksvoll König Gustav Adolfs gigantisches, fast vollständig erhaltenes Flagschiff aus der Zeit des Dreißigjährigen Krieges. Auch das teure Kriegsgerät macht heute im »Vasamuseet«, dem wunderbaren Museum auf der Freizeitinsel Djurgården, eine ganz entspannte Figur.

Hoch hinaus geht's im Kettenkarussell des Vergnügungsparks Gröna Lund.

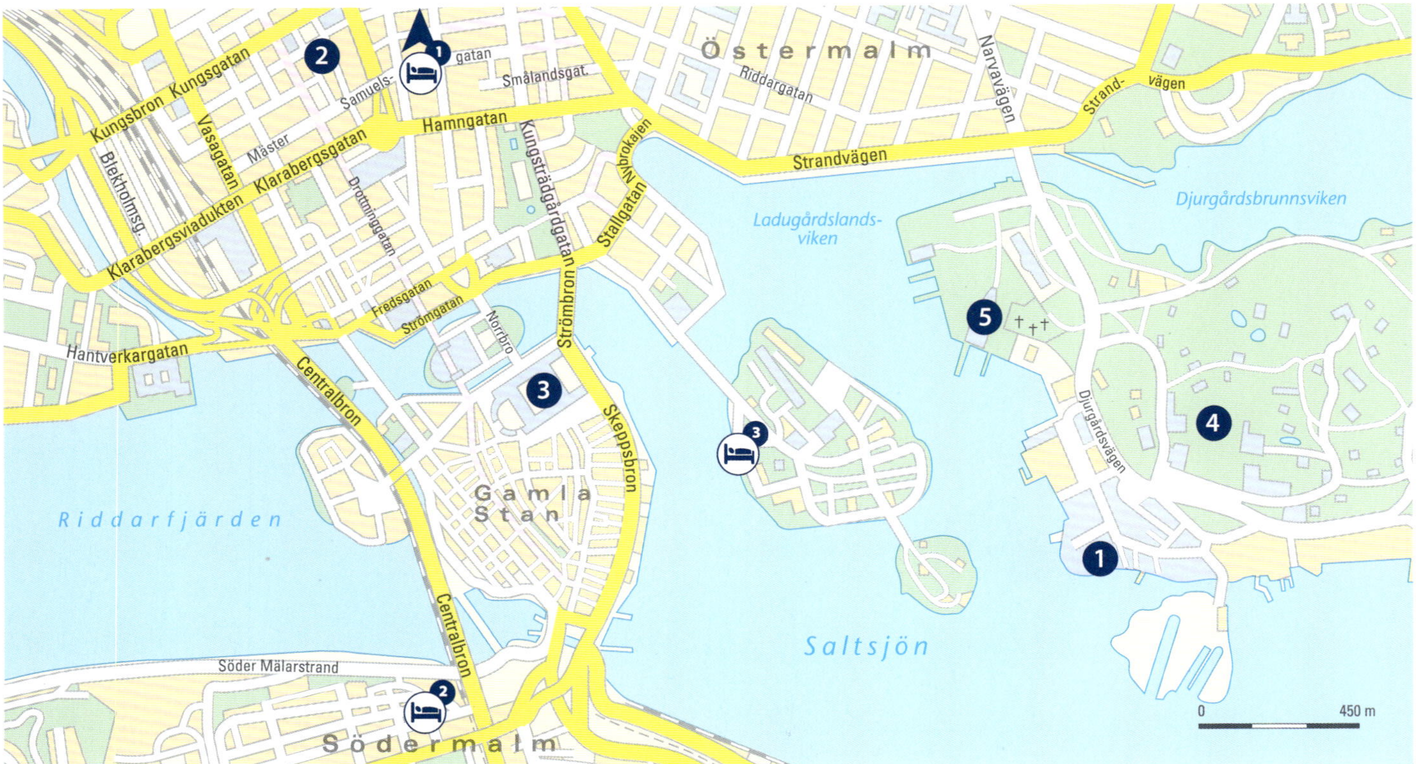

LEGENDE

1 Gröna Lund
2 Hötorgshallen
3 Kungliga slottet
4 Skansen
5 Vasamuseet
Hotel 1 Birger Jarl
Hotel 2 Hotel Rival
Hotel 3 Vandrarhem Af Chapman

Beste Reisezeit

Vor allem die Sommermonate bieten sich für einen Kurztrip nach Stockholm an. Es ist relativ trocken und die Tage sind lang. Ein Höhepunkt für Sportler ist der Midnattsloppet (Mitternachtslauf) Mitte August, für den erst um ca. 21 Uhr der Startschuss erfolgt.

1 Gröna Lund

Stockholms Vergnügungspark liegt direkt am Wasser mit Blick auf die Insel Skeppsholmen. Spektakuläre Achterbahnen und ein Geisterhaus treiben Fahrgästen den Angstschweiß auf die Stirn, aber es gibt auch geruhsamere Fahrgeschäfte.

Lilla Allmänna Gränd 9, geöffnet Mai–Sept., www.gronalund.com

2 Hötorgshallen

Im Herzen des Stadtteils Norrmalm bieten Händler seit 1958 in dieser Markthalle Delikatessen aus aller Welt feil. Cafés und Restaurants von Kebab über Sushi bis hin zu schwedischen Fischspezialitäten runden das Angebot ab.

Im Stadtteil Norrmalm, Mo–Do 10–18, Fr bis 19, Sa bis 16 Uhr, www.hotorgshallen.se

Im Freilichtmuseum Skansen zeigen Handwerker ihre zum Teil fast schon vergessene Kunst.

3 Kungliga slottet

Der Nordflügel des Königlichen Schlosses ist im französischen Barock des späten 17. Jh. eingerichtet, die übrigen Flügel im Rokokostil. Die Westfassade zum Slottsbacken (Schlosshügel) hin ist mit den Statuen berühmter Schweden wie dem Schlossarchitekten Nicodemus Tessin d. J. geschmückt. Auf der Südseite liegt der halbkreisförmige äußere Schlosshof, auf dem die Wachablösung stattfindet. Der Wachdienst wird u. a. von den Dragonern der Königlichen Leibgarde und von der Svea Livgarde von 1521 versehen.

Slottsbacken 1, Mitte Mai bis Sept. tgl. 10–17, Oktober bis Anfang Mai 10–16 Uhr, www.kungahuset.se

Anreise

Berlin:	1:30 h	✈
Frankfurt:	2:00 h	✈
München:	2:10 h	✈
Zürich:	2:20 h	✈
Wien:	2:10 h	✈

4 Skansen

Alles, was für Schweden charakteristisch ist: Bauernhöfe, Werkstätten und sogar ein städtisches Viertel mit Krämerladen, Glasbläserei, Buchbinderei, Goldschmiede und Apotheke sind im ältesten Freilichtmuseum der Welt zu bewundern.

Djurgårdsslätten 49–51, Mai–Sept. tgl. 11–17, Okt.–Apr. bis 15 Uhr, www.skansen.se

5 Vasamuseet

Das Museum zeigt das Kriegsschiff »Vasa«, das bei seiner Jungfernfahrt 1628 gesunken ist. 1961 wurden der Kiel und 20 000 Wrackteile gehoben. In jahrelanger Kleinarbeit wurde das Schiff zusammengesetzt. Anders Franzén, Mitglied der schwedischen Marine, hatte um 1950 begonnen, eine Liste der untersuchungswürdigen Schiffswracks zusammenzustellen. Ab 1954 konzentrierte er sich dann auf die »Vasa« und spürte sie 1956 auch auf.

Galärvarvsvägen 14, Mo/Di, Do–So 10–17, Mi bis 20 Uhr, Juni–Aug. tgl. 8.30–18 Uhr, www.vasamuseet.se

Hotels

Birger Jarl
Früher von der Botschaft der DDR bevorzugt, vor einigen Jahren zum Designhotel umgebaut. Bei der Renovierung vergaß man ein Zimmer ganz hinten im Gang (Nr. 247), in diesem jedoch ebenfalls behutsam renovierten »Glömda Rummet« (Vergessenen Zimmer) können Sie heute noch wohnen wie im Jahr 1974, einschließlich der groß gemusterten grünen Tapete.
Tulegatan 8, www.birgerjarl.se, Tel. +46 8 674 18 00, DZ ab 110 €

Hotel Rival
Benny Andersson von ABBA ist der Besitzer dieses recht hochpreisigen Hotels. Die Zimmer haben teilweise Balkon und zum Bad hin eine Wand aus Glasziegeln. Das Hotel verdankt seinen Namen dem 1937 eröffneten Kino Rival (700 Plätze), das im selben Gebäude logiert und in dem heute Konzerte und sonstige Events veranstaltet werden.
Mariatorget 3, www.rival.se, Tel. +46 8 54 57 89 00, DZ ab 130 €

Vandrarhem Af Chapman
Charmante Kajüten auf einem alten Segelschiff bieten ein außergewöhnliches Übernachtungserlebnis. Die schwimmende Jugendherberge, im zentralen Stadtbezirk Skeppsholmen gelegen, ist sehr beliebt. Deshalb unbedingt rechtzeitig reservieren!
Flaggmansvägen 8, www.stfchapman.com, Tel +46 8 463 22 66, DZ ab 70 €

11 Helsinki

»Itämeren tytär«, Tochter der Ostsee, lautet einer ihrer Kosenamen. In der Tat: Welche Stadt darf schon über 300 Inseln und Schären ihr Eigen nennen? Itämeren tytär klingt nach Lebensfreude. Davon haben die Finnen einiges, wie sich am Marktplatz oder auf der Insel Suomenlinna zeigt, wenn die Abenddämmerung fast ins Morgenlicht übergeht, oder während der Schnee sein Licht auf den Weihnachtsmarkt zaubert. Helsinki ist eine junge Metropole ohne Altertümer und Adelspaläste. Erst seit Finnlands Unabhängigkeit 1917 kann sie Gestaltungsfreude zeigen. Wobei Wolkenkratzer verpönt und 30 Prozent Grünflächen Pflicht sind. Helsinki ist nicht auf Sand gebaut, sondern auf Granit, der überall hervorlugt. Im Zentralpark bewegt man sich in fast unberührter Natur. Als Nahtstelle zwischen Ost und West ist Helsinki eine kulturelle Fundgrube, ob in Museen oder in der Musikszene. Allenthalben finden sich gelungene Stilmischungen im Designdistrikt Punavuori, im einstigen Arbeiterstadtteil Kallio oder im schicken Stadtzentrum.

Außen moderne Architektur, innen zeitgenössische Kunst im Kiasma

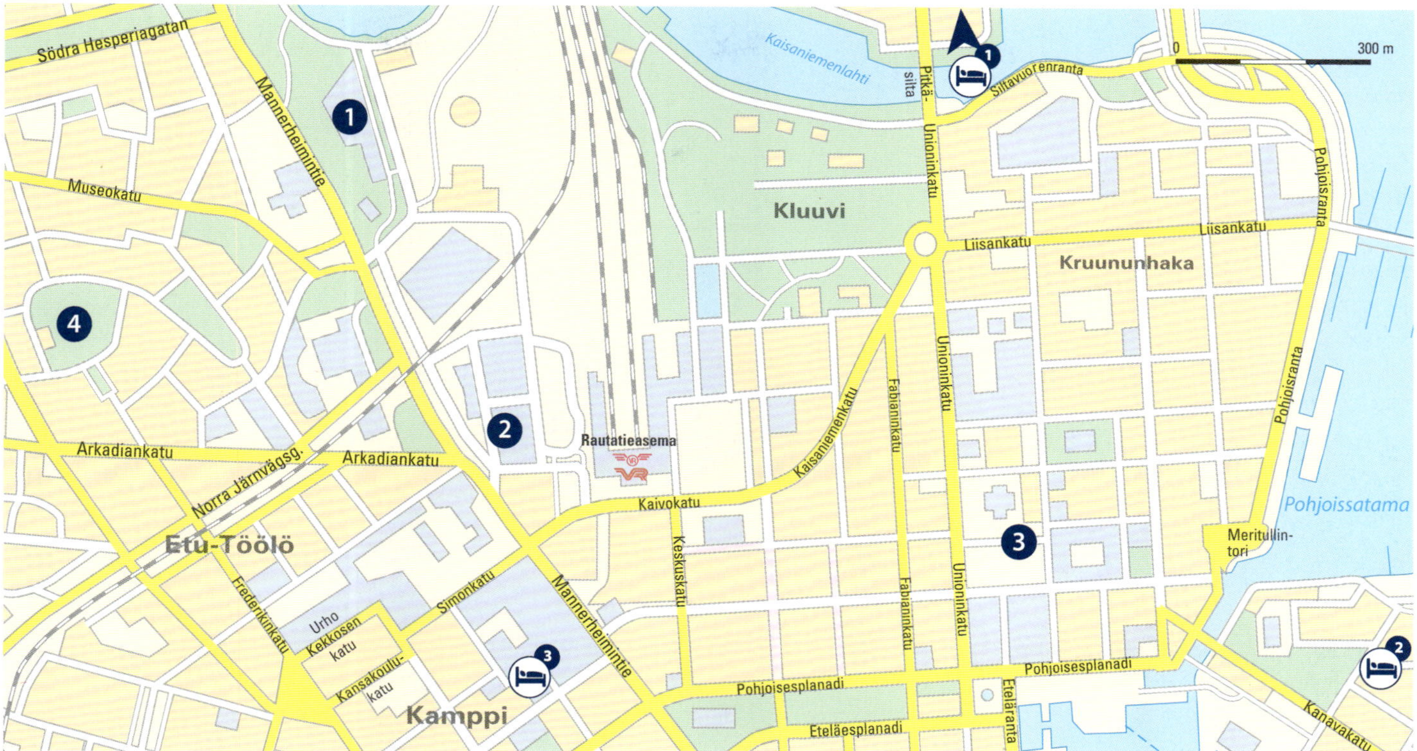

LEGENDE

1 Finlandia talo
2 Kiasma nykytaiteen museo
3 Senaatintori
4 Temppeliaukion kirkko
1 AVA
2 Best Western Premier Katajanokka
3 Torni

Beste Reisezeit

Hauptsaison ist der Sommer, die Zeit der hellen Nächte. V. a. wenn die Stadt anlässlich der »Helsingin juhlaviikot«, der Helsinki Festspiele, Finnlands größtes und vielfältigstes Kulturfestival feiert (Mitte–Ende Aug.). Doch auch rund um Weihnachten hat die illuminierte Stadt ihren Reiz.

1 Finlandia talo

Der große finnische Architekt Alvar Aalto plante ab 1962 die weiße Marmorschönheit an der Töölö-Bucht. Die 1975 eingeweihte Finlandiahalle, in Aaltos architektonischem Verständnis als Gesamtkunstwerk gestaltet, ist ein bedeutendes Konzert- und Tagungszentrum. Aaltos Handschrift ist erkennbar in der klaren Linienführung, in der Sorgfalt bei Natureinbindung und Materialauswahl, vom Äußeren bis hin zu den Details der Innenraumgestaltung mit Treppenläufen, Türgriffen, Sitzmöbeln und Lampen. Funktionalismus in Verbindung mit Natur und Ästhetik – diese Philosophie findet sich im abgeschrägten Dach, in der Asymmetrie des Konzertsaals, im Schwung der Geländer und Fenster, in der Wertigkeit von Material und Verarbeitung.

Mannerheimintie 13 E, Mo–Fr 9–19 Uhr, www.finlandiatalo.fi

2 Kiasma nykytaiteen museo

Im Kiasma Museum für Gegenwartskunst ist der mit Ecken und Rundungen spielende Bau des amerikanischen Architekten Steven Holl schon ein Kunstwerk für sich und das passende Ambiente für neueste Trends der bildenden Künste, wobei geschickt die Balance zwischen Malerei, und Grafik, Skulptur, Installation, Multimedia-Art und Aktionskunst gehalten wird.

Mannerheiminaukio 2, So/Di 10–17, Mi–Fr 10–20.30, Sa 10–18 Uhr, www.kiasma.fi

3 Senaatintori

Der Senatsplatz von Helsinki gilt ob seiner neoklassizistischen Bebauung als einer der schönsten Plätze Europas. Die angrenzenden Gebäude repräsentieren das Zentrum des kirchlichen, des Verwaltungs- und Universitätslebens der Stadt. Noch zu Finnlands Zeiten als russisches Großfürstentum begann der deutsche Architekt Carl Ludwig Engel 1816 im Auftrag des Zaren, das kleine Pendant zum großen Senatsplatz in St. Petersburg als Kernstück der jungen Metropole zu planen. Über dem Platz bestimmt die Domkirche (Tuomiokirkko) das Bild, am Abschluss der breiten, 9 m hohen Freitreppe.

Markant in Szene gesetzter Treffpunkt und Aussichtsplatz: die Tuomiokirkko (Domkirche) auf dem Senatsplatz.

Alexandersgatan, www.visithelsinki.fi

Anreise

Berlin:	1:50 h	✈
Frankfurt:	2:20 h	✈
München:	2:20 h	✈
Zürich:	2:40 h	✈
Wien:	2:20 h	✈

4 Temppeliaukion kirkko

Ein einzigartiger spiritueller Ort ist die Felsenkirche. Der nüchterne Betoneingang lässt nicht erahnen, welches Juwel sich dahinter verbirgt – fast mutet es an, als verstecke sich die geheiligte Stätte vor der Außenwelt. Der runde Kirchenraum wurde in den Fels hineingesprengt, überspannt von einer Kuppel aus Betonstreben, mit wellenförmig umlaufenden Fenstern und einem innen matt rötlich, außen grünlich schimmernden Kupferdach.

Lutherinkatu 3, www.helsinginkirkot.fi

Hotels

AVA
Etwas außerhalb des Zentrums in Vallila gelegen, aber mit guter Anbindung ans Zentrum. Einfache, dabei sehr freundliche und helle Räume zeichnen das AVA aus, das Personal ist nett, für alle Fragen offen und hilfsbereit.
Karstulantie 6, www.ava.fi,
Tel. +358 9 77 47 51, DZ ab 60 €

Best Western Premier Katajanokka
Wo einst schwere Jungs einsaßen, schläft man jetzt in charmantem Backsteinmilieu. Das Gefägnis selber wurde erst 2002 geschlossen. Nach einer umfänglichen Renovierung eröffnete hier 2007 ein modernes Hotel mit schicker Ausstattung. Hofgang gibt es im umgebenden Park und auf der Sonnenterrasse. Beim Buchen auf die Zellengröße achten …
Merikasarminkatu 1a,
www.hotelkatajanokka.fi,
Tel. +358 9 68 64 50, DZ ab 115 €

Torni
Im markanten und geschichtsträchtigen Turm-Hotel – 14 Stockwerke, 1928 erbaut – darf der Gast auf drei in sich stimmige Interieurs gespannt sein: Es gibt modern gestaltete Zimmer, solche im Stil des Art déco und Räume mit vom Jugendstil inspirierter Ausstattung. Keinesfalls vergessen sollte man den Besuch der Ateljee-Bar: kulinarischer Genuss mit grandiosem Blick.
Yrjönkatu 26, www.sokoshotels.fi,
Tel. +358 20 123 46 04, DZ ab 150 €

12 Tallinn

Hanse und Hightech, Mittelalter und Moderne – Tallinn verbindet spannende Gegensätze. Gegründet im Hochmittelalter war die Stadt unter dem Namen Reval eine wichtige Handelsstadt der Ostsee. Dieser Zeit entstammen die gewaltigen Befestigungsanlagen, die das Stadtbild immer noch prägen. Eigentlich umgeben die Mauern zwei Städte: In der bürgerlichen Unterstadt wohnten Hanse-Kaufleute und Handwerker, während die knapp 50 m höher gelegene aristokratische Oberstadt – der »Domberg« – dem Bischof, Ordensrittern und Adeligen vorbehalten war. Die wunderbar erhaltene mittelalterliche Altstadt ist in Tallinn mehr als nur museale Kulisse. Nachdem Estland 1991 seine Unabhängigkeit errungen hatte, katapultierten sich das Land und seine Hauptstadt mit atemberaubendem Tempo in die (westliche) Moderne. Auf dem Domberg zogen Regierung und Parlament ein, liebevoll restauriert erwachte die Unterstadt zu vitaler Geschäftigkeit und jenseits der Stadtmauern zeigt sich der Wirtschaftsboom auch architektonisch. Tallin ist »global player« in der IT, hier wurde die Software für »Skype« entwickelt und in der gesamten Altstadt ist für kostenlosen WLAN-Internetzugang gesorgt.

Beschaulich ist es im Fischerdorf Altja im Lahemaa-Nationalpark.

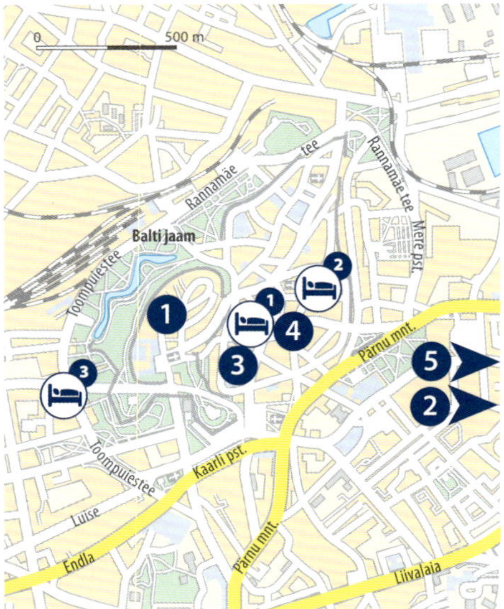

LEGENDE

1. Domkirche
2. Estnisches Kunstmuseum
3. Nikolaikirche
4. Rathausplatz
5. Schloss Katharinental

- (Hotel 1) Merchants´s House
- (Hotel 2) Telegraaf
- (Hotel 3) Von Stackelberg Hotel Tallinn

1 Domkirche

Mittelpunkt des Dombergs (Toompea) ist die Domkirche (Toomkirik), eine der ältesten Kirchen des Landes. Ihr Erscheinungsbild ist spätgotisch, doch schon im 13. Jh. wurde hier für die deutsche Ritterschaft die Messe gelesen. Das Innere birgt wertvolle Kunstschätze, unter denen die Grabmäler mit lebensgroßen Figuren der Verstorbenen und die Wappenschilde des deutschbaltischen Adels herausragen. Den schönsten Blick auf Tallinn genießt man vom 69 m hohen barocken Glockenturm auf die roten Dächer der Unterstadt, die Kirchtürme und den Hafen.

Toom-Kooli 6, Apr. Di–Fr 10–17, Mai/Sept. tgl. 9–17 Uhr, Juni–Aug. tgl. 9–18, Okt. Di–So 9–16, Nov.–März Di–Fr 10–16, Sa/So 9–16 Uhr, www.toomkirik.ee

2 Estnisches Kunstmuseum

2006 wurde Estlands neues nationales Kunstmuseum eröffnet, ein eigenwilliger, scharfkantiger, futuristisch anmutender Bau des finnischen Architekten Pekka Vapaavuori. Auf drei Ebenen des KUMU ist Kunst aus verschiedenen Zeiträumen zu sehen: estnische Werke vom frühen 18. Jh. bis zum Zweiten Weltkrieg und aus der Sowjetzeit sowie zeitgenössische estnische und internationale Kunst. Besonderer Wert wird auf eine multimediale, auf unterschiedliche Altersgruppen eingehende Kunstvermittlung gelegt.

Weizenbergi 34, Apr.–Sept. Di–So 11–18, Okt.–März Mi–So 11–18, Mi jeweils bis 20 Uhr, www.kumu.ekm.ee

3 Nikolaikirche

Die Nikolaikirche (Niguliste kirik) wurde im 13. Jh. von deutschen Kaufleuten und Handwerkern erbaut. Heute dient sie als Konzertsaal und als Zweigstelle des Estnischen Kunstmuseums, in der sakrale Kunst des Mittelalters gezeigt wird. Glanzstücke sind der Hauptaltar vom Lübecker Meister Hermen Rode und ein Fragment des »Totentanzes« von Bernt Notke, beide aus dem 15. Jh.

Niguliste 3, Mai–Sept. Di–So 10–17, Okt.–Apr. Mi–So 10–17 Uhr, www.nigulistemuuseum.ekm.ee

4 Rathausplatz

Der Rathausplatz ist das pulsierende Zentrum der Altstadt. Beherrscht wird der Platz vom spätgotischen Rathaus (Raekoda), das eindrucksvolle Wasserspeier in Form von Drachenköpfen besitzt. Von der Aussichtsplattform des Turms bietet sich ein schöner Rundblick. Die Turmspitze ziert seit dem 16. Jh. ein Wahrzeichen – der Alte Thomas (Vana Toomas), eine Wetterfahne in der Form eines Landsknechts. Rund um den Rathausplatz befinden sich einige der schönsten gotischen Fassaden der Stadt, darunter die Ratsapotheke aus dem 15. Jh., die älteste noch betriebene Apotheke Europas.

Raekoja plats, Aussichtsplattform: Mai–Mitte Sept. tgl. 11–18 Uhr, www.raekoda.tallinn.ee

Beste Reisezeit

Mit gutem Wetter ist von Mai bis September zu rechnen, wobei die weißen Dämmernächte rund um die Sommersonnenwende am 24. Juni ein besonderes Naturschauspiel bieten. Im Winter hingegen besticht Tallinn durch sein umfangreiches Kulturprogramm.

Nicht umsonst Unesco-Welterbe. Vom Turm der Olaikirche blickt man auf Tallins schöne Altstadt: rechts die Domkirche, links die Alexander-Newski-Kathedrale.

5 Schloss Katharinental

Das Schloss (Kadriorg), 3 km östlich von Tallinns Altstadt, gilt als schönstes Beispiel estnischer Barockarchitektur. Peter der Große ließ es als Sommerresidenz für seine Gattin Katharina errichten. Die Entwürfe gehen auf den italienischen Architekten Niccoló Michetti zurück. Heute beherbergt das Schloss ein Kunstmuseum.

Weizenbergi 37, Mai–Sept. Di–So 10–18, Okt.–Apr. Mi–So 10–17, Mi jeweils bis 20 Uhr, www.kadriorumuuseum.ekm.ee

6 Lahemaa-Nationalpark

In eine ganz andere Welt entführt ein Tagesausflug in den Lahemaa-Nationalpark. Dichte Nadelwälder und einsame Moore prägen seine Landschaft. Außer Reihern, Kranichen und Störchen sind hier viele Wasservogelarten heimisch; mit etwas Glück kann man auch Braunbären, Luchsen oder Elchen begegnen. Charakteristisch für Lahemaa sind die an der Küste verstreuten Findlinge; es gibt aber auch schöne Sandstrände.

80 km westlich von Tallinn, www.keskkonnaamet.ee

Anreise

Berlin:	1:45 h
Frankfurt:	2:20 h
München:	2:20 h
Zürich:	4:00 h
Wien:	2:15 h

Hotels

Merchants´s House
Komfortables und modernes Haus mit 37 Zimmern in einem mittelalterlichen Gebäude, direkt neben dem Rathausplatz. Viele Details – Lampen, Kissen usw. – wurden speziell für das Interieur des Hotels gestaltet. Witziges Detail: An der »Ice Bar« kann man seinen Wodka in einem handgefertigten Glas aus Eis versenken.
Dunkri 4/6, www.merchantshousehotel.com, Tel. +372 6 97 75 00, DZ ab 79 €

Telegraaf
Schickes Hotel in der Altstadt mit Spa und französisch-russischem Restaurant. Es ist im früheren Telegrafenamt aus dem 19. Jh. untergebracht. Das luxuriöse Fünf-Sterne-Hotel beherbergte schon viele berühmte Gäste darunter u. a. die Rockband Muse, Alice Cooper sowie Staatsmänner aus verschiedenen Ländern.
Vene 9, www.telegraafhotel.com, Tel. +372 6 00 06 00, DZ ab 150 €

Von Stackelberg Hotel Tallinn
Modern-gestylte Unterkunft am westlichen Rand der Altstadt. Die Zimmer sind allesamt geräumig mit hoher Decke und Parkettfußboden. Neben den Standardzimmern gibt es 18 »Zen Rooms«, deren Einrichtung für besondere Entspannung sorgen soll.
Toompuiestee 23, www.vonstackelberghotel.com, Tel. +372 6 60 07 00, DZ ab 100 €

13 Riga

Riga vereint ganz unterschiedliche Traditionen zu einer reizvollen Melange. Die Altstadt mit ihrer Backsteingotik erinnert daran, dass die Metropole vor 800 Jahren von einem Bremer Domherrn gegründet wurde. Dom, Rathaus und Gildehäuser muten höchst norddeutsch an. Einen wunderbaren Überblick hat man (nach bequemer Fahrstuhlfahrt) vom Turm der Petrikirche. Auch der »neustädtische« Teil des Zentrums ist zu sehen. Hier beeindrucken Jugendstil-Ensembles und prachtvolle Repräsentationsbauten, die um die vorletzte Jahrhundertwende herum zu Rigas Ruf als »Paris des Nordens« beitrugen. Ein Bild des zaristischen Russlands vermitteln dagegen die alten Holzhäuser der »Moskauer Vorstadt«, wo im 19. und frühen 20. Jahrhundert vor allem Russen und Juden lebten. Ein Hochhaus im stalinistischen Zuckerbäckerstil – die Rigaer sprechen von »Stalins Geburtstagstorte« – dokumentiert auch die sowjetische Herrschaft. Seit die Letten mit ihrer »singenden Revolution« die Unabhängigkeit errangen, sind alle Sphären des historischen Riga zu neuem Leben erwacht: Die Altstadt ist restauriert, in der Neustadt entfalten sich Museen und die Moskauer Vorstadt boomt als Szeneviertel. Mutige Projekte der Stadtentwicklung signalisieren, dass Riga als größte Stadt des Baltikums nicht stehen bleibt. So entstand am Düna-Ufer ein Neubau der Nationalbibliothek, dessen dreieckige Silhouette schon zum neuen Wahrzeichen der Stadt geworden ist. »Schloss des Lichts« wird er genannt. Riga leuchtet.

Abendstimmung am Rathausplatz: rechts das prunkvolle Schwarzhäupterhaus.

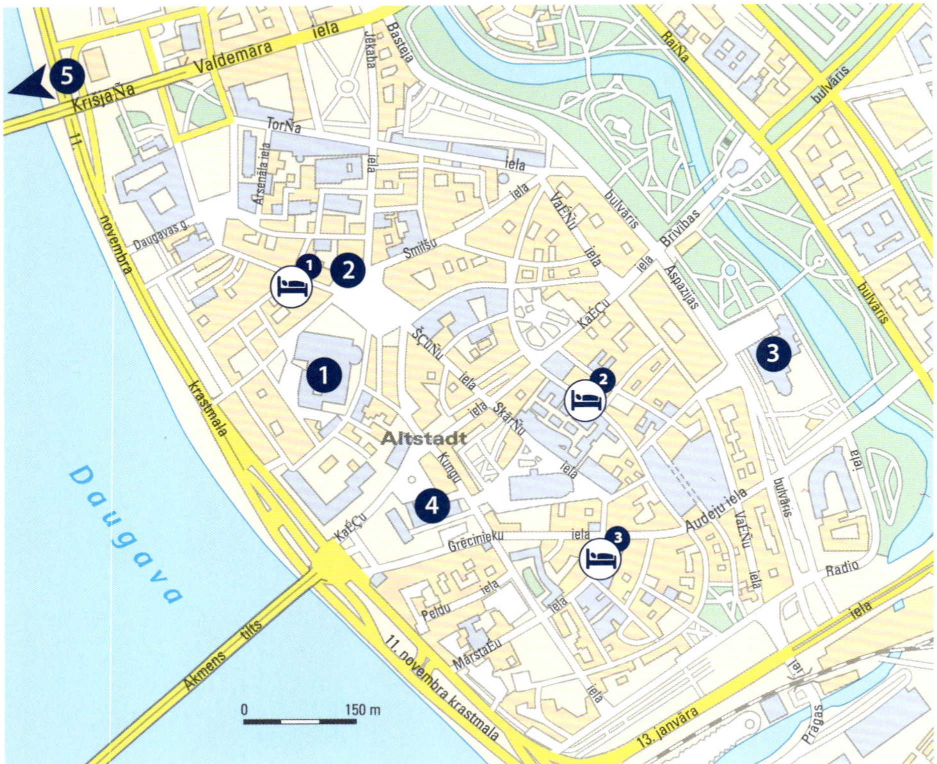

LEGENDE

1. Dom St. Marien
2. Kunstmuseum Rigaer Börse
3. Nationaloper
4. Schwarzhäupterhaus
5. Žanis-Lipke-Gedenkmuseum

Hotels:
1. Dome Hotel Spa
2. Konventa Sēta
3. Radi un Draugi

Beste Reisezeit

Eine gute Gelegenheit, mit den Letten zu feiern, bietet sich beim Mittsommerfest Līgo und Jāņi. Traditionell wird ein besonderes Brot gebacken, der Johanniskäse mit Kräutern gehört dazu. Und natürlich das Johannisfeuer.

1 Dom St. Marien

Der Dom zu Riga ist der größte Sakralbau des Baltikums und aufgrund seines Alters sowie seiner architektonischen Substanz auch einer der bedeutendsten. Die unterschiedlichen Baustile reichen von der Romanik (Chor, Kreuzgang) und Gotik (Nordportal) über den Barock (Turm, Kanzel) bis hin zu Elementen des Jugendstils (westliche Vorhalle). Eine Besonderheit des Doms sind seine Glasfenster und die Orgel. Der sächsische Historienmaler Anton Dietrich wurde 1889 mit dem Entwurf der Fenster beauftragt. Die Orgel, 1884 von der Ludwigsburger Firma E. F. Walcker gebaut, galt mit ihren 6700 Pfeifen als technisch perfekt und war seinerzeit die größte der Welt.

Doma laukums 1

2 Kunstmuseum Rigaer Börse

In der ehrwürdigen Börse aus dem Jahr 1856, die wie ein venezianischer Renaissancepalazzo anmutet, ist 2011 zum 810. Geburtstag der Stadt das Museum für Ausländische Kunst eröffnet worden. Hier werden eine sehenswerte Sammlung altägyptischer Kunst, Kunst der Antike, Werke der deutschen Romantik, wie etwa Landschaften von Carl Friedrich Lessing, und zauberhafte, fast unbekannte Arbeiten des belgischen Jugendstils gezeigt.

Doma laukums 6, Di–So 10–18, Fr bis 20 Uhr, www.lnmm.lv

3 Nationaloper

Die Oper, von Rigas Einwohnern gerne liebevoll das »Weiße Haus« genannt, ist das Nationalheiligtum der Letten. Der umtriebige Intendant Andrejs Žagars trägt viel zum internationalen Renommee des Hauses bei, ebenso der Regisseur Viesturs Kairišs.
Aspazijas bulv. 3, www.opera.lv

Belle Époque im Herzen Rigas: In der Jauniela-Straße finden sich viele kunstvoll mit Stuck verzierte Jugendstil-Häuser und kleine Cafés. Perfekt zum Entspannen nach einem Altstadtbummel.

4 Schwarzhäupterhaus

Das Haus wurde 1334 als Versammlungs- und Festgebäude errichtet und vielfach umgebaut, bevor es im 17. Jh. von der Compagnie der Schwarzen Häupter übernommen wurde – einer einflussreichen Gilde, die vorwiegend aus deutschen, unverheirateten Kaufleuten bestand. Ihren Namen leiteten sie von ihrem Schutzpatron, dem hl. Mauritius, einem schwarzen Märtyrer aus Afrika, her. Zwar kann das herrschaftliche Bauwerk, eins der Wahrzeichen Rigas, nur noch von außen bewundert werden, aber auch die prächtige Außenfassade beeindruckt.

Rātslaukums 7, www.melngalvjunams.lv

Anreise

Berlin:	1:50 h
Frankfurt:	2:05 h
München:	2:10 h
Zürich:	2:40 h
Wien:	2:00 h

5 Žanis-Lipke-Gedenkmuseum

Auf der am Ufer der Daugava gelegenen Insel liegt ein spezielles Museum: zum Gedenken an Žanis Lipke, der während der Nazizeit in einem Bunker an die 60 Juden vor den Gaskammern rettete. Das dreistöckige Museum wurde als ein Ort der Besinnung konzipiert, eine schlichte Konstruktion aus Holzplanken und Glas.

Mazais Balasta dambis 8, Di–So 12–18, Do bis 20 Uhr, www.lipke.lv

Hotels

Dome Hotel Spa

Das 2009 völlig restaurierte Gebäude aus dem 17. Jh. ist nach wie vor Rigas erste Adresse, ein Kleinod. Die 15 Zimmer sind individuell eingerichtet, klassische Eleganz im Wechselspiel mit lettischem Design und jedem erdenkbaren Komfort. Der Blick aus den Fenstern geht auf das historische Riga oder auf einen immergrünen Hof.

Miesnieku 4, www.domehotel.lv, Tel. +371 67 50 90 10, DZ ab 150 €

Konventa Sēta

In neun historischen Gebäuden, die teilweise zu einem Kloster gehörten, entstand 1996 in der Altstadt ein komfortables Hotel. Das Konventa Sēta vereint typische lettische Qualitäten: eine gemütliche Atmosphäre, Gastfreundschaft, Traditionsbewusstsein und ein ausgewogenes Preis-Leistungs-Verhältnis.

Kalēju 9/11, www.hotelkolonna.com, Tel. +371 67 08 75 16, DZ ab 50 €

Radi un Draugi

Das Vier-Sterne-Hotel ist ein traditionsreicher Familienbetrieb. Gäste aus aller Welt sind hier gerne zu Besuch und nutzen die komfortable Unterbringung in den 72 Zimmern des Hotels. Ein Großteil der Einnahmen wird von den Eigentümern für wohltätige Zwecke gespendet.

Mārstaļu 3, www.hotelradiundraugi.lv, Tel. +371 67 82 02 00, DZ ab 60 €

14 Sankt Petersburg

Dostojewski nannte sie »die ausgedachteste Stadt der Welt«. Imaginativ, unwahrscheinlich und einzigartig ist Sankt Petersburg stets gewesen, seit Zar Peter der Große sich die neue Hauptstadt seines Reiches »ausdachte«. Auf Dutzenden Inseln im sumpfigen Mündungsgebiet der Newa in die Ostsee entstand Anfang des 18. Jahrhunderts eine im wahrsten Sinne phantastische Stadt-Inszenierung: Russlands »Fenster nach Europa«. Daher gleicht Petersburg einem Mosaik europäischer Städte – mit unverkennbaren russischen Farbtupfern. Breite, kilometerlange Uferstraßen säumen die Wasserläufe, imposante Brücken münden in imperiale Plätze. Prachtvolle Boulevards wie der legendäre »Newski Prospekt« nehmen dort ihren Anfang, opulente Adelspalais reihen sich aneinander und orchestrieren eine klassizistisch-strenge und doch schwelgerische Architektur-Symphonie. Kein moderner Hochhaus-Misston stört bis heute das majestätische horizontale Panorama der Stadt. Petersburg hat Revolutionen, Weltkriege und Schrecken des 20. Jahrhunderts überstanden – und seine »Leningrader« Jahrzehnte weit hinter sich gelassen. Heute verbinden sich die Schätze der Zarenzeit mit pulsierenden, ambitionierten Großstadtrhythmen zu neuem Charme; die Stadt ist Reminiszenz an verwirklichte Zarenträume, aber vor allem auch eine junge Metropole voller Leben. Nicht nur der Stadtgründer hatte hochfliegende Pläne, auch die jüngste Generation der Petersburger will hoch hinaus. In den alten Palästen am »Newski« denkt man sich ständig neue Träume aus.

Das Bernsteinzimmer, »achtes Weltwunder« im Katharinenpalast.

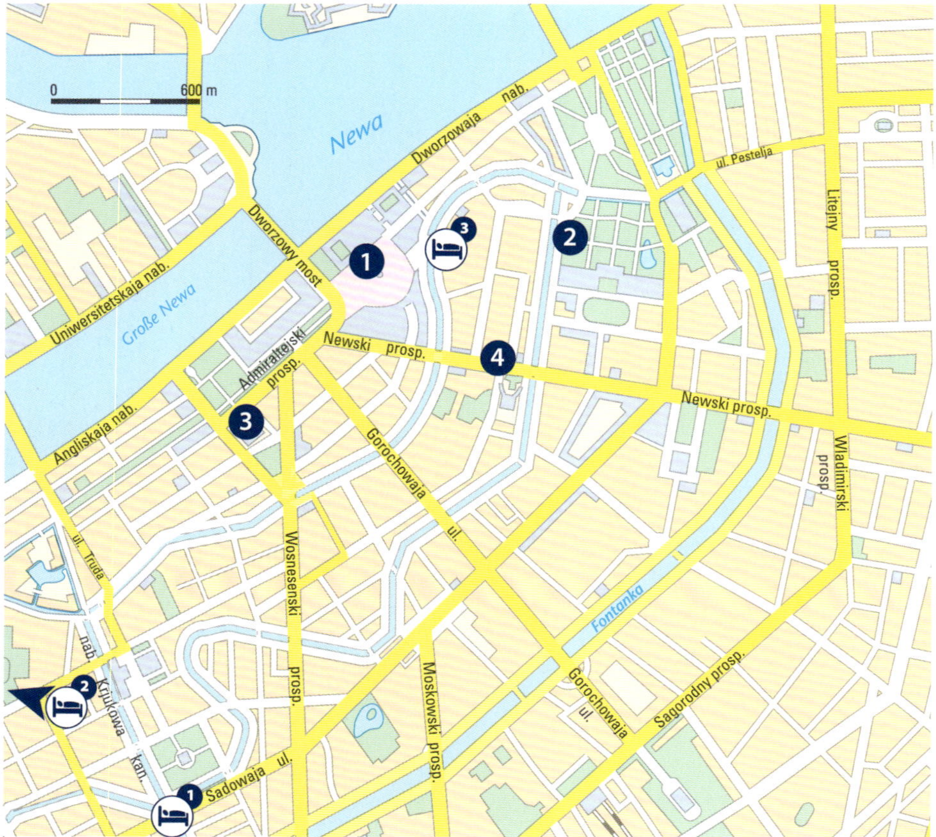

LEGENDE

1 Eremitage
2 Erlöserkirche
3 Isaakkathedrale
4 Newski Prospekt

Hotel 1 Alexander House
Hotel 2 Matisov Domik
Hotel 3 Moika 22 Kempinski

Beste Reisezeit

Besonders schön ist die Zeit der Weißen Nächte im Juni, wenn es nur für eine knappe Stunde dämmert. Museenliebhaber sollten im Winter fahren, dann gibt es kürzere Schlangen.

1 Eremitage

Für Kunstfreunde ist sie allein schon ein Grund für eine Petersburg-Reise. Der Museumskomplex erstreckt sich über sechs Gebäude und beherbergt mehr als drei Millionen Exponate, von der Kunst und Kultur der Skythen, der »Taurischen Venus« über die Ägyptische Sammlung bis zur atemberaubenden Sammlung westeuropäischer Kunst aus sieben Jahrhunderten mit allein 25 Bildern von Rembrandt.

Dworzowaja nab. 32–36, tgl. 10.30–18, Mi/Fr bis 21 Uhr, www.hermitagemuseum.org

2 Erlöserkirche

Die »russischste« aller Petersburger Kirchen – die Erlöserkirche, auch Christi-Auferstehungs-Kathedrale oder »Erlöserkirche auf dem Blute« genannt – fesselt mit ihrer Farbenpracht. Zar Alexander III. ließ sie an dem Ort errichten, an dem sein Vater, Alexander II., 1881 bei einem Bombenanschlag einer radikalrevolutionären Gruppe ums Leben kam.

Nab. kanala Gribojedowa, Do–Di 10.30 bis 18 Uhr, www.cathedral.ru/spasa_na_krovi

3 Isaakkathedrale

Zwischen Senatsplatz und Isaakplatz erhebt sich die Isaakkathedrale (Isaakajewski sobor), der drittgrößte sakrale Kuppelbau der Welt. Diese aus rotem Granit und grauem Marmor errichtete, 111 m lange, 97 m breite und knapp 102 m hohe Kathedrale lässt förmlich alle umliegenden Gebäude schrumpfen. Sie war von Anbeginn ein Werk der Superlative: 24 000 Baumstämme benötigte der französische Baumeister Montferrand, um ein festes Fundament im sumpfigen Untergrund zu schaffen. 14 000 Menschen finden in der Kirche Platz. Der lange Aufstieg zu den Kolonnaden unter der mattgoldenen Kup-

Eine Extraportion Glück gibt's angeblich durch das Berühren der Greifenflügel auf der Bankbrücke mit Blick auf die Erlöserkirche.

pel wird mit einem einmaligen Panoramablick auf die Stadt belohnt.

Isaakijewskaja pl., Kathedrale: Do–Di 10.30–18, Mai–Sept. bis 22.30 Uhr, Kolonnaden: tgl. 10.30–18, Mai–Okt. bis 22.30, Juni bis Aug. bis 4.30 Uhr, www.cathedral.ru

4 Newski Prospekt

Gesäumt von Palästen, Kirchen und Jugendstilbauten, erzählt der Boulevard vom Glanz des Adels und den Hoffnungen des Bürgertums. Der russische Schriftsteller Nikolai Gogol setzte dieser Prachtstraße mit seiner berühmten Novelle »Newski Prospekt« ein Denkmal: »Es gibt nichts Schöneres als den Newski- Prospekt, wenigstens nicht in Petersburg.«

5 Bernsteinzimmer

1717 ließ Peters Frau Katharina den Katharinenpalast errichten. Das legendäre Bernsteinzimmer erhielt 1716 Zar Peter I. von Friedrich Wilhelm I. als Gegengeschenk für dessen Elitetruppe. Zuerst war es im Winterpalais untergebracht, bis Zarin Elisabeth es im Katharinenpalast installieren ließ. Fast 200 Jahre war es dort zu bewundern, bis es die Deutschen 1941 nach Königsberg transportierten. Dort verschwand es vier Jahre später spurlos. Seit 1976 bemühten sich russische Restaurateure um die originalgetreue Nachbildung des »achten Weltwunders«, doch die Arbeiten gingen zunächst nur schleppend voran. Aber seit Ende der Neunziger konnte mit deutscher Hilfe die Rekonstruktion vollendet werden.

25 km südlich von St. Petersburg, Sadovaya ulitsa 7, Zarskoje Selo, Mai/Sept. Mi–Mo 12–18, Juni–Aug. 12–19, Okt.–Apr. 10–17 Uhr, www.tzar.ru

Anreise

Berlin:	2:05 h
Frankfurt:	2:40 h
München:	2:45 h
Zürich:	3:00 h
Wien:	2:35 h

Hotels

Alexander House
In diesem Palais aus dem 19. Jh. gleicht kein Zimmer dem anderen. Nach Städten wie Paris, London oder Köln benannte Zimmer geben sich großstädtisch elegant, andere verzaubern mit asiatischem Charme. Auch der Service überzeugt mit hilfsbereitem und zuvorkommendem Personal. Das Hotel liegt in einer ruhigen Gegend am Kanal, dennoch ist es noch zentrumsnah.
nab. Krjukowa kan. 27, www.a-house.ru, Tel. +7 812 334 35 40, DZ ab 90 €

Matisov Domik
Gemütliches Hotel in ruhiger Lage auf der Insel Matisov, westlich vom Stadtzentrum gelegen. In der Nähe befinden sich der Jussupow-Palast und das Mariinski-Theater. Die Zimmer sind groß, das Preis-Leistungs-Verhältnis unschlagbar.
nab reki Priazhka 3/1, www.matisov.com, Tel. +7 812 495 02 42, DZ ab 35 €

Moika 22 Kempinski
Die Lage des Luxushotels in einem Palais aus dem 19. Jh. an der Moika ist fabelhaft, die Eremitage, der Schlossplatz und die Isaakkathedrale sind ganz nah. Ein herrlicher Blick über die Stadt eröffnet sich vom Restaurant Bellevue und von der Dachterrasse. Perfekter Service!
nab. reki Moiki 22, www.kempinski.com/st-petersburg, Tel. +7 812 335 91 11, DZ ab 150 €

Mittel- und Osteuropa

»Die Reise ist der Mai,
der alles neu macht.«

Thomas Mann

Die Abbruchkanten der Sylter Steilküste – wie hier am Roten Kliff – sind eine Naturschönheit.

15 Sylt

Junge, Alte, Prominente, Unbekannte, Nobelschlittenbesitzer, Radfahrer: Die unterschiedlichsten Leute zieht es nach Sylt und keineswegs nur in der Hochsaison. Sie kommen auch im Februar zum Biike-Brennen, zu Ostern, wenn die Rosensträucher erste Blätter zeigen, im Juni, wenn die Nächte kurz und hell sind, im Oktober, wenn die Insel aufatmet, weil die Flut der Urlauber abgeflaut ist, im November, wenn die Strände leer sind und das Meer tobend mit seinen Kräften spielt, und dann zu Weihnachten und Silvester, wenn alles feiert. Wer eher bäuerliche Abgeschiedenheit sucht, geht gern nach Archsum oder Morsum; wer ein schönes Dorf mit Blumengärten bevorzugt, nach Keitum; wer die raue Nordsee spüren mag, nach Rantum oder Wenningstedt, und wem zudem nach prallen Partys ist, nach Kampen. Nördlicher als List ist kein Ort Deutschlands und auf Sylt nichts südlicher als Hornum. Wer urbanes Flair will, wählt Westerland. Sylt vermag die Sehnsucht nach etwas zu wecken, das es so nur hier gibt. Diese Mischung aus Wind und Weite, die den Kopf frei macht: beim Blick etwa vom Rotem Kliff aufs Meer, das schier unendlich scheint. Diese Sehnsucht, einmal erwacht, kann sich nur erfüllen, wer eines Tages, bald, den Hindenburgdamm wieder westwärts vor sich hat.

LEGENDE

1 Altfriesisches Haus
2 Kampen
3 Rotes Kliff
4 Sylter Sahara
5 Uwe-Düne
6 Das Watt
1 Friesenhof
2 Hotel Village
3 Pension Jensen

1 Altfriesisches Haus

In diesem 1739 erbauten Friesenhaus lebte der große Chronist Sylts, Christian Peter Hansen (1803–1879), der das Gebäude 1850 kaufte und dessen umfangreiche heimatkundliche Sammlung von prähistorischen Funden, kunsthandwerklichen Arbeiten, Gebrauchsgegenständen und Schmuck auch den Grundstock für das heutige eindrucksvolle Museum bildet. Von unten bis oben ist das Haus im Stil der Wende vom 18. zum 19. Jh. möbliert und gibt so einen authentischen Eindruck von der altfriesischen Wohnkultur.

Am Kliff 13, Keitum, Mo–Fr 10–17, Sa/So 11–17 Uhr, www.soelring-foriining.de

2 Kampen

Kampen ist ein Paradoxon, ein Dorf der Gegensätze, in dem fast alles möglich ist. Die Gemeinde zählt etwa 600 Bürger, die Zahl der Gästebetten ist viermal so hoch. Kaum ein anderer europäischer Ort hat auf so kleiner Fläche so viele Nobel-Lokale, Luxus-Boutiquen und (zumindest im Sommer) Edel-Limousinen zu verzeichnen. Andererseits bietet Kampen auf ebendieser Fläche einen atemberaubenden Reichtum an Naturerlebnissen. Außerhalb der Saison wirkt das Dorf fast verlassen, und der einsame Wanderer kann die »erfrischende Melancholie«, die Thomas Mann einst in Kampen verspürte, nachempfinden.

www.kampen.de

Beste Reisezeit

Am 21. Feb. werden in der Dunkelheit die Biiken, Scheiterhaufen aus Strandgut und Weihnachtsbäumen mit einer Stoffpuppe als Symbol des Winters obendrauf, verbrannt. Nach dem Feuer wird Grünkohl gegessen. Die sonnigste Reisezeit jedoch ist von Mai bis Sept.

3 Rotes Kliff

Bis zu 30 m hoch ist die dramatische Steilküste einer der landschaftlichen Höhepunkte Sylts, der bei jeder Sturmflut weiter angefressen wird. Von hier aus erlebt man ein doppeltes Naturschauspiel: auf der einen Seite die tosende Brandung der Nordsee, auf der anderen die atemberaubende Dünenwelt. Das Kliff ist ein beliebter Treffpunkt zum Sonnenuntergang.

Zwischen Kampen und Wenningstedt

4 Sylter Sahara

Fast kommt man sich vor wie in der richtigen Sahara, wenn man sich den einzigen Wanderdünen Deutschlands nähert. Im Herbst und Winter treibt der Sturm den losen weißen Quarzsand an der Luvseite in die Höhe und lagert ihn auf der Leeseite ab, die Düne »wandert« so immer weiter nach Osten. Dieses ist das einzig wirklich naturbelassene Gebiet der Insel.

Südwestl. von List

Hotels

Friesenhof
Auf einem parkähnlichen Gelände, fünf Min. zu Fuß vom Strand entfernt, befindet sich der familiengeführte Friesenhof mit komfortablen Ferienwohnungen und Hotelzimmern. Das Gebäude ist eines der ältesten auf Sylt. Von außen strahlt es den gediegenen Charme vergangener Zeiten aus, innen ist es modern und hell.
Hauptstr. 26, Wenningstedt,
www.sylt-friesenhof.de,
Tel. +49 4651 94 10, DZ ab 130 €

Hotel Village
Chinesische Symbole in den Holzfußböden, dazu passende Möbel in Naturtönen – die Zimmer und Suiten im Hotel Village beeindrucken mit geschmackvoller Ausstattung. Zum Luxushotel gehört ein Pool ebenso wie der Shuttle vom Bahnhof oder Flughafen
Alte Dorfstr. 7, Kampen,
www.village-kampen.de,
Tel. +49 4651 469 70, DZ ab 260 €

Pension Jensen
Gemütliche kleine Pension mit zwölf nett eingerichteten Zimmern in zentraler Lage in List. Ideal für Familien: Es gibt eine kleine Küche zur Selbstversorgung. Nach einem fünfminütigen Spaziergang erreicht man die Dünen an der Strandpromenade.
Am Lister Tor 1, List,
www.pension-jensen.de,
Tel. +49 4651 954 90, DZ ab 78 €

Das Altfriesische Haus erzählt alles über Sylt und seine Bewohner, v. a. des 18. und 19. Jh., dem »Goldenen Zeitalter« der Seefahrer.

5 Uwe-Düne

Auf bequemen 115 Stufen gelangt man auf den höchsten (52,5 m) und schönsten Aussichtspunkt der Insel, benannt nach dem Sylter Freiheitskämpfer Uwe Jens Lornsen. An klaren Tagen ist vom »Gipfel« des grasbewachsenen Sandbergs ein Rundblick über ganz Sylt und bis Amrum, Föhr und Dänemark möglich.

1 km westlich von Kampen, www.kampen.de

6 Das Watt

Was gibt es Schöneres, als eine spektakuläre Landschaft zu Fuß zu entdecken? Das Wattenmeer zwischen der Ostseite der Insel und dem Festland ist ein einzigartiger Naturraum, dessen zyklisch vom Wasser eingenommene und wieder freigegebene Schlick- und Sandfläche sich über zehn bis 30 km Breite erstreckt. Seit 1985 wird es als Nationalpark Schleswig-Holsteinisches Wattenmeer geschützt, trotzdem darf man in der Nähe des Ufers wandern. Am leichtesten ist dies am breiten, festen Strand bei Ebbe. Empfehlenswert ist ein kundiger Wattenführer, der nicht nur die Gezeiten, sondern auch die vielen Tierarten kennt.

Ostseite von Sylt, Gezeitenkalender in den Kurverwaltungen und unter www.sylt.de

Anreise

Berlin:	5:45 h (Bahn)
Frankfurt:	7:50 h (Bahn)
München:	1:30 h (Flug)
Zürich:	1:55 h (Flug)
Wien:	3:40 h (Flug)

Markantes Wahrzeichen: der Leuchtturm Dornbusch auf Hiddensee.

16 Rügen

Feine Sandstrände, weite Wiesen, Wälder, aus denen Schlösser lugen, kreideweiße Steilküsten und viel Sonne, Wind und Meer. Rügen (1000 km², 574 km Küste) besteht aus 30 Halbinseln und Inselchen, Nehrungen, Bodden und Buchten, gruppiert um das Kernland. Erst die Romantiker machten Rügen zum Reiseziel. Aus ihren Bildern und Gedichten erwuchs ein deutscher Sehnsuchtsort. Doch nur Frühaufsteher erleben die geheimnisvollen Kreideklippen, rosa schimmernd am Morgen, schneeweiß in der Sonne, fast grau im Abendschatten, still und menschenleer. Etwa so, wie Caspar David Friedrich sie einst malte. In den Seebädern laden Seebrücken zum Spazieren aufs Meer. Im Hafen von Lauterbach laden Fischer frische Fische aus, der Duft der Räuchertonnen macht Appetit. Die flachen Boddengewässer im Westen sind ideales Surfrevier – bis sich im Herbst Scharen von Kranichen sammeln für den Weiterflug. Ab 1810 entstand Putbus als Europas letzte Residenzstadt. Architektonisch reizvoll ist auch Binz, als mondäner Badeort von früher mit luxuriös renovierten Hotels. Während das kleine Hiddensee wie ein Seepferdchen vor Rügen liegt und eisern seine Traditionen pflegt: nur vier Dörfer, autofrei, kaum Straßen. So hat es sich seinen Zauber als Sommerfrische bewahrt.

LEGENDE

1. Dokumentationszentrum Prora
2. Groß Zicker
3. Hiddensee
4. Kap Arkona
5. Königsstuhl

- 1 Kaufmannshof
- 2 meerSinn
- 3 Strandhotel Sassnitz

Beste Reisezeit

Nicht entgehen lassen sollte man es sich, wenn von Juni bis August Seeräuber und Rüganer Kind Klaus Störtebeker während der Störtebeker-Festspiele die Naturbühne am großen Jasmunder Bodden von Ralswiek erstürmt.

1 Dokumentationszentrum Prora

Die Dauerausstellung MACHTUrlaub, die während des Programms Kultur 2000 mit Partnern aus Polen, Tschechien, Österreich und Holland erarbeitet wurde, zeigt die Geschichte des als »Koloss von Rügen« verbrämten ehemaligen Seebades der Nationalsozialisten, u. a. mit historischen Filmen und Zeitzeugen-Interviews. Begleitende Wechselausstellungen widmen sich Themen zu Geschichte, Architektur, Kunst, Natur und Politik.

Objektstr., Block 3/Querriegel, Prora, März/Apr./Sept./Okt. tgl. 10–18, Mai–Aug. 9.30–18, Jan. 10–16, Feb. 10–17 Uhr, www.proradok.de

2 Groß Zicker

In Rügens vielleicht schönstem Dorf hat die Bauform mit Reetdächern aus Schilfrohr, das hier wächst, überlebt. Das Handwerk wurde über Generationen weitervermittelt. Besonders ins Auge fällt das Pfarrwitwenhaus, 1723 erbaut. Mittellose Pfarrwitwen erhielten hier Unterkunft, seit 1988 ist es Museum. Offen steht auch die Tür der gotischen Kirche, des ältesten Gebäudes auf der Halbinsel Mönchgut.

Pfarrwitwenhaus: Dorfstr. 21, Apr./Mai/Okt. Mo–Fr 11–16, Sa/So 13–16, Juni/Sept. Mo–Fr 10–17, Sa/So 13–17, Juli/Aug. Mo–Fr 10–18, Sa/So 13–18 Uhr, www.kirche-auf-moenchgut.de

3 Hiddensee

Ein autofreies Idyll mit nur vier Dörfern – Vitte, Neuendorf, Kloster und Grieben – sowie Trampelpfaden statt Straßen. Per Rad lässt sich die Insel Hiddensee an einem halben Tag vom einsamen Süden bis zum Hügelland Dornbusch im Norden erkunden. Traumhafte Sicht verspricht der berühmte Leuchtturm, 100 Stufen über 100 m über Normalnull hoch. Am schöns-

Der Königsstuhl erinnert an »Kreidefelsen auf Rügen« (um 1818) von Caspar David Friedrich.

ten ist es im Spätsommer, wenn die Sonne noch wärmt und das Wasser zum Baden einlädt, die Kraniche kommen und die Radwege einsam sind.

www.seebad-hiddensee.de

4 Kap Arkona

Am Standort des slawischen Burgwalls, an dem die Ranen im 6. Jh. die Jaromarsburg mit dem Tempel für ihren vierköpfigen Gott Svantevit bauten, sind kaum mehr Reste des Burgwalls auszumachen. Zu sehen sind der ehemalige Funkpeilturm der Kriegsmarine, heute ein Ausstellungszentrum, und ein Stück entfernt zwei Leuchttürme, wovon der höhere noch in Betrieb ist. Von der Aussichtsplattform des kleineren Backsteinturms sieht man, bei klarer Sicht, bis hinüber zur Insel Møn.

www.kap-arkona.de

Anreise

Berlin:	///	3:00 h	Auto
Frankfurt:	/////////	7:07 h	Bahn
München:	///////////	8:15 h	Auto
Zürich:	/////////////////	10:45 h	Auto
Wien:	//////////////	9:30 h	Auto

5 Königsstuhl

Wer die Kreideküste nicht besucht hat, hat Rügen nicht gesehen. V. a. den Felsvorsprung Königsstuhl, rosig im Morgenlicht und dann schneeweiß. Keine noch so schöne Postkarte gibt annähernd die Wirklichkeit wieder. Im 2500 ha großen Nationalpark Jasmund durchziehen wunderschöne Wanderwege und Hochuferpfade mit immer neuen Ausblicken das Gebiet voller Quellen, Seen und Moore.

4 km nördl. von Sassnitz,
www.nationalpark-jasmund.de

Hotels

Kaufmannshof
Wo Paul Hermerschmidt 1906 mit Kolonialwaren und Delikatessen handelte, wird drei Generationen später ein Hotel mit vielen netten Details betrieben, das günstig mitten in der Altstadt liegt. Besonders schön ist im Sommer der Biergarten, dort sitzt man schattig unter einem Lindenbaum.
Bahnhofstr. 6–8, Bergen,
www.kaufmannshof.de,
Tel. +49 3838 804 50, DZ ab 90 €

meerSinn
Rügens erstes zertifiziertes Bio-Hotel bietet alles, damit sich Gäste wohlfühlen: Komfort beim Wohnen in elegantem Design, Bio-gustogenese, d. h. die Zubereitung der Gerichte nach gesundheitsfördernden Richtlinien, beim Speisen im Restaurant meerSalz und 400 qm meerSinn Spa mit Pool, Sauna und Dampfbad.
Schillerstr. 8, Binz,
www.hotel-meersinn-ruegen.de,
Tel. +49 38393 66 34 00, DZ ab 99 €

Strandhotel Sassnitz
Appartements mit Kamin und Ostseeblick (die meisten Zimmer), manche mit Veranda und eigener Sauna, manche mit kleiner Küche, aber immer Nichtraucher – Ferienwohnungen mit Hotelservice, direkt am Meer gelegen.
Rosenstr. 12, Sassnitz,
www.strandhotel-sassnitz.de,
Tel. +49 38392 677 10, DZ ab 110 €

17 Hamburg

Wie kaum eine andere Metropole in Europa ist Hamburg vom Wasser geprägt. Fleete und Kanäle durchziehen die Stadt, in der es mehr Brücken gibt als in London und Venedig zusammen. Der Hafen, Europas drittgrößter, gilt als Deutschlands »Tor zur Welt«. St. Paulis Landungsbrücken künden vom Fernweh großer Passagierdampfer. Und jenseits der Barockkirche St. Michaelis zeigt Hamburg mit Kolonnaden und Arkaden im klassizistischen Stil die hanseatische Eleganz einer Weltstadt. Im Renaissance-Rathaus schlägt das politische Herz des protestantisch-liberalen Stadtstaats. Um die Ecke strahlt der Jungfernstieg Noblesse aus mit Freitreppen zur Binnenalster, die stolze Gründerzeitpaläste aus hellem Sandstein säumen. Wo die Alster in die Elbe mündet, liegt die Speicherstadt, einst Freihafen, heute Europas größte Baustelle: Gut die Hälfte aller bis 2030 geplanten Bauvorhaben auf ca. 1,29 Mio. qm Baugrundfläche im Superstadtteil »HafenCity« sind inzwischen fertiggestellt, darunter seit Januar 2017 die Elbphilharmonie (deren Baukosten von 77 auf 789 Mio. Euro stiegen) mit spektakulärem Konzerthaus innen und fantastischer Aussicht von der Plaza außen.

Geschichte und Geschichten warten hinter den Backsteinmauern der Speicherstadt, wie hier am Wandrahmsfleet.

LEGENDE

1. Speicherstadt u. Elbphilharmonie
2. Hamburger Kunsthalle
3. Fleetinsel
4. St. Michaelis
5. St.-Pauli-Landungsbrücken

Hotel 1: Fritzhotel
Hotel 2: Gastwerk
Hotel 3: Wedina

Beste Reisezeit

Hamburgs Winter sind mild, im Sommer kühlen die konstanten Meereswinde die Hitze deutlich ab. Eine besondere Stimmung herrscht Ende August, wenn sich die Stadt beim viertägigen Alstervergnügen im Partyrausch befindet.

1 Speicherstadt und Elbphilharmonie

Dicht an dicht säumen dekorative alte Handelshäuser und Speicher aus rotem Backstein mit Steildächern und Türmchen aus hellgrünem Kupfer die stillen Fleete. Während der Kaiserzeit wurden hier Kaffee, Tabak und Tee gelagert, heute haben sich interessante Museen angesiedelt. An der Westspitze der HafenCity erhebt sich auf dem Sockel des ehemaligen Kaispeichers die kühn geschwungene gläserne Elbphilharmonie mit ihren zwei Konzertsälen, Luxushotel, Restaurants sowie der Aussichtsplattform Plaza auf 37 m Höhe.

Zwischen Oberbaumbrücke und Kehrwiederspitze; Elbphilharmonie: Am Kaiserkai 60–62, tgl. 9–24 Uhr, www.elbphilharmonie.de

2 Hamburger Kunsthalle

Den Grundstock der Kunsthalle bilden Privatsammlungen des Kunstvereins. Dank des ersten Direktors Alfred Lichtwark (1852–1914) und seiner Nachfolger wurde die Kunsthalle zu einem der führenden Museen Deutschlands. Lichtwark kaufte insbesondere »Hamburger Kunst« und mit den Altären der Meister Bertram und Francke zwei einzigartige Werke mittelalterlicher Malerei.

Glockengießerwall, Di–So 10–18, Do bis 21 Uhr, www.hamburger-kunsthalle.de

3 Fleetinsel

In den Speicher- und Kontorhäusern der Admiralitätsstraße, die dank eines kunstsinnigen Hamburger Mäzens vor dem Abriss bewahrt werden konnten, haben sich zahlreiche namhafte Galerien für zeitgenössische Kunst, der experimentierfreudige Kulturraum »Westwerk« (Nr. 74) und die Kunstbuchhandlung Sautter+Lackmann niedergelassen.

Zwischen Binnenalster und Elbe

So eindrucksvoll Hamburg vom Wasser aus wirkt:
Der Weitblick vom Turm des Michel ist nicht zu überbieten.

4 St. Michaelis

Die von den Hamburgern kurz »Michel« genannte Kirche mit dem 132 m hohen Turm grüßt die Seefahrer seit 1661 und ist mit seiner neobarocken Kupferhaube das Wahrzeichen der Hansestadt. 1945 zerstörten Bomben den Barockbau, erst zwei Jahre später konnte wieder zum Gottesdienst geläutet werden. Der Michel besitzt die größte Turmuhr Deutschlands mit Zeigern von fast 5 m Länge.

Englische Planke 1, tgl. 10–18, Mai–Okt. 9–20 Uhr, www.st-michaelis.de

Anreise

Berlin:	1:42 h	Bahn
Frankfurt:	3:29 h	Bahn
München:	6:02 h	Bahn
Zürich:	1:25 h	Flug
Wien:	1:30 h	Flug

5 St.-Pauli-Landungsbrücken

Was da los ist! Zwischen Containerriesen kreuzen von früh bis spät fünf Fähren am berühmten Wasserbahnhof: Sie bringen die Arbeiter auf die Elbinseln gegenüber oder schippern ihre Gäste nach Blankenese. Gellende Möwenschreie mischen sich mit den lauten »Haaaaafenrundfahrt«-Rufen der Männer in ihre Megafone, die Touristen zur Tour einladen.

www.stpauli-landungsbruecken.de

Hotels

Fritzhotel
Im Herzen des Kreativ- und Kneipenviertels Schanze liegt zentral das Fritzhotel. Es ist geschmackvoll und modern eingerichtet, die Räume sind stilvoll und komfortabel. Die ruhigeren Zimmer liegen zum Hof. Sehr angenehm ist die individuelle und freundliche Betreuung.
Schanzenstr. 101–103, www.fritz-im-pyjama.de, Tel. +49 40 82 22 28 30, DZ ab 100 €

Gastwerk
Design-Hotel mit Loftstyle-Ambiente in einem ehemaligen Gaswerk. Durch den Umbau zum Hotel gewinnt der funktionale Industriebau an Charakter und überzeugt mit imposanter Architektur und trendiger Gestaltung. Eindrucksvoll ist die 600 qm und fünf Stockwerke hohe Lobby, in der früher Kohle gelagert wurde. Im hauseigenen Spa- und Wellnessbereich lässt es sich perfekt entspannen.
Beim alten Gaswerk 3, www.gastwerk.com, Tel. + 49 40 89 06 20, DZ ab 92 €

Wedina
Literaten-Hotel an der Alster. Sehr persönlich. Sobald die Temperaturen es zulassen, können die Gäste ihren Kaffee im begrünten Innenhof trinken. Das Literaturhaus ist nicht weit, darum nächtigen die Autoren aus aller Welt am liebsten hier.
Gurlittstr. 23, www.hotelwedina.de, Tel. +49 40 280 89 00, DZ ab 125 €

18 Köln

Köln meint man zu kennen: Karneval, Katholizismus, Klüngel – und das unvermeidliche Kölsch. Kaum eine deutsche Stadt wird regelmäßig auf so wenige Klischees reduziert. Ganz falsch sind sie nicht: Natürlich überragt der Dom alles, kann man sich die Stadt ohne katholische Kirche nicht vorstellen. Der jährliche Ausnahmezustand des rauschhaft zelebrierten Karnevals ist nicht wegzudenken. Auch der berüchtigte Klüngel, die rheinische Vetternwirtschaft, lässt sich kaum leugnen. Mit Recht trägt schließlich das obergärige Bier, getrunken aus eigentümlich schmalen Gläsern, den Namen seiner Heimatstadt. Doch Köln hat mehr zu bieten: Jenseits der Klischees lässt sich eine ungemein lebens- und liebenswerte Metropole entdecken: herzlich und zugänglich, bunt und facettenreich – nicht nur im Karneval. Kölnern aller Schichten und Professionen begegnet man in den Brauhäusern oder den »Büdchen« (Kiosken). Es ist ein liberaler und kreativer Geist, der die Stadt prägt. Kultur beschränkt sich nicht auf Tradition und hochkulturelle Institutionen, sondern überrascht mit heterogener und frecher Vitalität. Köln ist oft aufregend anders, als man es kennt.

Eingang ins Kölner Heiligtum: die prächtigen Portale an der Westfassade des Doms.

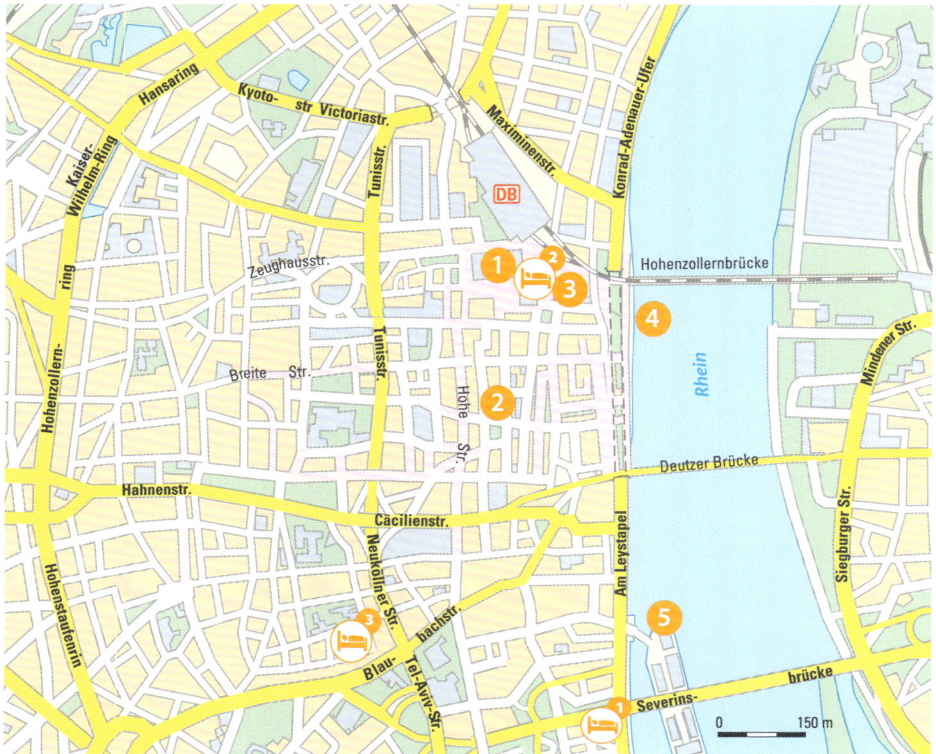

LEGENDE

1 Dom
2 Duftmuseum im Farinahaus
3 Museum Ludwig
4 Schiffstour auf dem Rhein
5 Schokoladenmuseum
Hotel 1 Art´otel Excelsior
Hotel 2 Hotel Ernst
Hotel 3 Hotel im Wasserturm

Beste Reisezeit

Zigtausende Besucher in Köln? Nicht nur am Rosenmontag! Die Lit. Cologne zieht jährlich Mitte März fast 100 000 Gäste an. Kein Wunder, wenn hochkarätige Autoren und Vorleser sich die Klinke in die Hand geben.

1 Dom

Ohne den 157,38 m hohen Dom wäre die Stadt nicht denkbar. Seine bloße Existenz macht Köln zum natürlichen Mittelpunkt einer ganzen Region und zum Reiseziel von Menschen aus der ganzen Welt. Trotz seines scheinbar für die Ewigkeit bestimmten Charakters ist der Dom keineswegs statisch. Vielmehr ist er seit der Grundsteinlegung eine permanente Baustelle. Das gilt auch für die Zeit nach der Fertigstellung 632 Jahre später, denn das gewaltige Konstrukt verwittert rasant und droht unentwegt zu bröckeln. Kein Wunder, denn für das 144 m lange und 86 m breite Bauwerk wurden 300 000 Tonnen Stein verbaut, überwiegend Trachyt vom nahen Drachenfels. Der Dom wird heute im Schnitt von mehr als 10 000 Menschen pro Tag besucht. Die meisten Besucher halten sich nicht mehr als zehn Minuten im Inneren auf, weshalb ihnen die vielen Kunstschätze verborgen bleiben. Herzstück ist und bleibt der Dreikönigenschrein, das größte, künstlerisch bedeutendste und inhaltlich anspruchsvollste Reliquiar des Mittelalters. Der goldene Schrein wurde 1190–1220 von der Werkstatt des Goldschmieds Nikolaus von Verdun gefertigt.

Klosterstr. 4, Dom Mo–Fr 6–19.30, So 13–16.30, Mai–Okt. Mo–Fr bis 21 Uhr, Turm Nov.–Feb. 9–16, März, Apr., Okt. 9–17, Mai–Sept. 9–18 Uhr, www.koelner-dom.de

2 Duftmuseum im Farinahaus

Der Begriff »Eau de Cologne« wird weltweit mit Selbstverständlichkeit verwendet. Das Duftmuseum im Farinahaus widmet sich dem berühmten Wasser und bringt auf den Punkt, wie es dazu geworden ist. Denn in diesem Haus hat 1708 der Italiener Johann Maria Farina das markenrechtlich geschützte »Echt Kölnisch Wasser« komponiert.

Obenmarspforten 21, Mo–Sa 10–19, So 11–17 Uhr, www.farina-haus.de

Die Pralinenformen in der Vitrine des Schokoladenmuseums machen Vorfreude auf den Museums-Shop.

3 Museum Ludwig

Das Haus beherbergt den gesamten städtischen Kunstbesitz mit herausragenden Arbeiten des 20. und 21. Jh. Der beeindruckende Sammlungskorpus geht größtenteils auf Schenkungen des Ehepaars Ludwig zurück.

Heinrich-Böll-Platz, Di–So 10–18 Uhr, www.museum-ludwig.de

4 Schiffstour auf dem Rhein

Ob zwecks Bewunderung der Stadtsilhouette oder in Form eines Halbtagesausflugs ins Siebengebirge: Ein Schiffsausflug ist eine gute Erholung von den Strapazen des Stadturlaubs. Das Angebot reicht von der einstündigen Panoramafahrt bis hin zur Minikreuzfahrt rheinaufwärts.

Frankenwerft 35, www.k-d.com, Lintgasse 18, www.dampfschiffahrtcolonia.de

5 Schokoladenmuseum

Das appetitliche Thema, verlockende Versuchungen in Gestalt eines nie versiegenden Schokoladenbrunnens, ansprechende Architektur und die publikumsträchtige Lage im Rheinauhafen machen das Schokoladenmuseum zum populärsten Museum der Stadt. Nicht zuletzt tragen dazu auch die vielen Info- und Mitmach-Kurse rund um das »braune Gold« bei.

Am Schokoladenmuseum 1a, Di–Fr 10–18, Sa, So 11–19 Uhr, www.schokoladenmuseum.de

Anreise

Berlin:	4:22 h	Bahn
Frankfurt:	1:10 h	Bahn
München:	4:35 h	Bahn
Zürich:	5:30 h	Auto
Wien:	1:40 h	Flug

Hotels

Art'otel
Schrill und schick – moderne Kunst ziert die Wände. Wer diese mag und für einen gesunden Schlaf keine gedeckten Farben um sich herum benötigt, wird im Design-Hotel direkt am Rheinauhafen glücklich.
Holzmarkt 4, www.artotels.com/cologne, Tel. +49 221 80 10 30, DZ ab 100 €

Excelsior Hotel Ernst
Das Hotel ist seit 150 Jahren die erste Adresse am Platz. Das gesamte Haus strahlt Würde und Gediegenheit aus – vom fein livrierten Personal bis zu Material und Farben der Zimmereinrichtung. Samt, Messingkandelaber und antike Möbel verleihen dem Aufenthalt die Aura einer anderen Zeit.
Trankgasse 1-5, www.excelsiorhotelernst.com, Tel. +49 221 27 01, DZ ab 215 €

Hotel im Wasserturm
In einem 130 Jahre alten Wasserturm befindet sich eines der außergewöhnlichsten Hotels der Stadt. Die Zimmer sind geschmackvoll, modern und ohne unnötigen Schnickschnack eingerichtet. Besonders schön sind die Maisonette-Suiten über zwei Etagen. Im obersten Stockwerk befindet sich das mit einem Michelin-Sternen ausgezeichnete Restaurant »Himmel und Äd«.
Kaygasse 2, www.hotel-im-wasserturm.de, Tel. +49 221 200 80, DZ ab 136 €

19 Berlin

Berlin ist voller Überraschungen und immer wieder neu. 1920 vereint aus 94 Gutsbezirken, Dörfern und Städten, entstanden um Kirchen und Rathäuser all die Kieze, die den Berlinern – und dazu gehört jeder, der schon ein paar Monate hier lebt – Heimat geworden sind. Die meisten Berliner wundern sich, dass ihre Stadt vielen Fremden »zu groß« ist. Ihr Berlin ist überschaubar, wobei mancher seinen Kiez nur für Theater- oder Konzertbesuche verlässt. Oder wenn Besuch kommt. Dann staunt er, wie sich alles verändert hat. Berlin hat den exklusiven Reiz der Hauptstadt. Und in den Top Ten der meistbesuchten Sehenswürdigkeiten Deutschlands punktet es mit Brandenburger Tor, Mauer und Museumsinsel gleich dreifach. Wer ein Wochenende zur Stadtbesichtigung nutzen mag, könnte am Hauptbahnhof starten. In die »Kanzler-U-Bahn« (U 55) gestiegen, ist nach drei Stationen das Brandenburger Tor erreicht, einen Katzensprung vom Reichstag entfernt. Gleich nah auch, aber Richtung Potsdamer Platz, liegt das von Peter Eisenman eindrucksvoll gestaltete Holocaust-Mahnmal. Den Prachtboulevard Unter den Linden entlang, steht man am Berliner Dom bereits auf der Museumsinsel. Das Unesco-Welterbe zählt pro Jahr gut 2,5 Mio. Besucher. Kein Wunder: 100 Jahre Museumsarchitektur und 6000 Jahre Kunst- und Kulturgeschichte sind hier versammelt. Kein Wunder auch, dass es – egal ob Pergamon, Bode oder Neues Museum – oft Wartezeiten gibt. Stadtfremde fragen oft: Ist das jetzt Osten oder Westen? Sichtbar blieb die Grenze an der Bernauer Straße, wo sich zu Zeiten der geteilten Stadt viele dramatische Szenen abspielten. Davon erzählt die Gedenkstätte Berliner Mauer, an die sich als schönste Grenzhinterlassenschaft der belebte und beliebte Mauerpark anschließt – vor allem, wenn sonntags die Berliner ihre Flohmarktstände und Joe seine Karaoke-Anlage im Amphitheater des Parks aufbauen. Kein schlechter Ort für eine Berliner Weiße. Mit oder ohne Schuss.

Schier unendliche Freiheit: In Berlin findet jeder seinen Platz, z. B. auf dem Pionierfeld im Osten des Tempelhofer Feldes.

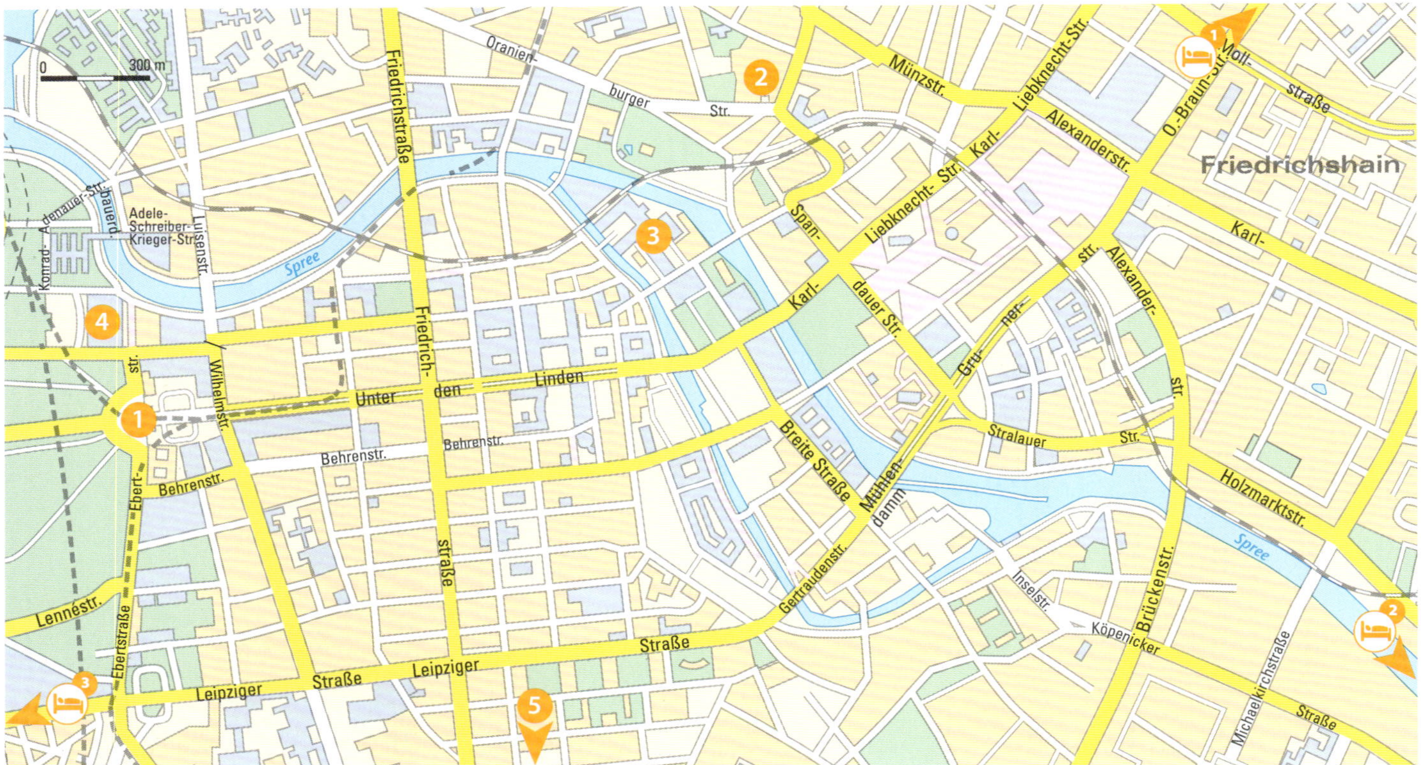

LEGENDE

1. Brandenburger Tor
2. Hackesche Höfe
3. Museumsinsel
4. Reichstagsgebäude
5. Tempelhofer Freiheit

Hotel 1: Ackselhaus & Blue Home
Hotel 2: Eastern Comfort
Hotel 3: 25hours Hotel Bikini

Beste Reisezeit

Berlin ist eine Sommerstadt. Ab Mai werden die winter-ruppigen Berliner mit den ersten wärmenden Sonnenstrahlen auffallend freundlich. Cineasten zieht es jedoch schon Anfang Februar zur Berlinale, den Internationalen Filmfestspielen, in die Hauptstadt und ihre Kinos.

1 Brandenburger Tor

Von 1961 bis 1989 Symbol der geteilten Stadt und seitdem das des wiedervereinigten Deutschlands, öffnet sich das Brandenburger Tor zur preußischen Prachtstraße Unter den Linden. Carl Gotthard Langhans hat den klassizistischen Bau aus Elbsandstein nach dem Vorbild der Propyläen auf der Akropolis in Athen entworfen, und Johann Gottfried Schadow hat das Tor mit der Quadriga – mit Wagen und Friedensgöttin Eirene – bekrönt, welche nach den napeolonischen Kriegen 1815 zur Siegesgöttin umgedeutet wurde.

Pariser Platz

2 Hackesche Höfe

1906/07 hatte ein Bauspekulant das Ensemble aus acht Höfen gesetzt, das bis 1995 renoviert wurde. Der größte zusam-

Das Volk steigt der Regierung in der Kuppel des Reichstagsgebäudes aufs Dach.

menhängende Wohn- und Gewerbekomplex Europas ist ein Juwel der Baukunst und ein lebendiges Denkmal der Stadt.

Rosenthaler Str. 40/41,
www.hackesche-hoefe.com

3 Museumsinsel

Preußischer Kulturbesitz ist auf dem Unesco-Welterbe zusammengetragen, das jedes Jahr mehr als 2,5 Mio. Besucher verzeichnet. In den fünf historischen Gebäuden sind Alte Nationalgalerie, Altes und Neues Museum, Bode-Museum und Pergamonmuseum untergebracht – 100 Jahre Museumsarchitektur und 6000 Jahre Kunst- und Kulturgeschichte.

Rund um die Bodestr., tgl. 10–18,
Do bis 20 Uhr, www.smb.museum

4 Reichstagsgebäude

1884–1894 als Symbol für die Größe und Stärke des Deutschen Reiches errichtet, lehnte der Kaiser die Inschrift »Dem deutschen Volke« zunächst ab, erst 1916 wurde sie zugefügt. Lediglich zwei Jahre hatte hier die Weimarer Republik Bestand, die mit Ernennung Hitlers zum Reichskanzler endete. Der Reichstagsbrand 1933 bereitete die Mehrheit für die Nationalsozialisten vor, und nach dem Zweiten Weltkrieg hissten Sowjetsoldaten die rote Fahne. Von Christo spektakulär verhüllt, wurde das Gebäude für das Parlament umgebaut, und 1999 hielt der Bundestag Einzug.

Platz der Republik, Kuppel: tgl. 8–22 Uhr
(nach Anmeldung), www.bundestag.de

5 Tempelhofer Freiheit

Der ehemalige Flughafen ist heute ein riesiges Wiesenmeer, so groß wie 400 Fußballfelder. Boulekugeln klacken, Frisbeescheiben fliegen und Wölkchen über dem Feld verraten Grillplätze. Vielleicht sind 50 000 Menschen da. Aber es ist nie voll.

Tempelhof, www.thf-berlin.de

Anreise

Frankfurt:	4:05 h	Bahn
München:	6:00 h	Auto
Zürich:	1:25 h	Flugzeug
Wien:	1:10 h	Flugzeug

Hotels

Ackselhaus & Blue Home
Man schläft in Afrika oder Venedig, bei Picasso oder im Strandhaus in dem wohl schönsten Hotel in Prenzlauer Berg. Die Terrakottafassade stimmt auf Süden ein, für Entspannung nach langem Stadtbummel sorgt der schöne Garten, und das reichhaltige Frühstücksbüfett stimmt heiter für den nächsten Ausflug.
Belforter Str. 2, www.ackselhaus.de, Tel. +49 30 44 33 76 33, DZ ab 120 €

Eastern Comfort
Eine ungewöhnliche Unterkunft ist das Schiff auf der Spree an der Oberbaumbrücke: es ist Hotel, Hostel, je nach Deck, und oben dürfen Backpacker in den Sommermonaten ihre Zelte aufschlagen. Dementsprechend ist der Gästemix von jung bis mittelalt und abenteuerlustig.
Mühlenstr. 73, www.eastern-comfort.com, Tel. +49 30 66 76 38 06,
DZ ab 68 €

25hours Hotel Bikini
Designhotel im denkmalgeschützten Bikini-Haus, einem ehemaligen Industrie- und Bürogebäude. Von der einen Hälfte der Zimmer blickt man weit ins Grüne, auf den Berliner Zoo, von der anderen auf das Großstadtpanorama. Besonders beliebt: die Bar mit Dachterrasse und herrlichem Ausblick über Berlin.
Budapester Str. 40,
www.25hours-hotels.com,
Tel. +49 30 120 22 10, DZ ab 100 €

20 Leipzig

»Mein Leipzig lob' ich mir! Es ist ein klein Paris und bildet seine Leute« liest man in Goethes »Faust«. Der Dichterfürst hatte selbst an der Leipziger Universität studiert, einer der ältesten in Deutschland. Bildung, Bücher und Gedrucktes stehen in Leipzig seit Jahrhunderten hoch im Kurs. Hier erschien die erste Tageszeitung, schrieben zahlreiche Literaten, entstanden noch mehr bedeutende Verlage und eine alljährliche große Buchmesse. Jedes deutsche Buch landet in Leipzig – gesammelt von der »Deutschen Bücherei«. Leipzig zeigt auch, was so viel Bücher-Bildung mit sich bringt: 1519 propagierte Luther hier seine Thesen, 1989 begann eben hier das Volk auf die Straße zu gehen und damit eine Revolution. Leipzig war und ist aufmüpfig. Jedoch immer auch gesellig. Der Student Goethe etwa zechte gerne im traditionsreichen, mittlerweile fast fünfhundertjährigen »Auerbachs Keller«. So machte er im »Faust« das Lokal dann auch zum Schauplatz der lobenden Worte über Leipzig – gesprochen wohlgemerkt im Rahmen einer sehr feuchtfröhlichen Studentenfeier. Feiern kann man in Leipzig immer noch ganz hervorragend; rund um die Uhr, eine Sperrstunde gibt es – wie in Paris – nicht.

Als wär man mittendrin: so lebensecht wirken die 360°-Panoramen im Panometer.

LEGENDE

1 Nikolaikirche
2 Notenspur
3 Panometer
4 Passagensystem
5 Spinnerei
Hotel 1 Fürstenhof
Hotel 2 Galerie Hotel Leipziger Hof
Hotel 3 Living Bach 14

Beste Reisezeit

Jede mögliche Bühne wird zu »Leipzig liest« während der Buchmesse Mitte März »belesen«. Das Sommertheater zieht von Juni bis August an: Dann präsentieren Leipzigs Schauspielhaus, die freien Theater und Studenten ihre Kunst unter freiem Himmel.

1 Nikolaikirche

Die Montagsgebete in dieser Kirche stürzten Europas sozialistisches Regime, der Granit-Brunnen im Kirchhof erinnert an die friedliche Revolution: »Hier ist der Tropfen gefallen, der das Fass zum Überlaufen brachte.« Doch erzählt das älteste Gotteshaus der Innenstadt weit mehr: »Offen für alle« war der Slogan nicht erst im Herbst 1989. St. Nikolai war seit je die größte Bürgerkirche der Stadt. Johann Sebastian Bach leistete 1723 hier sein Bewerbungsvorspiel und die meisten seiner Oratorien wurden hier uraufgeführt.

Nikolaikirchhof 3, Mo–Sa 10–18 Uhr, www.nikolaikirche.de

2 Notenspur

Leipzig ist … die Stadt der Musik, der »Sprache der Leidenschaft«. Auf keinem anderen Stückchen Erde wirkten, stritten, liebten so viele Komponisten von Bedeutung. Wagner ist Leipziger. Schumann begegnete im Haus seines Lehrers seiner großen Liebe Clara. Mendelssohn entdeckte Bach und komponierte sich in die Unsterblichkeit. Mahler setzte hier für seine 1. Symphonie die Noten. Reger, Grieg, Telemann, Lortzing, Janaček – Namen, die ihren Vornamen nicht brauchen. Die »Notenspur« ist ein Rundweg, der an ihre Wirkungsstätten führt und mit dem sich Leipzig als Unesco-Welterbe bewirbt.

www.notenspur-leipzig.de

3 Panometer

Seit 2003 nutzt Yadegar Asisi den alten Leipziger Gasometer als Ausstellungsfläche für Panoramengemälde. Im Umfang 105 m, in der Höhe 35 m ist es das mächtigste Rundgemälde der Welt. Mittlerweile gehört das Panometer zu Leipzigs Attraktionen. Die verschiedenen Bilder Asisis werden aufwendig auf Leinwände gezogen und sind stets von einer Ausstellung

Hotels

Fürstenhof
Bankier und Ratsherr Eberhard Heinrich Löhr ließ sich am Innenstadtring einen Palast errichten. Seine neue klassizistische Fassade sorgte ehedem für Diskussionen. Nobel ist das Haus geblieben. Seit fast 125 Jahren zählt der Fürstenhof zu Leipzigs ersten Adressen.
Tröndlinring 8, www.hotelfuerstenhof leipzig.com, Tel. +49 341 14 00, DZ ab 130 €

Galerie Hotel Leipziger Hof
Stadtansichten von Malern der Leipziger Schule zieren Zimmer, Gänge und Tagungsräume des Hotels. »Hier schlafen Sie mit einem Original«. Kunstvolles Ambiente und Komfort, dazu der urbane Charme des Gründerzeitviertels überzeugen ebenso wie der kurze Weg ins Stadtzentrum.
Hedwigstr. 1–3, www.leipziger-hof.de, Tel. +49 341 697 40, DZ ab 95 €

Living Bach 14
Das Gebäude vis-à-vis der Thomaskirche und neben dem Bachmuseum gehört zu den ältesten der Stadt, wurde mehrmals umgebaut und präsentiert sich jetzt mit 52 Zimmern in neuem Glanz. Die Namen der Zimmer und deren Gestaltung sind eine Reminiszenz an Bach, der einst als Musikdirektor und Chorleiter an der Thomaskirche agierte.
Thomaskirchhof 13, www.bach14.arcona.de, Tel. +49 341 49 61 40, DZ ab 109 €

Einst Industrieunternehmen, heute angesagtes Künstlerquartier – die Spinnerei.

begleitet, die in die Geschichte des Bildes und die des Hauses einführt. Zu sehen ist derzeit das australische Great Barrier Reef.

Richard-Lehmann-Str. 114, Di–Fr 10–17, Sa/So bis 18 Uhr, www.asisi.de

4 Passagensystem

Die Basis für das Passagensystem Leipzigs entstand im Mittelalter, als die Deichseln der Planwagen noch nicht wenden konnten. Deshalb baute man die Handelshäuser als Durchhöfe mit Ein- und Ausfahrt. Sichtbar noch am Barthels Hof, Leipzigs ältestem Hof. Die Grundsteine für Barthels Hof wurden Mitte des 15. Jh. gelegt, überbaut im Barock 1750. Nach der Wende 1989 investierte Dr. Jürgen Schneider (dem einst 10 Prozent der Innenstadt gehörten). Heute sind hier kleine Läden, die mit Handwerkszeichen auf sich hinweisen, und ein Restaurant untergebracht. Mehr als Einkaufsparadiese!

Hainstr. 1, www.barthelshof.de

5 Spinnerei

Die im Jahr 1884 gegründete Baumwollspinnerei entwickelte sich zu Europas größter ihrer Art. Knapp 2000 Menschen arbeiteten noch 1989 im Werk. 1993 kamen Treuhand und Entlassungen, doch wurden die Hallen für alternative Projekte entdeckt. Heute steht die Spinnerei für Innovation, moderne Kunst und den Charme vergangener Industriearchitektur. Vertreter der Neuen Leipziger Schule wie Neo Rauch, Michael Triegel oder Matthias Weischer haben auf dem Gelände ihre Ateliers. Galerien laden ein zu Besuch und Kauf. Die alljährlichen Frühjahrs- und Herbstrundgänge haben mittlerweile Volksfestcharakter.

Spinnereistr. 7, Di–Sa 11–18 Uhr, www.spinnerei.de

Anreise

Berlin:	2:40 h
Frankfurt:	3:34 h
München:	4:20 h
Zürich:	7:30 h
Wien:	6:20 h

21 Dresden

Dresden an der Elbe: Ruhig und stetig fließt der Fluss, gesäumt von breiten Wiesen. Die so malerisch an beiden Ufern gelegene Stadt verkörpert das Auf und Ab der Geschichte wie kaum eine andere. Im Feuersturm des Zweiten Weltkriegs ging die Pracht des barocken »Elbflorenz« unter, Jahrzehnte später sind alte und neue Schönheit wieder entstanden. Dresden ist Tradition und Neubeginn. Die Landeshauptstadt trumpft nicht nur mit den geretteten und wiedererstanden Schätzen der Vergangenheit auf, sondern auch als aktuelle Kultur- und Lifestyle-Metropole. Natürlich muss man die architektonischen und musealen Highlights der Altstadt gesehen haben, etwa die Frauenkirche, den Zwinger mit Porzellansammlung, das Residenzschloss mit dem Grünen Gewölbe und seinen Preziosen oder die Gemäldegalerie Alte Meister. Doch auch die »andere Seite« sollte man erleben, z. B. am anderen Ufer der Elbe: Die Äußere Neustadt ist das bunte Szeneviertel, das quirliges Amusement bis zu ambitionierter Gegenwartskultur bietet. Dresden ist (nicht nur hier) immer in Bewegung. Dass ein Welterbe-Titel erst verliehen und dann wieder entzogen wurde, können die Dresdner daher verschmerzen.

Stadtansichten wie auf den Gemälden des Malers Canaletto kommen heute noch gut an.

LEGENDE

1. Brühlsche Terrasse
2. Frauenkirche
3. Neustadt
4. Semperoper
5. Zwinger

Hotel 1: Aparthotel am Zwinger
Hotel 2: Hotel Taschenbergpalais Kempinski
Hotel 3: Radisson Blu Gewandhaus Hotel

Beste Reisezeit

Die Filmnächte am Elbufer locken von Ende Juni bis Ende August mit ihrem vielseitigen Filmangebot und Konzerten bekannter Künstler vor der traumhaften Silhouette der Altstadt. Ein Dresden-Klassiker ist der Striezelmarkt im Advent.

1 Brühlsche Terrasse

»Balkon Europas« wird die 600 m lange Anlage genannt, weil sich von ihr ein wunderschöner Blick auf die Elbe und hinüber zur Neustadt bietet. Eine breite Freitreppe, geschmückt von der bronzenen Skulpturengruppe »Die vier Tageszeiten«, führt vom Schlossplatz zur Terrasse, die ihr Aussehen mit imponierenden Bauwerken und Denkmälern Ende des 19. Jh. erhielt. Benannt ist sie nach Premierminister Graf Heinrich von Brühl (1700–1763).

Terrassenufer

2 Frauenkirche

Aus Trümmern ist die Frauenkirche, Sachsens bedeutendste protestantische Kirche, wiederaufgebaut. Bei dem Bombardement in der Nacht zum 14. Februar 1945 verschonte der Feuersturm auch sie nicht, die düstere Ruine blieb jahrzehntelang so stehen, als Mahnmal gegen Krieg und Zerstörung – so wollten es die DDR-Oberen. 2004 reihte sich die elegante, mächtige Kuppel wieder ein in die bekannte Silhouette der Altstadt. Die Frauenkirche wurde nach dem Wiederaufbau zu einem weltweit bekannten Symbol der Versöhnung.

Neumarkt, Mo–Fr 10–12, 13–18 Uhr, Sa/So eingeschränkt, www.frauenkirche-dresden.de

3 Neustadt

Am rechten Elbufer erstreckt sich die Neustadt mit ihrem vornehmen Barockviertel Innere Neustadt und dem sich anschließenden quirligen Szene- und Kneipenviertel. Von der Altstadt über die Augustusbrücke hierher kommend, erreicht man den Neustädter Markt mit dem Denkmal »Goldener Reiter«. Es zeigt August den Starken, dem das Barockviertel zu verdanken ist. Unhöflich dreht er den Ankommenden das Hinterteil zu, was daran liegt, dass er auf dem Denkmal in Richtung Polen reitet, denn er war auch

Ein echter Hingucker sind die Kunsthofpassagen, fünf von Künstlern gestaltete Hinterhöfe zwischen Görlitzer und Alaunstraße.

dort König. Die Äußere Neustadt ist ein Gründerzeitviertel und gleichzeitig Dresdens Szeneareal. Seit dem DDR-Ende geht es hier bunt, trendy, alternativ zu.

Nördlich der Elbe, www.neustadt-ticker.de

4 Semperoper

Die Sächsische Staatsoper Dresden, ein Theater mit ruhmreicher Geschichte, trägt den Namen ihres berühmten Baumeisters Gottfried Semper. In der Geschichte ist es gewiss einmalig: Sie ist ein Bauwerk, das nach den Plänen ein und desselben Architekten drei Mal entstand. Die kolossale Fassade des Sandsteinbaus im Stil der Renaissance öffnet sich in der Mitte in eine tiefe halbrunde Exedra mit dem prächtigen Eingangsportal. Über üppig verzierte Foyers und prunkvoll ausgestattete Vestibüle gelangt man in den Zuschauerraum. Eine Vorstellung dort zu sehen, ist ein Muss für Musikinteressierte, wobei Karten rechtzeitig vorbestellt werden sollten.

Theaterplatz, www.semperoper.de

5 Zwinger

Mit seiner verschwenderischen Fülle an plastischem Schmuck gilt der Zwinger als Meisterwerk barocker deutscher Baukunst, oft als »Traum aus Sandstein« bezeichnet. Einen der architektonischen Höhepunkte bildet wegen seiner Heiterkeit und Leichtigkeit der Wallpavillon mit der Figur des Herkules als Bekrönung.

Theaterplatz, Zwingerhof tgl. 6–20, Apr.–Okt. bis 22 Uhr, www.der-dresdner-zwinger.de

Anreise

Berlin:	2:40 h
Frankfurt:	4:30 h
München:	4:40 h
Zürich:	7:00 h
Wien:	6:00 h

Hotels

Aparthotel am Zwinger
In einem Gründerzeit-Ensemble in der Nähe der meisten Sehenswürdigkeiten erwarten den Gast helle, mit modernem Interieur ausgestattete Zimmer und Apartments in unterschiedlichen Größen mit eigenen Küchen. Das größte Apartment bietet mit drei Schlafzimmern und einem großen Wohnzimmer auf 120 qm Platz für bis zu acht Personen.
Maxstr. 3, www.aparthotel-zwinger.de, Tel. +49 351 89 90 01 00, DZ ab 60 €

Hotel Taschenbergpalais Kempinski
Hier bleiben keine Wünsche offen! Das barocke Bauwerk am Zwinger in der historischen Altstadt ist ein Fünf-Sterne-Hotel der internationalen Spitzenklasse. Einst eine Liebesgabe August des Starken an seine Mätresse Gräfin Cosel, wurde es zum Luxushotel umgestaltet.
Taschenberg 3, www.kempinski.com/dresden, Tel. +49 351 491 20, DZ ab 119 €

Radisson Blu Gewandhaus Hotel
Nicht nur die Lage ist exzellent, auch Komfort und Service sind es. Die eleganten Zimmer, ausgestattet mit exklusiven Designermöbeln, einer individuell regelbaren Klimaanlage, Kaffee- und Teezubereitungsmöglichkeiten, sind im Charme des Biedermeiers eingerichtet.
Ringstr. 1, www.gewandhaus-hotel.de, Tel. +49 351 49 49 36 36, DZ ab 100 €

Der älteste Bauteil der Residenz, das Antiquarium, beeindruckt wie eh und je.

22 München

Viele Vorzüge werden München nachgesagt: die Lage am Alpenrand, die bayerische Gemütlichkeit, die Kunst- und Kulturtempel, die grünen Oasen, erfolgreiche Wirtschaft und Wissenschaft, der Freizeitwert, nicht zu vergessen das süffige Bier und der weißblaue Himmel … Das Beste daran: Alles stimmt! Zwar werden den Einheimischen nicht nur Vorzüge zugeschrieben – sie seien grantig, widerborstig und neigten dazu, über die Stränge zu schlagen, heißt es. Doch das tut der weltweiten Liebe für diese Stadt keinen Abbruch: Münchens Anziehungskraft ist international und wirkt ganzjährig, nicht nur während des Oktoberfests. Der Faszination sollte man auch nicht auf der »Wiesn« nachspüren, sondern indem man durch die geschichtsträchtigen Straßen spaziert. Die Altstadt innerhalb der einstigen Stadtmauern – zwischen Stachus, Isartor, Sendlinger Tor und Feldherrnhalle – ist das kraftvoll schlagende Herz der Millionenstadt geblieben. Die großen Bauten und Plätze, die man »gesehen haben muss«, stehen oder liegen dort unübersehbar im Weg: Marienplatz, Alter Peter und Viktualienmarkt, die Frauenkirche … Man kann sie gar nicht übersehen. Dazu kommt als Gegenpol zur »bürgerlichen« Altstadt (an deren Rand) die majestätische Residenzstadt der Wittelsbacher, die von hier aus mit Glanz und Gloria ganz Bayern regierten, sich die Stadt aber stets mit den selbstbewussten Bürgern teilen mussten. Eben das macht bis heute Münchens Reiz aus: »Kleine Leut« und »Großkopferte« gehören untrennbar zusammen. Man mag übereinander granteln, sieht aber das Erfolgsrezept und weiß miteinander zu leben. Beobachten lässt sich dieses produktive Zusammenspiel in jedem Biergarten. Dass ein jeder nach seiner Fasson selig werden kann, ist vielleicht Münchens größter Vorzug.

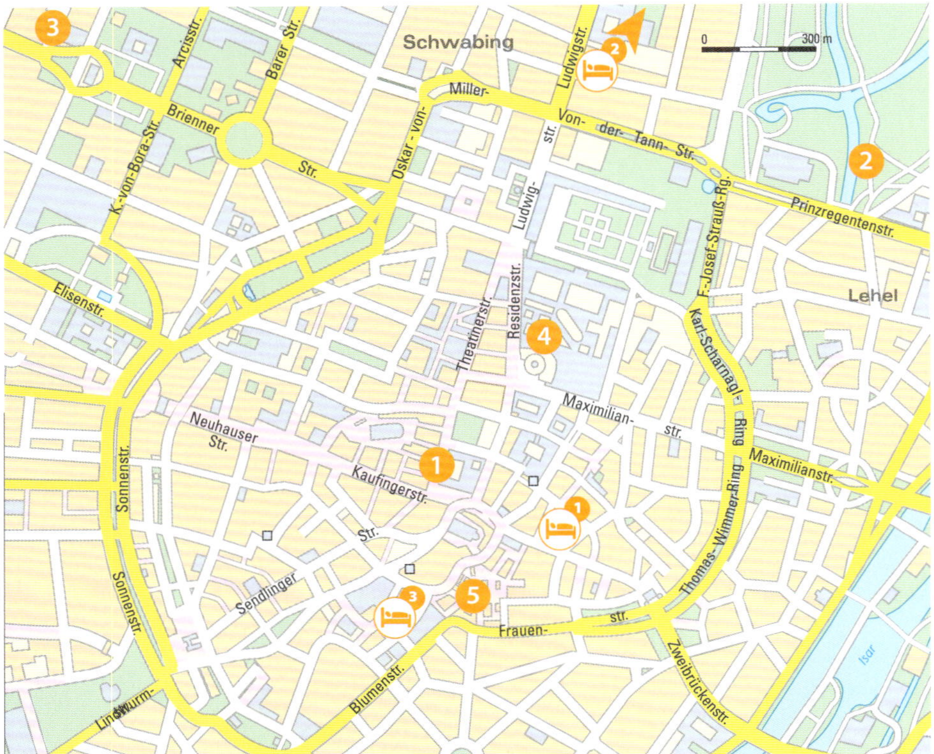

LEGENDE

1 Altstadt
2 Englischer Garten
3 Lenbachhaus
4 Residenz
5 Viktualienmarkt
1 Cortiina
2 Gästehaus Englischer Garten
3 Hotel Blauer Bock

Beste Reisezeit

Die Wiesn, das größte Volksfest der Welt, endet nach 16 Tagen immer am ersten Sonntag im Oktober. Ein Fest für alle Sinne, das man erlebt haben muss. Zu allen anderen Zeiten ist ein München-Besuch natürlich wesentlich erschwinglicher und mindestens ebenso reizvoll.

1 Altstadt

Bei einem Spaziergang durch die kompakte Altstadt trifft man zwangsläufig auf eine Fülle an Sehenswürdigkeiten, etwa auf die Peterskirche, deren Turm man besteigen kann, oder, im nördlichen Teil, auf die prachtvollen Adelspaläste und das Erzbischöfliche Palais in der Kardinal-Faulhaber-Straße, die luxuriösen Einkaufstempel in der Maximilianstraße, die direkt auf das Maximilianeum zuführt, den Sitz des Bayerischen Landtags. Im Süden sollte man einen Blick in die Asamkirche werfen, für viele die schönste Rokokokirche im Lande. Von dort ist es nicht weit zum Jakobsplatz mit dem Jüdischen Zentrum, der Synagoge und dem Stadtmuseum.

Zwischen Isartor, Sendlinger Tor, Karlstor und Feldherrnhalle

2 Englischer Garten

Entstanden ist Münchens viel geliebte »grüne Lunge« im 18. Jh. aus der Idee, einen Volkspark in der Art der englischen Landschaftsgärten in den Isarauen anzulegen. Die auffälligsten Bauten im Park sind der Chinesische Turm, der Monopteros und das Japanische Teehaus, ein Geschenk Japans anlässlich der Olympischen Spiele 1972. Hinzu kommt der Kleinhesseloher See mit drei kleinen Inseln und dem Seehaus mit seinem beliebten Biergarten. Surfen in der Großstadt wird am südlichen Parkrand, an der Prinzregentenstraße Realität: An der Stelle, wo der unterirdisch verlaufende Eisbach ans Tageslicht strömt, reiten Wagemutige mit ihrem Surfbrett möglichst lange auf der Welle.

Eisbachsurfer: Prinzregentenstr.

3 Lenbachhaus

Der vom britischen Weltstar Sir Norman Foster entworfene Erweiterungsbau ergänzt seit 2013 den Landpalazzo im florentinischen Stil, den sich der Maler-

Mikrokosmos Biergarten: Hier trifft man auf Jung und Alt, auf Münchner Originale und »Zuagroaste« – z. B. am Viktualienmarkt.

fürst Franz von Lenbach Ende des 19. Jh. von Gabriel von Seidl errichten ließ. Die großartige Sammlung umfasst Werke Münchner Maler vom Mittelalter bis zur Gegenwart, insbesondere die weltweit größte Sammlung zum Blauen Reiter. Im Kunstbau in der U-Bahn-Station Königsplatz, eine originelle unterirdische Galerie, werden Wechselausstellungen gezeigt.

Luisenstr. 33, Di 10–20, Mi–So 10–18 Uhr, www.lenbachhaus.de

Anreise

Berlin:	5:40 h	Auto
Frankfurt:	3:20 h	Bahn
Zürich:	3:45 h	Bus
Wien:	3:55 h	Bahn

4 Residenz

Der Gebäudekomplex ist im Lauf der Jahrhunderte den jeweiligen Moden und Bedürfnissen entsprechend gewachsen und dementsprechend groß. Mit einer Besichtigung sollte man in der Residenzstraße beginnen. Zwischen den beiden Portalen der maximilianeischen Renaissancefassade steht in einer erhöhten Nische die Bronzestatue der Muttergottes, Patrona Boiariae, aus dem Jahr 1616. Das linke Portal gibt den Blick in den Kaiserhof frei, das rechte in den Brunnenhof mit dem Wittelsbacher Brunnen. Vor dem Hofgarten befindet sich der Festsaalbau, den Leo von Klenze 1832–1834 errichtete, darin der Herkulessaal. Im Süden der dem Palazzo Pitti in Florenz nachempfundene Königsbau, den sich Ludwig I. als seine persönliche Residenz gestalten ließ.

Residenzstr./Max-Joseph-Platz 2, www.residenz-muenchen.de

5 Viktualienmarkt

Schon im Mittelalter standen hier die Metzgerbuden, aber erst 1807 wurde durch ein königliches Dekret ein »Kräutlmarkt« eingerichtet, der im Lauf der Jahrzehnte immer größer wurde, ohne sein spezielles Aroma einzubüßen. Selbstbewusste Marktfrauen verkaufen makelloses Gemüse und Obst, duftenden Käse, frischen Fisch u. v. m. Die Qualität ist top, das Preisniveau ebenfalls, doch hier macht schon das Herumwandern und Schauen Spaß.

Viktualienmarkt, www.viktualienmarkt.de

Hotels

Cortiina

Pfiffig wie die falsche Schreibweise des Namens ist vieles an dem Hotel mit großer Anziehungskraft auf Kreative und Zeitgeisthörige. Das laut Selbstdarstellung »erste wahre Design-Hotel an der Isar« liegt mit Traumlage in der City, gleich um die Ecke vom Hofbräuhaus.

Ledererstr. 8, www.cortiina.com, Tel. +49 89 242 24 90, DZ ab 189 €

Gästehaus Englischer Garten

So gemütlich und familiär wie in dieser denkmalgeschützten Stadtvilla direkt am Englischen Garten hätte es so mancher Gast wahrscheinlich gern auch bei sich zu Hause. Das charmante Gästehauses wird mit viel Herz vom Ehepaar Zankl geführt. Natürlich ist so ein Geheimtipp im Grünen sehr gefragt und deshalb oft ausgebucht, daher frühzeitig reservieren.

Liebergesellstr. 8, www.hotelenglischergarten.de, Tel. +49 89 383 94 10, DZ ab 91 €

Hotel Blauer Bock

Das renovierte, unter Denkmalschutz stehende Haus beherbergt 69 Zimmer auf vier Etagen mit modernem Komfort und Blick auf den ruhigen Innenhof, den Sebastiansplatz oder auf die Türme der Altstadt. Zu Fuß ist man in wenigen Minuten bei wichtigen Münchner Sehenswürdigkeiten, dem Marienplatz, dem Viktualienmarket.

Sebastiansplatz 9, www.hotelblauerbock.de, Tel. +49 89 23 17 80, DZ ab 70 €

Nachbauten steinzeitlicher Seehäuser zeigt das Pfahlbaumuseum in Unteruhldingen.

23 Bodensee

Im Hegau neigt sich das Gelände zum Wasser hin, an klaren Tagen steuert die Schweiz großes Alpenpanorama bei. Von Norden kommend, stellt sich schon auf der Bodensee-Autobahn Vorfreude ein – auf Uferspaziergänge, Fahrten mit der Fähre und ganz viel Kultur. Welterbe zum Beispiel, im Pfahlbaumuseum Unteruhldingen, das vom Leben in prähistorischer Zeit erzählt. Unweit, in Meersburg, thront über dem Ort die mittelalterliche Burg, in der die Dichterin Annette von Droste-Hülshoff zuletzt lebte. Mit dem Schiff hinüber zur Insel Mainau, begibt sich der Besucher zum barocken Anwesen der Familie Bernadotte samt subtropischem Park. Und per Schiff weiter nach Konstanz, wo am Hafen die reizvolle Imperia an die sinnesfreudigen Aspekte des Konstanzer Konzils (1414–1418) erinnert, als drüben im Münster zwei Päpste und ein Kaiser tagten. Sommers schaukeln 30 000 Jollen und Jachten auf dem See. Juni bis August füllen sich die Gartenlokale von Wasserburg bis Lindau. Es wird knifflig, noch Karten für die Bregenzer Festspiele zu ergattern, und auf den Schiffen der Weißen Flotte ist man kaum allein. Stille findet, wer entlang der Hegauer Vulkankegel streift.

LEGENDE

1 Burg Meersburg
2 Insel Mainau
3 Konstanzer Münster
4 Pfahlbaumuseum Unterhuldingen

1 Hotel Seehof
2 Landhaus Ödenstein
3 Schlafen im Fass

Beste Reisezeit

Sommers steigt die Temperatur selten über 25 Grad. Im Winter verhindert die Wasserfläche extrem niedrige Temperaturen. Frühjahr und Herbst sind aufgrund der ausgleichenden Wirkung des Sees gute Reisezeiten.

1 Burg Meersburg

Die Burg wurde unter dem Merowinger Dagobert I. im 7. Jh. gebaut. Von 1268 bis 1526 diente das Schloss als Sommerresidenz der Konstanzer Bischöfe. 1838 kaufte es Baron von Lassberg; dessen Schwägerin, die Schriftstellerin und bedeutende Lyrikerin Annette von Droste-Hülshoff (1797–1848), wohnte und arbeitete mehrere Jahre lang in der Burg. Ihre Wohnräume sind ganz im Stil des Biedermeier gehalten. Die alten Gemäuer haben sich alle Zutaten einer Burg bewahrt. Diese reichen vom Rittersaal über unterirdische Tunnel, Türme bis zur Folterkammer.

Schlossplatz 10, März–Okt. 9–18.30, Nov. bis Feb. 10–18 Uhr, www.burg-meersburg.de

2 Insel Mainau

Die »Blumeninsel« Mainau ist einer der Hauptanziehungspunkte der Region. Trotz touristischer Erschließung gibt weiterhin die Natur den Rhythmus vor. Im Frühling sind es die blühenden Orchideen, Tulpen und Narzissen, im Sommer bildet die Blüte der 1200 Rosenarten einen Höhepunkt des Mainau-Jahres. Im Herbst ist neben den prächtigen Dahlien das Arboretum mit 250 Arten von Laub- und Nadelbäumen herbstlich gefärbt. Und selbst im Winter gibt es etwas zu sehen: zum einen winterblühende Gehölze wie Zaubernuss und Winterjasmin, zum anderen das Schmetterlingshaus mit unzähligen Faltern. Ganzjährig bietet das Palmenhaus einem tropischen Garten Schutz.

Inselbesuch ganzjährig von Sonnenaufgang bis Sonnenuntergang möglich, www.mainau.de

3 Konstanzer Münster

Der ursprünglich karolingische Bau wurde im Jahr 1000 erbaut, stürzte jedoch bereits nach 52 Jahren wieder ein. Der romanische Neubau hielt länger und wurde über

Hotels

Hotel Seehof
Der Seehof ist ein komfortables und modern eingerichtetes Hotel direkt am Bodensee. Ein Geheimtipp ist die Terrasse des Hotels mit Blick auf den Yachthafen: Dort lassen sich im Sommer wunderbare Abendstunden verbringen. Am nächsten Tag gibt es dann ein reichhaltiges Frühstücksbüfett.
Seefelder Str. 8, Uhldingen-Mühlhofen, www.hotel-seehof.com, Tel. +49 7556 929 30, DZ ab 95 €

Landhaus Ödenstein
Inmitten von Weinbergen, oberhalb des Sees liegt mit Blick auf Fährhafen und Alpen, nur zehn Gehminuten von Meersburgs Altstadt entfernt, die bezaubernde kleine Villa mit gemütlichen Zimmern und einer Sonnenterrasse.
Droste-Hülshoff-Weg 25, Meersburg, www.oedenstein.de, Tel. +49 7532 61 42, DZ ab 94 €

Schlafen im Fass
Beim Konstanzer Konzil um 1415 wurden Betten knapp, Gäste hausten angeblich sogar in Fässern. Am Campingplatz Klausenhorn in Konstanz-Dingelsdorf ist das immer noch möglich: Dort nächtigt man im Holzfass mit Kiefernholzduft, Seeblick und deutlich besseren Matratzen als im Mittelalter. Zeitig reservieren!
Hornwiesenstr. 40/41, Konstanz-Dingelsdorf, www.camping-klausenhorn.de, Tel. +49 7533 63 72

Bunte Tulpen, duftende Rosen, Dahlien ... Fast das ganze Jahr hindurch ist die Blumeninsel Mainau mit einer einmaligen Blütenpracht bedeckt.

die ursprüngliche Krypta aus dem 9. Jh. gestellt. An dem Gotteshaus sind zahlreiche Baustile der folgenden Jahrhunderte ablesbar. Die Grundform ist dem Hirsauer Reformgedanken verbunden: Wenig Schmuck, dagegen strenge Linienführung und Proportionen symbolisieren Glaubenskraft und Ordensdisziplin.

Münsterplatz

4 Pfahlbaumuseum Unteruhldingen

Das Pfahlbaumuseum Unteruhldingen zählt zu den größten Freilichtmuseen Europas. Jährlich folgen rund 300 000 Besucher einem Rundgang von etwa 30 Min. Dauer, der ihnen das Alltagsleben am Bodensee in der Stein- und Bronzezeit näherbringt. Der Gang durch das Museum und den angeschlossenen Steinzeitparcours macht Archäologie auch für Laien sicht- und erlebbar. Museumsführer betreuen die Besucher, die auf den langen Holzstegen über dem Wasser von Häuserensemble zu Häuserensemble wandern. Der Rundgang ist zugleich ein Gang durch die über 90-jährige Geschichte des Museums, von den ersten Rekonstruktionen 1922 bis zur Eröffnung des Neubaus 1996 mit weiteren Pfahlbauhäusern.

Strandpromenade 6, Apr.–Sept. 9–18.30, Okt. bis 17, März/Nov. Sa, So 9–17 Uhr, www.pfahlbauten.de

Anreise

Berlin:	7:20 h
Frankfurt:	3:48 h
München:	2:33 h
Zürich:	1:40 h
Wien:	6:30 h

24 Zürich

Im weltweiten Metropolen-Ranking zur Lebensqualität erhielt Zürich mehrmals in Folge den Spitzenplatz. Eine Art Museum des besseren Lebens findet man zwischen Grossmünster, Rathaus und Fraumünster links und rechts der Limmat – ein Gewusel aus Gassen, kleinen Plätzen, unzähligen Restaurants, Apéro- und Sektbars und noblen Geschäften. Alle paar Minuten bimmelt eine blau-weiße Tram vorbei. Wo sonst in der Welt fahren Investmentbanker damit ins Büro? Auf den ersten Blick wirkt Zürich einfach nur schön und sauber, bei Sonnenschein gar zauberhaft. Mit der Uetlibergbahn auf den 400 m über dem Zürichsee gelegenen Hausberg zu fahren, mag den Eindruck bestätigen. Und doch treffen in der größten Schweizer Stadt Postkartenidyll und Realität aufs Kurioseste zusammen. Jenseits der Sihl zeigt die Business-Stadt einen anderen Charakter: weniger idyllisch, doch ungezähmt-interessant. In Aussersihl, wo einst die Zürcher Sozialdemokratie entstand, ließen sich im 19. Jahrhundert viele Gastarbeiter nieder. Wer gute italienische oder spanische Lokale sucht, wird sie hier finden. Und nur wenig weiter geben sich in der Trendmeile Zürich-West Kunst, Kultur und Clubbing die Hand.

Der See glitzert im Mondschein, man lässt die Füße im Wasser baumeln – schöner geht ein Sommerabend, hier im Seebad Enge, kaum.

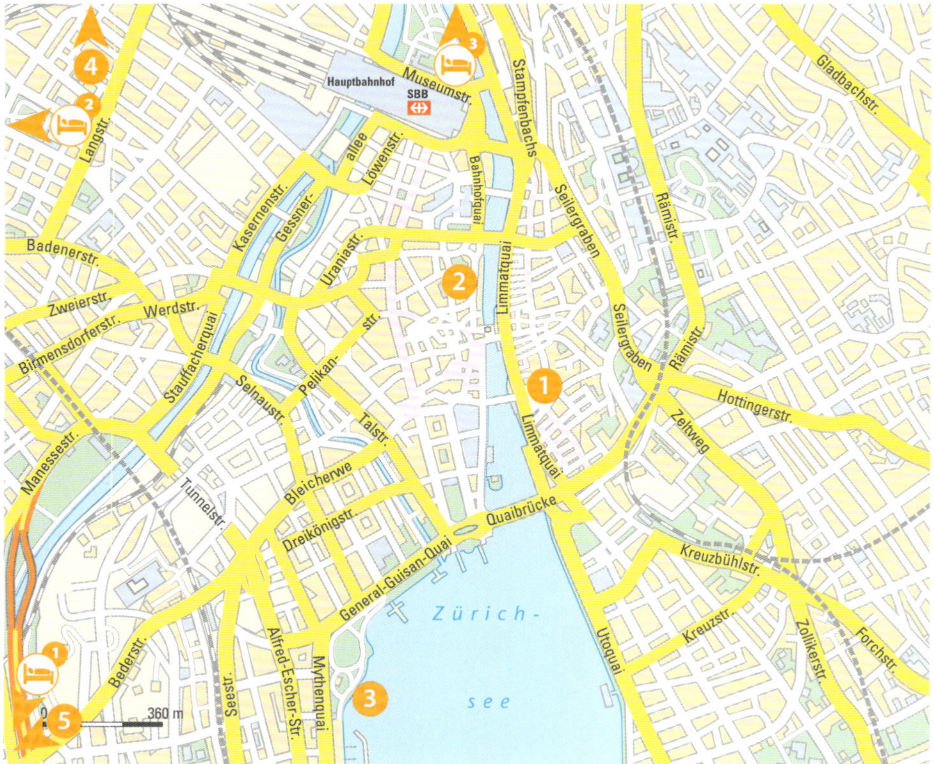

LEGENDE

- 1 Grossmünster
- 2 Lindenhof
- 3 Seebad Enge
- 4 Zürich-West
- 5 Uetliberg
- B2
- Hotel Greulich
- Kafischnaps

Beste Reisezeit

Jedes Jahr am 3. Montag im April wird beim Sechseläuten der Winter in Form eines mit Knallkörpern versehenen Strohmanns verbrannt und ein großes Volksfest gefeiert. Ansonsten ist Zürich am schönsten im Sommer zur Badi-Zeit.

1 Grossmünster

Der Legende nach soll Karl der Große auf der Jagd einen Hirsch von Aachen bis Zürich verfolgt haben. An der Stelle des jetzigen Grossmünsters sank sein Pferd plötzlich in die Knie, um ihm zu zeigen, dass an dieser Stelle ein Märtyrer begraben sei. Karl habe die Gebeine heben lassen und Kirche sowie Propstei des Grossmünsters gestiftet. Wer das Grossmünster durch das Hauptportal betritt, ist erstaunt über die Schlichtheit des wuchtigen Kirchenschiffs – ein Ergebnis der Reformation: Als Huldrych Zwingli hier 1519–1531 predigte, ließ er alles, was der Kirche Glanz verlieh entfernen.

Grossmünsterplatz, März–Okt. tgl. 10–18, Nov.–Feb. 10–17 Uhr, www.grossmuenster.ch

2 Lindenhof

Der Ausblick von dieser Kuppe eines Moränenhügels ist wunderbar, das wusste schon Goethe, denn er verbrachte »den Rest des Morgens unter den hohen Linden auf dem ehemaligen Burgplatz«, das war 1797. Ein Jahr später wurde hier die Helvetische Verfassung beschworen. Die Römer errichteten hier 15 v. Chr. eine Zollstation, später ein Kastell, das als »Urzelle« der Stadt gilt. Nach Gründung eines Frauenklosters im 9. Jh. entstand eine Pfalz, die den deutschen Kaisern als zeitweilige Residenz diente. Später war es ein Ort für Volksversammlungen und -vergnügen. Heute dient der Platz einfach der Ruhe und Erholung.

Lindenhof, www.zuerich.com

3 See- und Flussbadis

Zürich ist nicht nur die Stadt der Banker, sondern auch der Bäder. Der Besuch von – wie die Schweizer sagen – Badis ist für die Zürcher fester Bestandteil des sommerlichen Lebens. Fünf Bäder liegen am Seeufer und vier am Fluss, alle mehr oder

Blick von der Quaibrücke auf Fraumünster links und Grossmünster rechts der Limmat.

weniger zentral. Die einst altmodischen Badis verwandeln sich bei Sonnenuntergang in Open-Air-Locations mit Barbetrieb, Tanzfläche, Kino, Theater u. v. m.

www.badi-info.ch

4 Zürich-West

Nirgendwo ist Zürich so sehr pulsierende Großstadt wie hier. Zwischen Bahngleisen und Limmat war einst die Drogenszene zu Hause, das ist längst vergessen. Alte Fabrikgebäude wurden restauriert, im Schiffbau hat das Schauspielhaus eine zweite Spielstätte gefunden, viele Bars, Clubs und Szene-Restaurants sind ebenfalls hier beheimatet. Hochkarätige Ausstellungen werden in den Museen Migros und Kunsthalle sowie in den Galerien gezeigt. Artworker und Kreative haben hier ihre Ateliers, Studios, Lofts oder Läden.

Rund um die Limmatstr., www.kulturmeile.ch

Anreise

Berlin:	1:25 h
Frankfurt:	3:55 h
München:	3:45 h
Wien:	1:20 h

5 Uetliberg

Den »Pfannenrand« der Stadt kann man auf vielfältige Weise erkunden. Uto ist der Namensvorfahre des Uetzgi, sprich Uetli, nach dem der Berg benannt ist. Eine Galavorstellung bietet die städtische Majestät, wenn die Wolken unterhalb ihres Gipfels liegen, die Stadt in Tristesse tauchen und den grenzenlosen Himmel um den Gipfel zur sonnigen Apotheose erheben.

Mit der Tram 13 bis Endstation Albisguetli, www.uetliberg.ch

Hotels

B2

Das Hotel ist Teil einer gelungenen Inszenierung von Alt und Neu. Die lichten, modernen Zimmer haben Holzböden aus geölter Eiche und großzügige offene Badezimmer mit Regendusche. Für Hotelgäste verbilligter und direkter Zugang zum schönen Thermalbad & Spa mit Pool.

Brandschenkestr. 152, www.b2boutiquehotels.com, Tel. +41 44 567 67 67, DZ ab 280 €

Hotel Greulich

Die Zimmer und Junior-Suiten des Designhotels findet man in einem stillen Hinterhof. Sie sind sehr hell, funktional und modern. Im Hotel Greulich vereint sich puristisches Design mit entspannter Gemütlichkeit und das mitten in einem der quirligen Trend- und Lifestyleviertel Zürichs, im Kreis 4. Schön ist auch die Sommerterrasse des Restaurants.

Hermann-Greulich-Str. 56, www.greulich.ch, Tel. +41 43 243 42 43, DZ ab 130 €

Kafischnaps

Die fünf Gästezimmer heißen Williams, Kirsch, Zwätschgge, Pflümli und Quitte und wurden von Zürcher Designern gestaltet. Individuell und sehr stylish. Bad und WC wird geteilt. Frühstück ist zwar nicht im Preis inbegriffen, gibt es aber in der zugehörigen Kaffeebar bis 16 Uhr.

Kornhausstr. 57, www.kafischnaps.ch, Tel. +41 44 215 40 40, DZ ab 80 €

25 Genfer See

Das Südufer gehört Frankreich, der restliche Lac Leman der Schweiz, die hier eine ihrer schönsten Regionen hat. Ein bisschen Wallis zwischen Rhônezufluss und französischer Grenze, teilen sich ansonsten zwei Kantone den See: im Südwest-Zipfel der Kanton Genf, mit seiner international geprägten Hauptstadt, und als größter Anrainer der Kanton Waadt, dessen Hauptort Lausanne am Nordufer liegt. Der »waadtländischen Riviera« verleihen Orte wie Montreux und Vevey südländisches Flair. Auf einer winzigen Insel steht Schloss Chillon, eine uralte Wasserburg, in die Lord Byron seinen Namen ritzte, bevor er ihr ein Poem widmete. Schaurig-schön: das Verlies mit Kreuzrippengewölbe, beeindruckend: der Blick zu den Weinbergterrassen des Lavaux, die Welterbe sind. Zu Genfs Sehenswürdigkeiten zählt als Europasitz der UN der Palast der Nationen, nebst vielen internationalen Organisationen an der Avenue de la Paix gelegen. Einen Besuch lohnen Rousseaus Geburtshaus und das Mamco, eine der besten Schweizer Sammlungen zeitgenössischer Kunst. Interessant auch: das Musée international de la Réforme, das die Geschichte des Protestantismus erzählt, zu der Calvin in Genf beitrug. Unübersehbar: der Jet d'eau, der 140 Meter hohe Wasserstrahl im See.

Früher Gefängnis, heute Idylle pur: Schloss Chillon.

LEGENDE

1 Flon, Lausanne
2 Mamco, Genf
3 Notre-Dame, Lausanne
4 Platz der Nationen, Genf
5 Schloss Chillon
6 Weinterrassen des Lavaux
B&B Le Jour & La Nuit
Le Chateau d'Ouchy
Le Vigny

Beste Reisezeit

Durch die mediterranen Einflüsse auf das Klima regnet es im Sommer relativ viel, optimales Wetter bringt der September, der zudem die Zeit der Weinlese ist. Musikalisches Highlight ist das Montreux Jazz Festival im Juni.

1 Flon, Lausanne

Im südlichen Zentrum von Lausanne liegt das Flon, einst Flusstal, heute pulsierendes Trendviertel. Jeder Meter ist so modern wie möglich, eine Mischung aus der Anmutung alter Lagerhallen und neuer, großflächiger Verglasung mit modernen Elementen ist hier entstanden. Auf dem Esplanade du Flon, Zentrum des Viertels, finden regelmäßig kulturelle oder festliche Veranstaltungen statt. Filmkulissenatmosphäre zum Anfassen – also: hinfahren, flanieren, entdecken.

Rund um den Bahnhof Flon, www.flon.ch

2 Mamco, Genf

Das »musée d'art moderne et contemporain« ist das größte und jüngste Schweizer Museum für moderne und zeitgenössische Kunst. Mit seiner Sammlung von 4000 Kunstwerken, von denen sich ein Drittel im Eigenbesitz des Museums befindet, genießt es internationalen Ruf. Gezeigt werden u. a. Werke von Maurizio Nannucci, Robert Filliou und Gordon Matta-Clark sowie dreimal jährlich große neue Ausstellungen.

Rue des Vieux-Grenadiers 10, Genf, Di–Fr 12–18, Sa/So 11–18 Uhr, www.mamco.ch

3 Notre-Dame, Lausanne

Die Kathedrale Notre-Dame gilt als die Königin von Lausanne. Auch wenn sie des Öfteren »kränkelt« und ihr weicher Sandstein immer wieder behandelt werden muss, entschädigt ihre gotische Pracht mit dem strahlenden Gelb der Wände und der berühmten Fensterrose sowie mit dem Glockenturm und dessen 6,5 t schweren Glocke namens Maria Magdalena.

Place de la Cathédrale, Lausanne, Apr.–Sept. 9–19, Okt.–März 9–17.30 Uhr, www.lausanne-tourisme.ch

Hotels

B&B Le Jour & La Nuit
2012 bauten Alain & Sylvie ihr Familienhaus zu einem gemütlichen B&B mit schönem Garten und geschmackvoll eingerichteten Zimmern aus und empfangen seitdem mit viel Herzlichkeit Gäste aus aller Welt.
Avenue du Mervelet 8, Genf,
www.lejouretlanuit-bnb.com,
Tel. +41 79 214 73 87, DZ ab 180 €

Le Chateau d'Ouchy
Im Chateau d'Ouchy kann man sich wahrhaftig wie ein Schlossbesitzer fühlen und dabei modernsten Komfort und den Ausblick auf Genfer See und Alpen genießen. Schön sind auch der Schlossgarten und die ein paar Meter entfernte Seepromenade.
Place du Port, Lausanne,
www.chateaudouchy.ch,
Tel. +41 21 331 32 32, DZ ab 200 €

Le Vigny
Man schläft in den Zimmern des Winzerhauses oder in einer ehemaligen Winzerhütte, in der sich die Weinbauern nach der Arbeit auszuruhen pflegten. Wer etwas Besonderes sucht, kann auch das renovierte »Hühnerhüsli« ausprobieren. Hier warten ein Strohbett und Daunendecken auf müde Gäste. Die herzliche Gastgeberin Yolande gibt gerne Tipps für Unternehmungen.
Chemin du Vigny 10, Cully,
www.levigny.wix.com,
Tel. +41 21 799 38 12, DZ ab 90 €

Trotz meist friedlicher Stimmung wird am Mahnmal des Platzes der Nationen in Genf fast täglich demonstriert.

4 Platz der Nationen, Genf

Der »Platz der Nationen« bzw. »Place des Nations« bildet das Zentrum des internationalen Genf, denn hier befindet sich auf den Hügeln der UN-Palast, der europäische Sitz der Vereinten Nationen. Allein schon wegen seiner Ausmaße ist das Gebäude sehenswert: 600 m lang, 2800 Büros und 34 Konferenzsäle. Auf dem Platz steht auch der überdimensionale, 12 m hohe »Broken Chair«, ein Stuhl, dem ein halbes Bein fehlt. Das Mahnmal symbolisiert den Kampf gegen den Einsatz von Landminen.

Avenue de la Paix 14, Genf, Sept.–März Mo–Fr 10–12 und 14–16, Apr.–Juni auch Sa, Juli/Aug. Mo–Sa 10–16 Uhr, www.unog.ch

5 Schloss Chillon

»Chillon! Dein Gefängnis ist ein heiliger Ort«, schrieb der Dichter Byron, der dem hier eingekerkerten François Bonivard ein literarisches Denkmal setzte. Wer die Felsinsel im Genfersee, auf der das Schloss Chillon seit dem 12. Jh. steht, heute besucht, muss nicht leiden, sondern kann glücklicherweise in paradiesischem, wenn auch viel besuchtem Flair schwelgen.

Avenue de Chillon 21, Veytaux, März tgl. 9.30–18, Apr.–Sept. 9–19, Okt. 9.30–18, Nov.–Feb. 10–17 Uhr, www.chillon.ch

6 Weinterrassen des Lavaux

Vor gut 900 Jahren haben Mönche die Terrassen in mühevoller Arbeit angelegt. Das Ziel der Einheimischen ist es, dieses Erbe zu erhalten: In bis zur 17. Generation bestellen die ca. 250 Winzer ihre Rebfläche, alle anderen können in der herrlichen Umgebung wandern, Radfahren und natürlich die Arbeit der Weinbauern kosten.

Zwischen Lausanne und Schloss Chillon,
www.lavaux.ch

Anreise

Berlin:	1:40 h (Flugzeug)
Frankfurt:	5:56 h (Zug)
München:	5:50 h (Auto)
Zürich:	2:38 h (Zug)
Wien:	1:35 h (Flugzeug)

Der Blick über den Mirabellgarten schweift zur Festung Hohensalzburg.

26 Salzburg

Einem einzigartigen Freilichtmuseum gleicht die Altstadt von Salzburg: mit dem Dom, dem Stift St. Peter, der über allem hinausragenden Festung Hohensalzburg und engen Gassen, in denen sich nostalgische Kaffeehäuser und Konditoreien, Traditionsläden und Edelboutiquen aneinanderreihen. Südlich des Festungsbergs steht seit 1615 das fürsterzbischöfliche Schloss Hellbrunn in italienischem Stil. Dorthin führt, kilometerlang und autofrei, die älteste Allee Europas. Das prachtvolle Schloss samt Park und den berühmten Wasserspielen stammt aus einer Epoche, lange bevor Salzburg österreichisch wurde (1816). Eine Zeit, in der auch der Stadt berühmtester Sohn lebte. Obwohl Wolfgang Amadeus Mozart Salzburg 1781 nur zu gern verließ, wird er heute hier umso inniger verehrt: in der Getreidegasse, wo in seinem Geburtshaus ein vielbesuchtes Museum eingerichtet ist, mit einem Platz samt Denkmal, mit renommierter Musikhochschule, Stiftung, Festspielhaus. Und mit feinen Marzipankugeln, die – ebenso wie der Flughafen – seinen Namen tragen dürfen. Zwischen all dem bietet die Stadt an den Ufern der Salzach urbanes Flair, ein kulturelles Angebot vom Allerfeinsten und eine Hotellerie, die – abgesehen von Wien – sonst keine andere österreichische Stadt in dieser Güte parat hat. Die Promidichte ist hoch, ganz besonders während der Salzburger Festspiele, wenn sich bei Mozartklängen und dem obligatorischen »Jedermann« auf dem Domplatz auch im Publikum berühmte Künstler tummeln.

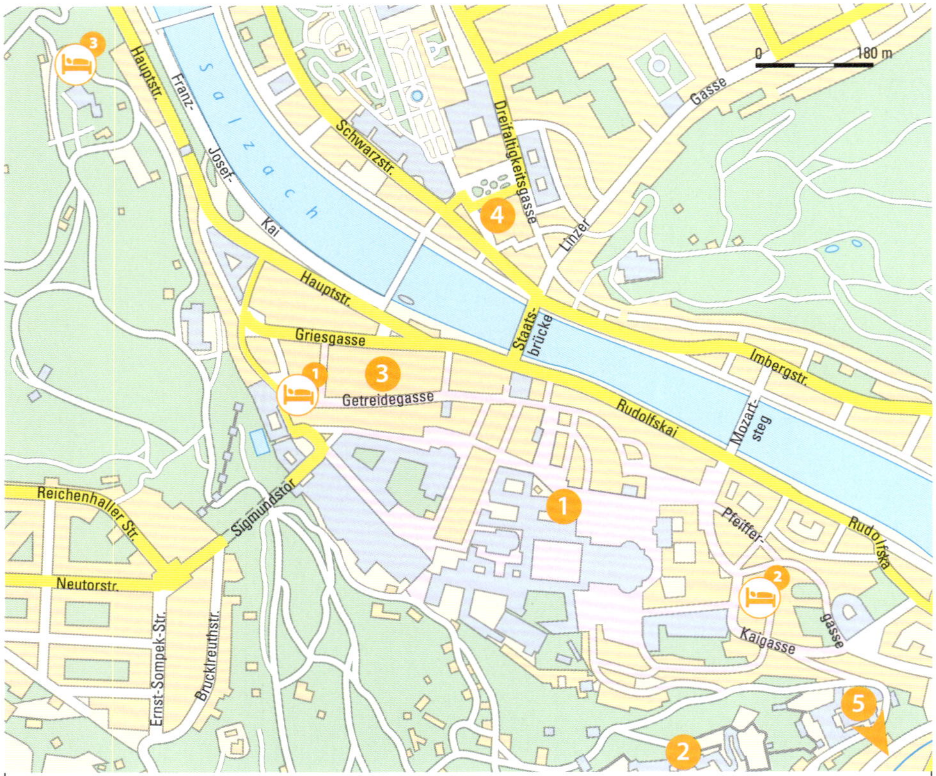

LEGENDE

1. Domquartier
2. Festung Hohensalzburg
3. Getreidegasse
4. Mozart-Wohnhaus
5. Schloss Hellbrunn

Hotel 1: Blaue Gans, »artHotel«
Hotel 2: Kasererbraeu
Hotel 3: Schloss Mönchstein

Beste Reisezeit

Die Salzburger Festspiele (Mitte Juli–Ende August) sind der kulturelle Höhepunkt des Jahres. Eine günstige Alternative sind die Salzburger Kulturtage: In den letzten beiden Oktoberwochen stehen Konzerte und Ballett auf dem Programm.

1 Domquartier

Das neue Domquartier ist das renommierteste Kulturprojekt Salzburgs und präsentiert einen eindrucksvollen Rundgang durch die barocke Pracht der Salzburger Altstadt. Seit Mai 2014 können Besucher in das Innerste der fürsterzbischöflichen Kultur und Historie eintreten und dabei auf dem Weg durch die Residenz, die Residenzgalerie und den Dom auf 15 000 qm etwa 2000 wertvolle Exponate besichtigen. Über den gotischen Chor der Franziskanerkirche landet man am Ende im prunkvollen Carabinieri-Saal der Residenz.

Residenzplatz 1, Mi–Mo 10–17 Uhr, www.domquartier.at

2 Festung Hohensalzburg

Mitteleuropas größte vollständig erhaltene Burganlage ist das Wahrzeichen Salzburgs. Sie liegt 120 m hoch über der Salzach auf dem Festungsberg und bietet einen herrlichen Blick auf die Stadt und die Bergwelt. So wie sich die Festung heute zeigt, wurde sie größtenteils während der Amtszeit des Erzbischofs Leonhard von Keutschach (1495–1519) erbaut. Heute wird sie teils als Museum, teils privat genutzt. Der Zugang zum Burgring führt durch drei Tore über eine Zugbrücke, durch das Bürgermeistertor erreicht man den Zwinger. Von hier geht es weiter durch die Höllenpforte oder geradewegs durch die Rosspforte in den äußeren Burghof.

Mönchsberg 34, Jan.–Apr. und Okt.–Dez. tgl. 9.30–17, Mai–Sept. tgl. 9–19 Uhr, www.salzburg-burgen.at

3 Getreidegasse

Lange Zeit war diese Straße als Verlängerung der Judengasse der einzige durchgängige Straßenzug Salzburgs. Reich verzierte Schilder, kunstvolle Portale und idyllische Arkadenhöfe bilden den Hintergrund für das pulsierende Geschäftsleben dieser

Viele Geschäfte in der Getreidegasse machen mit prächtigen, schmiedeeisernen Schildern auf sich aufmerksam.

Gasse. Jedes Schild für sich ist ein kleines Kunstwerk. Berühmt sind aber auch die sogenannten »Durchhäuser«: Die Getreidegasse besitzt auf der ganzen Länge keine einzige Quergasse, lange Zeit waren diese öffentlichen Häuserdurchgänge die einzige Möglichkeit, um zur Salzach und zum Universitätsplatz zu gelangen. Durch die Gasse pilgern heute Mozartliebhaber zu dessen Geburtshaus: In Nr. 9 kam der Musiker am 27. Januar 1756 als siebtes Kind des »Hochfürstlichen Salzburgischen Kammermusikus« Leopold Mozart und seiner Frau Anna Maria Walpurga zur Welt, hier lebte er bis 1773.

Zwischen Karajanplatz und Rathaus

4 Mozart-Wohnhaus

Nach dem Umbau vor einigen Jahren präsentiert sich das Mozart-Wohnhaus in neuem Glanz. In dem Gebäude soll der Musiker von 1773 bis 1780 viele Werke komponiert haben. Die Ausstellung, die sich durch die einzelnen Räume zieht, gibt einen perfekten Überblick über Leben und Wirken Mozarts und seiner Familie.

Makartplatz 8, tgl. 9–17.30, Juli–Aug. 8.30–19 Uhr, www.mozarteum.at

5 Schloss Hellbrunn

Das von Fürsterzbischof Markus Sittikus erdachte Schloss mit seinem herrlichen Park wurde Anfang des 17. Jh. erbaut. Seine einzigartige Pracht erregte auch im Ausland Aufsehen. Die weitläufigen Parkanlagen, mit Ziergarten, Wasserspielen und vielen skulpturengeschmückten Grotten machen Hellbrunn zu einem unvergesslichen Erlebnis.

Fürstenweg 37, Apr., Okt., Nov. 9–16.30, Mai, Juni, Sept. 9–17.30, Juli, Aug. 9–21 Uhr, www.hellbrunn.at

Anreise

Berlin:	6:50 h	Auto
Frankfurt:	5:08 h	Bahn
München:	1:40 h	Bahn
Zürich:	4:40 h	Auto
Wien:	2:22 h	Bahn

Hotels

Blaue Gans, »artHotel«
Vom ältesten Wirtshaus der Getreidegasse zum ersten »artHotel«: ein bewohnbares Kunstwerk, das Tradition und Innovation verbindet, gestaltet vom Salzburger Modern-Art-Künstler Erich Schobesberger. Der perfekte Ort für einen entspannten Städtetrip. Ein angenehmer Erholungsort im Hotel ist die Lesestube mit Lektüre und Teebar, an der man sich mit Tee, Cookies und frischem Obst bedienen darf.
Getreidegasse 41, www.blauegans.at, Tel. +43 662 842 49 10, DZ ab 164 €

Kasererbraeu
Zentral in der Altstadt, nur wenige Gehminuten von den wichtigsten Sehenswürdigkeiten entfernt liegt das denkmalgeschützte Kasererbraeu, das Teil des Unesco-Weltkulturerbes Salzburgs ist. Im Haus befindet sich auch das heute noch betriebene Mozartkino, eines der ältesten Kinos der Welt.
Kaigasse 33, www.kasererbraeu.at, Tel. +43 662 84 24 45 51, DZ ab 94 €

Schloss Mönchstein
Etwas oberhalb der Altstadt inmitten eines großen Parks liegt dieses Hotel. Neben 24 Zimmern und Suiten, einem Spa-Bereich und dem feinen Restaurant Schloss Mönchstein bietet das Hotel das »kleinste Restaurant der Welt« in der Turmspitze für maximal vier Personen.
Mönchsberg Park 26, www.monchstein.at, Tel. +43 662 848 55 50, DZ ab 300 €

27 Wien

»Drah di net um, der Kommissar geht um«, sang Ende der 70er-Jahre ein gewisser Hans Hölzl, der sich den Künstlernamen Falco verpasst hatte, und setzte damit Wien und Österreich zum ersten Mal auf die Weltkarte des Pop. Sein »Kommissar« war sogar in den USA ein Hit. Das rote Wien, wie es hieß, hatte für sozialen Ausgleich und kleinbürgerliche Sicherheit gesorgt, aber von Glamour war das alles weit entfernt gewesen.

Irgendwie veränderte sich in den folgenden Jahren alles. Wien hat sich von einer Metropole mit morbidem Charme zu einer modernen Weltstadt mit Flair gewandelt. Diese ist heute neben London, Paris, Berlin oder Madrid eine der lebhaften Hauptstädte Europas und ein Knotenpunkt wichtiger Verkehrswege zwischen Ost und West, Nord und Süd. Das Zentrum des alten »Mitteleuropa« hat wieder eine wirtschaftliche und politische

Im MuseumsQuartier wird die im klassizistischen Stil errichtete Winterreitschule von Leopold Museum und mumok eingerahmt.

Bedeutung. Die wichtigsten Universitäten und Ausbildungsstätten Österreichs sind hier situiert, wie das als Schauspielschule weltbekannte Max-Reinhardt-Seminar oder die Akademie für Angewandte Kunst. Walzerseligkeit und Sisi-Verehrung sind nur das Sahnehäubchen auf einer Sachertorte namens Wien. Ständig entdeckt man Neues: Trendige Lokale, coole Shops und Showrooms junger Wiener Designer wachsen allerorts aus dem Boden. Und doch lohnt sich noch immer ein Besuch im altehrwürdigen Café Sperl: Der Oberkellner ist zwar heute eine Kellnerin, doch »granteln« kann auch sie. Die Melange hat Klasse, die Sperl-Schnitte als »Zubiss« veredelt den kulinarischen Genuss. Wien bleibt eben doch Wien, wie es schon Johann Schrammel, der legendäre Erfinder der Schrammelmusik, in seinem berühmten Marsch dichtete.

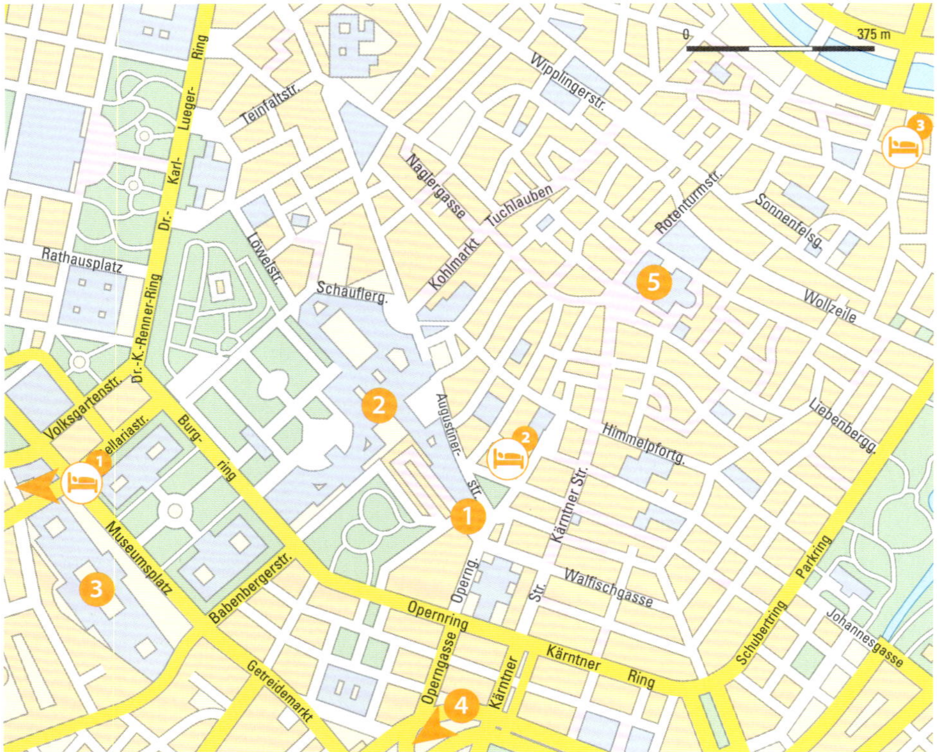

LEGENDE

1 Albertina
2 Hofburg
3 MuseumsQuartier
4 Naschmarkt
5 Stephansdom
1 Altstadt Vienna
2 The Guesthouse Vienna
3 Pension Dr. Geissler

Beste Reisezeit

Wien bietet nicht nur Wiener Klassik! Von Anfang bis Mitte November steht bei der Konzertreihe »Wien modern« die Musik des 20. und 21. Jh. im Mittelpunkt. Werke renommierter Komponisten werden dabei ebenso aufgeführt wie Klangexperimente von Newcomern.

1 Albertina

Nach umfassender Renovierung wurde aus dem klassizistischen Palais nahe der Hofburg eine der bedeutendsten Ausstellungsstätten der Stadt. Die hauseigene Sammlung umfasst zahlreiche Meisterwerke der Moderne – u. a. Monet, Picasso, Kandinsky. Hinzu kommt eine der größten Sammlungen grafischer Werke weltweit sowie eine namhafte Fotosammlung. Sehenswert sind auch die habsburgischen Prunkräume mit überwiegend Originalgemälden und -möbeln.

Albertinaplatz 1, tgl. 10–18, Mi bis 21 Uhr, www.albertina.at

2 Hofburg

In der »Burg« residierten bis 1918 die Habsburger. Seit 1945 ist sie der Amtssitz des österreichischen Bundespräsidenten, hier sind aber auch Teile der Österreichischen Nationalbibliothek und verschiedene Museen zu finden. Seit dem 13. Jh. und dem Bau des ursprünglichen Schweizerhofes wurde immer wieder umgebaut, erweitert oder neu gestaltet. Von der ursprünglichen mittelalterlichen »Burg« ist heute nur mehr die Burgkapelle zu sehen. In der Renaissance entstand die Stallburg mit ihrem Arkadenhof; dort haben die Lipizzaner ihre Stallungen. Die Amalienburg wurde im 17. Jh. mit dem Schweizerhof verbunden, zum Michaelerplatz hin wurde 70 Jahre später die Winterreitschule angebaut. Den Abschluss des heute sichtbaren Gebäudetrakts bildete ab dem Jahr 1900 die Neue Hofburg.

Zugang von Heldenplatz, Michaelerplatz, Josefsplatz, www.hofburg-wien.at

3 MuseumsQuartier

Seit 2001 sind im MuseumsQuartier einige der bedeutendsten Institutionen und Initiativen Österreichs vereint. Zu den bekanntesten zählen das Leopold Museum

Obst und Gemüse und noch viel mehr: Auf dem Naschmarkt werden kulinarische Delikatessen, frische Lebensmittel und ausgefallene Gewürze angeboten.

und das Museum Moderner Kunst Stiftung Ludwig mit seiner grandiosen Sammlung von Kunst des 20. Jh. Außerdem stehen hier die Kunsthalle Wien mit Wechselausstellungen, das Architektur Zentrum Wien und das ZoomKindermuseum.

Museumsplatz 1, www.mqw.at

4 Naschmarkt

Blunz'n (Blutwurst), Wiener Schnecken, Käse und Wein: Auf dem Naschmarkt gibt es alles, was das kulinarische Herz begehrt. Die Standbetreiber sind meist nicht mehr die urigen alten Marktweiber von einst, aber dafür atmet der Naschmarkt wieder das Flair des vergangenen Vielvölkerstaats der Donaumonarchie.

Zwischen Linker und Rechter Wienzeile, fünf Gehminuten südlich der Albertina

5 Stephansdom

Der »Steffl« genannte Dom gilt als Wahrzeichen Wiens. Vom Südturm bietet sich eine grandiose Aussicht, allerdings muss man dazu die 343 Stufen bis zur in 73 Meter Höhe gelegenen Türmerstube überwinden und dem »Drehwurm« auf der Wendeltreppe trotzen. Einfacher kommt man auf den Nordturm – per Aufzug.

Stephansplatz, Mo–Sa 6–22, So 7–22 Uhr, Südturm und Nordturm: tgl. 9–17.30 Uhr, www.stephanskirche.at

Anreise

Berlin:	1:10 h	Flugzeug
Frankfurt:	1:20 h	Flugzeug
München:	4:00 h	Zug
Zürich:	1:20 h	Flugzeug

Hotels

Altstadt Vienna

Im Hotel Altstadt Vienna gleich hinter dem MuseumsQuartier hat der Kunstsammler Otto Wiesenthal seine Passion in die Arbeit integriert: Originale von Christian Ludwig Attersee, Niki de Saint Phalle oder Andy Warhol schmücken die Wände. Alle Zimmer und Suiten sind aus ehemaligen Bürgerwohnungen entstanden.

Kirchengasse 41, www.altstadt.at, Tel. +43 1 522 66 66, DZ ab 130 €

The Guesthouse Vienna

Im Boutiquehotel gegenüber der Albertina stammt die Inneneinrichtung vom britischen Designer Terence Conran. Die hellen, luftigen Zimmer mit einer tollen Aussicht auf die Albertina oder die Oper, die perfekte Lage und bester Service tragen nicht zuletzt zur Beliebtheit des Hotels bei.

Fürichgasse 10, www.theguesthouse.at, Tel. +43 1 512 13 20, DZ ab 215 €

Pension Dr. Geissler

Sehr nette Pension in einem Wiener Wohnhaus nahe dem Franz-Josefs-Kai. Hier kann man sich direkt wie ein Wiener fühlen und auch so wohnen. Die Rezeption liegt im 8. Stock, und die Zimmer sind alle individuell gestaltet. Darüber hinaus ist das Frühstücksbüfett reichhaltig und gut.

Postgasse 14, www.hotelpension.at/dr-geissler/, Tel. +43 1 533 28 03, DZ ab 55 €

Zentraler Anlaufpunkt: der Altstädter Ring mit Teynkirche.

28 Prag

Zur »Welthauptstadt der Fantasie« wurde Prag von Dichtern, Musikern, Filmstars und Künstlern erklärt. Und tatsächlich ist die Stadt ein Sehnsuchtsort, der die Sinne verzaubert. Über keine andere Stadt der Welt wurden so viele Bücher geschrieben, Legenden und Mythen, die in Prag ihren Ursprung haben, sind so zahlreich wie die Ehrennamen der Stadt. »Mutter aller Städte« hat sie sich einst selbst genannt. Nicht nur geografisch liegt Prag im Zentrum Europas, hier bündeln sich europäische Traditionen aller Himmelsrichtungen; so sind deutsche, tschechische und jüdische Geschichte (und Geschichten) hier untrennbar miteinander verwoben. Die Weltkriege hat die Altstadt mit ihren kopfsteingepflasterten Gassen fast unbeschadet überstanden und zeigt noch immer den Grundriss der mittelalterlichen Stadt beiderseits der Moldau. Seit sechs Jahrhunderten spannt sich das steinerne Wunderwerk der Karlsbrücke über den Fluss; die Allee der Steinheiligen verbindet den Hradschin, den Prager Burgberg, mit dem altstädtischen Zentrum. Auch wenn hier touristischer Trubel die historische Aura gelegentlich in den Hintergrund treten lässt, gibt es zuhauf versteckte Ecken, Innenhöfe und Winkel, wo die Zeit stehen geblieben zu sein scheint und die Fantasie regiert.

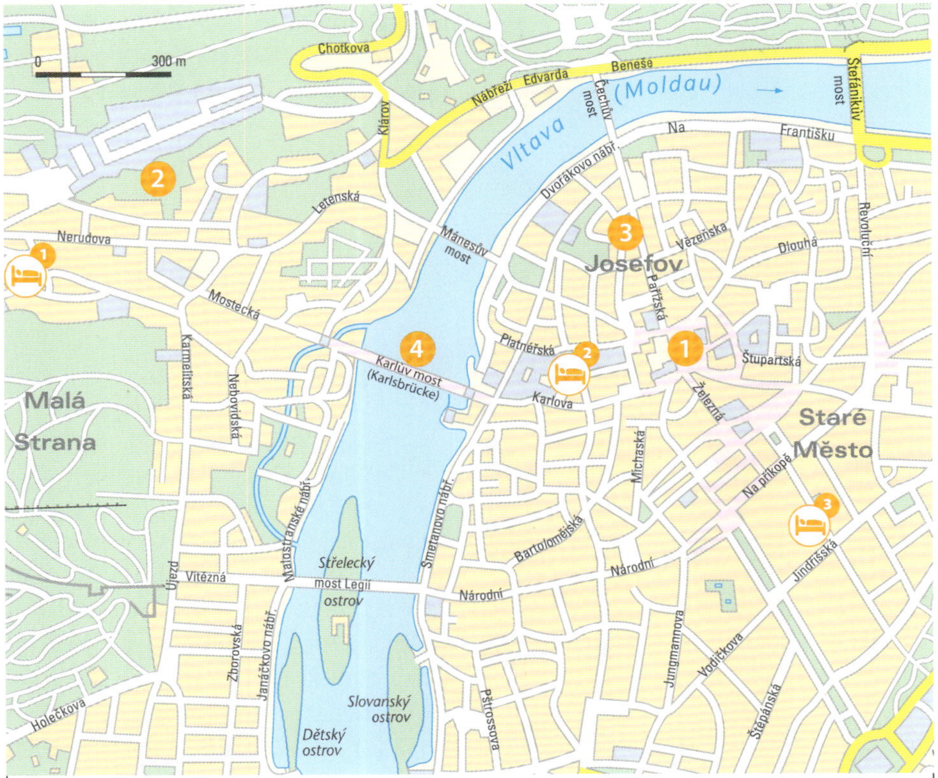

LEGENDE

1. Altstädter Ring
2. Hradschin
3. Josefstadt
4. Karlsbrücke

Hotels:
1. Appia Residence
2. Clementin
3. Fusion Hotel Prague

Beste Reisezeit

Zum Prager Frühling (Pražské jaro) im Mai ist alles von Kopf bis Fuß auf Musik eingestellt. Das Programm setzt sich zusammen aus Klassik wie Moderne, interpretiert von Symphonieorchestern oder Kammerensembles.

1 Altstädter Ring

»Staromák« sagt der Prager kurz. Der alte Stadtkern war bereits um 1100 besiedelt, im Mittelalter lag der Platz noch eine Etage tiefer, in fast allen umliegenden Häusern führen Treppen in Kellerlokale, unterirdische Discos und mitunter auch skurrile Galerien. Zu den schönsten Häusern zählt »U Minuty« mit seinen schwarzweißen Sgraffiti. Über der Herzkammer der Altstadt der mahnende Finger des Märtyrers Jan Hus (1370–1415): Aus dem Gruppendenkmal ragt er bedrohlich heraus, als würde er seine Gegner aufspießen wollen.

Staroměstské náměstí

2 Hradschin

Der große Stolz der Prager, seit elf Jahrhunderten der Sitz der Macht. Die Eigenart des Hradschin beruht auf einer Tradition, die sich über Generationen fortsetzt: Ob Fürst, König, Kaiser oder Präsident, jeder Herrscher hinterließ hier ein Baudenkmal nach seinem Gusto. Mit 70 000 qm steht das Burgareal im Guinness-Buch der Rekorde und auf der Unesco-Liste. Es umfasst die Kanzlei des Präsidenten, fünf Paläste, vier Festsäle, sechs mittelalterliche Türme, fünf kirchliche Objekte, ein ehemaliges Kloster und acht Gärten nebst Dienstgebäuden für Burgbeschäftigte. Vom Hradschin aus herrschten zwei deutsch-römische Kaiser und sieben Könige über halb Europa. Neben dem St.-Veits-Dom mit Wenzelskapelle und dem Strahov-Kloster mit seiner Bibliothek ist der Besuch der Burggalerie in den ehemaligen Stallungen Pflicht: 400 Gemälde (Tintoretto, Rubens, Tizian).

Pražský hrad, tgl. 6–22 Uhr, www.hrad.cz

3 Josefstadt

In der Josefstadt (Josefov) finden sich sechs Synagogen im Umkreis von knapp 300 m. Auf seinen Namen wurde das Ghetto im Gedenken an den Kaiser Joseph II. ge-

Hotels

Appia Residence
Im Barockpalast am Ende der Gasse wohnten die Bischöfe, aus dem Haus des Prälaten wurde ein klassisches Boutique-Hotel. Moderne Bäder, stilvoll mit einigen Antiquitäten möbliert. Wer tiefer in die Tasche greifen kann, leistet sich eine der 170 qm großen Suiten.
Šporkova 3, www.appiaresidences prague.cz, Tel. +420 2 57 21 58 19, DZ ab 88 €

Clementin
Eine Kuriosität in Prag: Das schmalste Hotel der Welt ist gerade einmal ein Zimmer breit (3,28 m) und befindet sich mitten im Rummel der Karlsgasse. Immerhin ist das Hotel drei Etagen hoch, sodass noch genügend Platz zum Übernachten bleibt. Ein familiäres Hotel mit Prager Charme und hübsch eingerichteten, überraschend großen Zimmern.
Seminářská 4, www.clementin.cz, Tel. +420 2 22 23 15 20, DZ ab 75 €

Fusion Hotel Prague
Das ehemalige Bankgebäude von Josef Gočár, dem legendären Architekten des Kubismus, im Jahr 1921 entworfen, wurde in ein futuristisches Cyber-Hotel mit komfortablen und mit viel Liebe zum Detail eingerichteten Zimmern verwandelt. Die rotierende 360°-Bar ist ein Partytreff.
Panská 9, www.fusionhotels.com, Tel. +420 2 26 22 28 00, DZ ab 71 €

Die vom Architekten Peter Parleř konzipierte Karlsbrücke ist der wahrscheinlich schönste Weg über die Moldau.

tauft, der 1781 mit seinem Toleranzpatent auch den Juden im Reich die Religionsfreiheit gewährte. Eine der Hauptsehenswürdigkeiten markiert der Alte jüdische Friedhof. Die Besucher treten sich hier auf die Füße, alle wollen zum Grab von Rabbi Löw (1525–1609), der Symbolfigur des Prager Judentums. Ihm wird die Schöpfung von Golem, einer Lehmfigur, in der das ewige »Kernfeuer der Erde« loderte, angedichtet. Nach seinem Urbild kreierte Hollywood den modernen Terminator, in einer anderen Version den »unheimlichen Hulk«. Auf den schmalen Pfaden zwischen 12 000 Grabplatten auf einer Fläche kleiner als ein Fußballplatz herrscht freilich meistens Stau. Auch die Altneu-Synagoge, die älteste erhaltene jüdische Gebetsstätte Europas mit frühgotischem Charakter ist bedeutsam. Die Pinkassynagoge als zweitältester Bau der jüdischen Stadt wurde zur Gedenkstätte an die Holocaust-Opfer.

Friedhof: U starého hřbitova 3.
Altneu-Synagoge: Červená 2, Pinkassynagoge: Široká 3, Nov.–März 9–16.30, Apr.–Okt. 9–18 Uhr, www.jewishmuseum.cz

4 Karlsbrücke

Die einzigartige Statuenallee macht sie weltberühmt. Der hl. Nepomuk wurde 1683 als Erster aufgestellt, ihm folgten weitere Steinheilige. Die Gesichter sind ausdrucksstark von Ferdinand M. Brokoff und Matthias Braun gestaltet, den bedeutendsten Bildhauern des böhmischen Barock. Den Grundstein zu seiner mittelalterlichen Brücke legte Kaiser Karl IV. selbst. Rund 520 m lang, 10 m breit und von 16 Pfeilern gestützt, betrug die Bauzeit 45 Jahre. Einmal Frühaufsteher zu sein lohnt sich: Am Sonntag um fünf oder sechs Uhr ist man auf der Karlsbrücke fast allein und der Sonnenaufgang vergoldet die Gloriolien der Brückenheiligen.

Karlův most

Anreise

Berlin:	4:30 h
Frankfurt:	5:00 h
München:	4:39 h
Zürich:	6:40 h
Wien:	3:55 h

29 Krakau

Ein Feuer speiender Drache, ein Schloss und Könige zuhauf – Krakau hat wahrhaft Märchenhaftes zu bieten. Auch wenn der Drache nur aus Bronze ist und die Könige seit Jahrhunderten in ihren Grüften ruhen. Die Schlossanlage auf dem Wawelhügel über der Weichsel war über 500 Jahre lang Krönungs- und Begräbnisstätte der polnischen Könige, Krakau die Hauptstadt ihres Reichs. Seit dem Mittelalter ist die Stadt eines der wichtigsten europäischen Geistes-, Kultur- und Wirtschaftszentren Europas, bis zum Zweiten Weltkrieg war sie ein Schmelztiegel der Kulturen. Polen, Deutsche, Juden, Russen, Österreicher (und andere mehr) lebten hier zusammen und schufen eine zweifellos wunderschöne Stadt. Den Zweiten Weltkrieg hat Krakau – äußerlich – unbeschadet und den Kommunismus mit katholischer Standfestigkeit überstanden sowie den Neuanfang nach Ende des Kalten Krieges eindrucksvoll gemeistert. Heute machen die vielen Studenten und Kreativen die Stadt jung und bunt. So schwungvoll, selbstbewusst und international ist keine andere Stadt Polens. Historisches Erbe und kreative Lebenslust verbinden sich zu einer stimmungsvollen Atmosphäre. Der Bronze-Drache vom Wawelhügel, der bislang nur alle fünf Minuten einen Feuerstoß von sich gab, legt mittlerweile Extraschichten ein: SMS genügt.

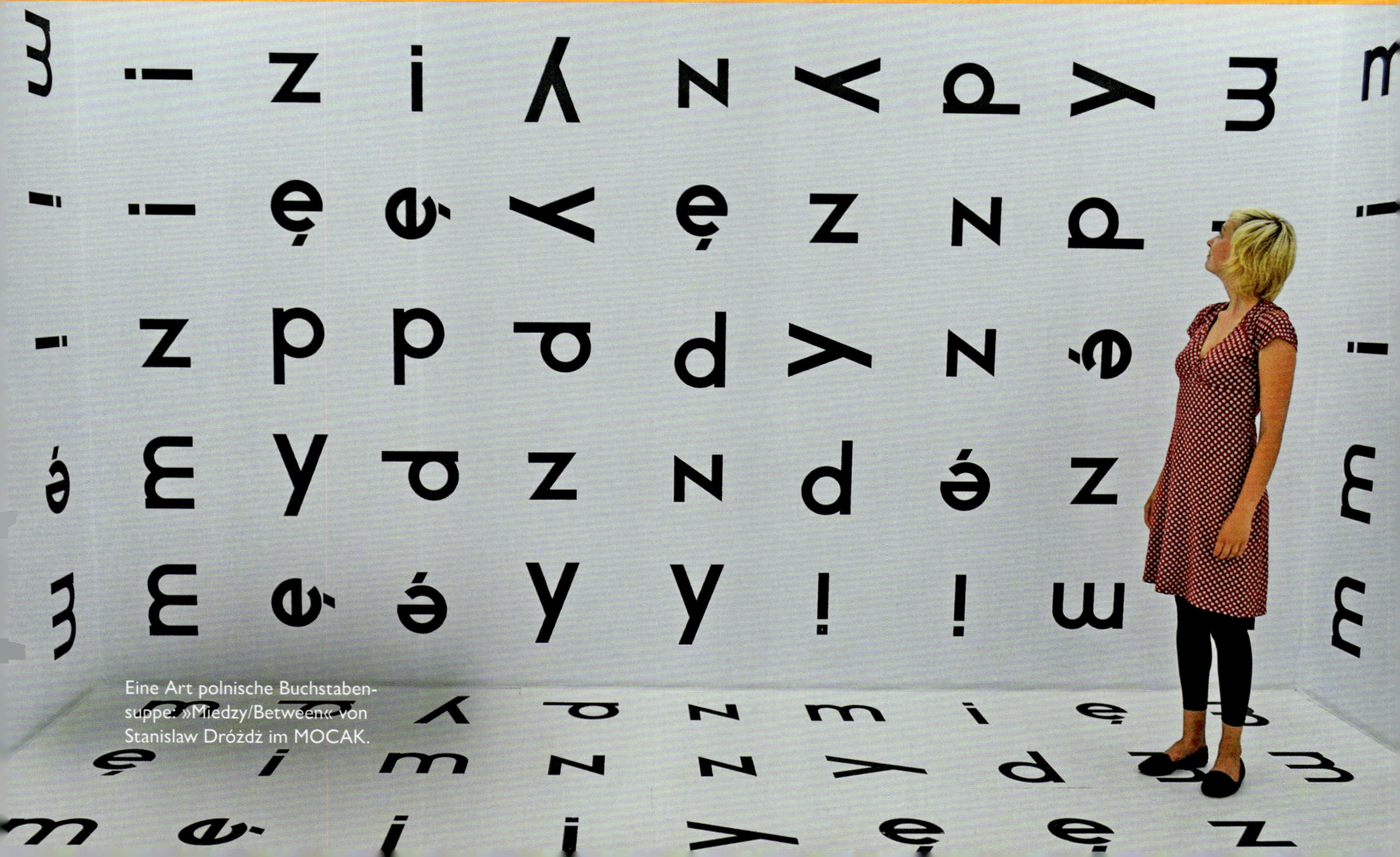

Eine Art polnische Buchstabensuppe: »Miedzy/Between« von Stanislaw Dróżdż im MOCAK.

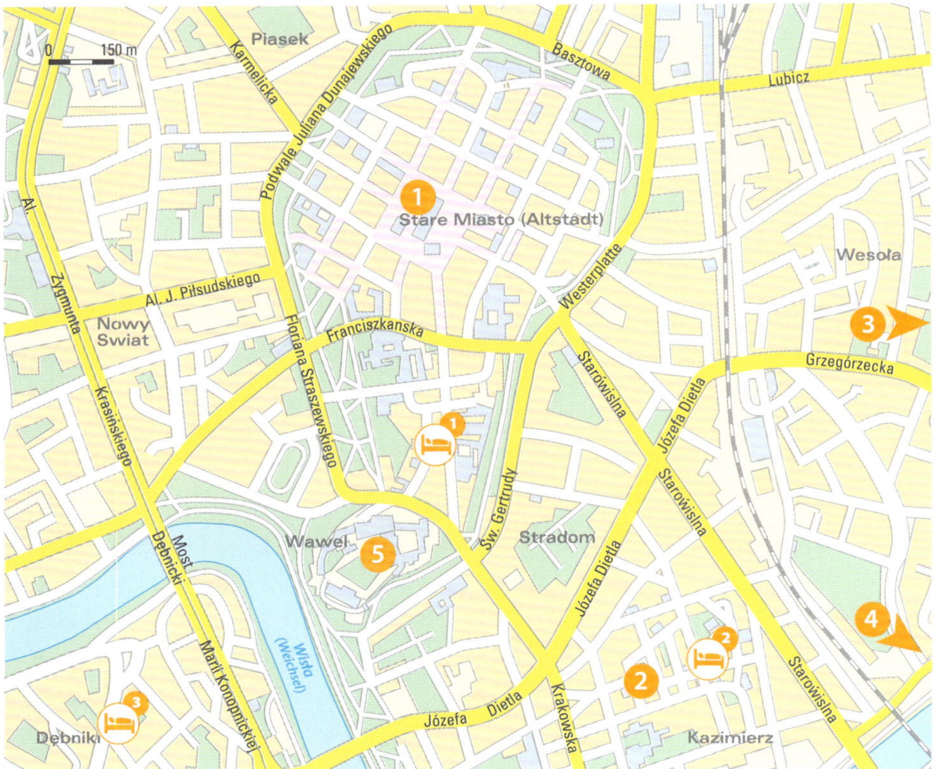

LEGENDE

1 Großer Markt
2 Kazimierz
3 Nowa Huta
4 Schindlers Fabrik
5 Wawel
1 Copernicus
2 Eden
3 U Pana Gogito

Beste Reisezeit

Ende Juni kommen Musiker aller Art zum Jüdischen Festival – vom Chor der Großen Jerusalemer Synagoge über Riff Cohen bis zu den Klezmer Small Stars. Rund um das Festival werden diverse Musik-Workshops abgehalten.

1 Großer Markt

Auf dem Rynek Glówny pulsiert das Leben: Stets sind die Terrassencafés gefüllt, Musikanten spielen auf und Blumenfrauen verkaufen ihre duftende Ware. Von früherem Reichtum künden die lang gestreckten Tuchhallen, die Marien- und die Adalbertkirche sowie das Mickiewicz-Denkmal und der Rathausturm. Rings um den Platz zaubern die adeligen und bürgerlichen Paläste mit ihren eleganten Attiken einen Hauch Exotik ins Bild.

Rynek Glówny

2 Kazimierz

Kazimierz, einst Krakaus Armenhaus, heute sein »Quartier Latin«. Künstler, denen die glanzvolle Altstadt zu teuer war, eröffneten hier Galerien, Ateliers und Alternativtheater. Nachdem 1495 die Juden aus Krakau vertrieben worden waren, wurde ihnen der östliche Teil der damals noch eigenständigen Stadt Kazimierz zugewiesen. Nach der Ermordung fast aller Juden im Konzentrationslager wurde das Viertel zu einer Geisterstadt. Erst nach der Wende wurde es wiederbelebt. Mittlerweile sind einige Synagogen restauriert und Cafés schießen wie Pilze aus dem Boden.

Rund um die Krakowska

3 Nowa Huta

Die aus dem Boden gestampfte Arbeiterstadt, ein Geschenk Stalins, war als »Gegengift« zu Krakaus Konservatismus gedacht. 38 000 junge Arbeiter sollten die Stadt »aufweichen«. Die Siedlungen verkörperten alles, was im Sozialismus als modern galt: medizinische Versorgung, Sport- und Bildungseinrichtungen bis hin zum Volkstheater. Heute erhält man bei einem Spaziergang einen guten Eindruck vom Architekturstil jener Zeit.

10 km östlich der Altstadt

Riesenlettern zu Ehren eines polnischen Ingenieurs am Empfangsgebäude der Nowa Huta.

4 Schindlers Fabrik/MOCAK

In der ehemaligen Emaille-Fabrik von Oskar Schindler erfährt man u. a., wie der Gestapo-Mann Juden als Sklavenarbeiter nutzte, doch sie später vor dem Tod rettete. Individuelle Biografien, als Jude, Widerstandskämpfer oder »normaler« Bürger, führen »durch die Zeit«. Geschickt montierte Originalfotos und -filme, Alltagsgegenstände und persönliche Aufzeichnungen schaffen eine authentische Atmosphäre. In den früheren Werkshallen taucht man dagegen in eine ganz andere Welt ab: Im Museum zeitgenössischer Kunst MOCAK gibt es viel Schräges.

ul. Lipowa 4, Fabryka: Apr.–Okt. Mo 10–16, Di–So 9–20, Nov.–März Mo 10–14, Di–So 10–18 Uhr, www.mhk.pl, MOCAK: Di–So 11–19 Uhr, www.mocak.pl

Anreise

Berlin:	5:50 h
Frankfurt:	1:30 h
München:	1:20 h
Zürich:	1:50 h
Wien:	4:40 h

5 Wawel

Auf dem Nationalheiligtum thront die Kathedrale, in der Könige gekrönt und beigesetzt wurden; vom Schloss nebenan herrschten sie einst über ein mächtiges Reich. Interessierte erhalten hier Einblick in Kunst und Architektur aus 1000 Jahren.

Wawel, März/Okt. 9–18, Apr./Sept. 9–19, Mai–Aug. 9–20, Nov–Feb. 9–17 Uhr, www.wawel.krakow.pl

Hotels

Copernicus
Nobelhotel in mittelalterlichem Gemäuer. Im ehemaligen Kanonikerhaus am Fuße des Wawel setzt man auf Stil: Originalfresken aus dem 14. Jh., dunkles Holz und edle Stoffe schaffen die richtige Atmosphäre. Alle Zimmer sind mit Balkendecken und Holzböden ausgestattet, Möbel aus Edelhölzern vermitteln das Ambiente der Renaissance.
ul. Kanonicza 16, www.copernicus.hotel.com.pl, Tel. +48 12 424 34 00, DZ ab 150 €

Eden
Nur ein paar Schritte von der Alten Synagoge, in der »dunklen Gasse« im jüdischen Viertel Kazimierz gelegen: Hier warten kleine, behagliche Zimmer. Entspannen kann man sich gegen Aufpreis im Mikwe-Bad (rituelles jüdisches Tauchbad), in einer Sauna sowie in einer urigen Salzgrotte.
ul. Ciemna 15, www.hoteleden.pl, Tel. +48 12 430 65 65, DZ ab 60 €

U Pana Gogito
Hübsche Villa aus dem 19. Jh., wenige Gehminuten von der Altstadt, mit hellen, ruhigen Zimmern und Frühstück im Wintergarten. Die Atmosphäre ist freundlich und angenehm. Die Einnahmen aus dem Hotelbetrieb kommen der Arbeit mit Menschen mit Behinderungen zugute.
ul. Bałuckiego 6, www.pcogito.pl, Tel. +48 12 269 72 00, DZ ab 60 €

30 Budapest

Schon der Name verrät, dass Budapest nicht so einfach auf einen Nenner zu bringen ist. Da gibt es »Buda«: hoch über dem Fluss, mit seinen engen Gassen, dem Burgpalast und der Zitadelle. Und da ist – am anderen Ufer – in der weiten Ebene »Pest« mit seinen Prachtstraßen, seiner Basilika, Synagoge und dem Parlament. Dazu kommen ganz unterschiedliche Prägungen vergangener Epochen: ungarische, deutsch-österreichische, jüdische, türkische Traditionen und, nicht zu vergessen, »realsozialistische«. Vielleicht ist es die Donau, die alles zusammenhält. Der Strom verbindet Budapest nicht nur mit Wien im Westen und dem Schwarzen Meer im Osten, sondern verknüpft auch die Stadtteile – ein Dutzend majestätische Brücken überspannt den Fluss. Deutlich werden die verflochtenen Traditionslinien an vielen Stellen der Stadt: Was jeweils einst in türkischer Zeit begonnen hatte, wurde in der k.u.k.-Zeit auf das Prächtigste ausgestaltet und gehört nun unverzichtbar zum ungarischen Selbstverständnis. Schöner als etwa im Café Gerbeaud oder im Gellért-Bad lässt sich kaum der Kaffeehauskultur bzw. den Thermalbadefreuden frönen. Man kann hier der bewegten Geschichte dieser Paläste nachsinnen oder jene Oasen der Entspannung inmitten großstädtischer Geschäftigkeit einfach genießen. Quirligere und zugleich bodenständigere Eindrücke bieten demgegenüber die vielen, über die Stadt verteilten Markthallen, von denen die Zentrale Markthalle sicher die schönste ist. Mit allen Sinnen lässt sich hier das Budapester und ungarische Lebensgefühl erspüren, riechen und schmecken: genussvoll und facettenreich – so wie Budapest eben ist.

Streng blickende Soldatenstatuen wachen über die am nordöstlichen Rand des Burgviertels gelegene Fischerbastei.

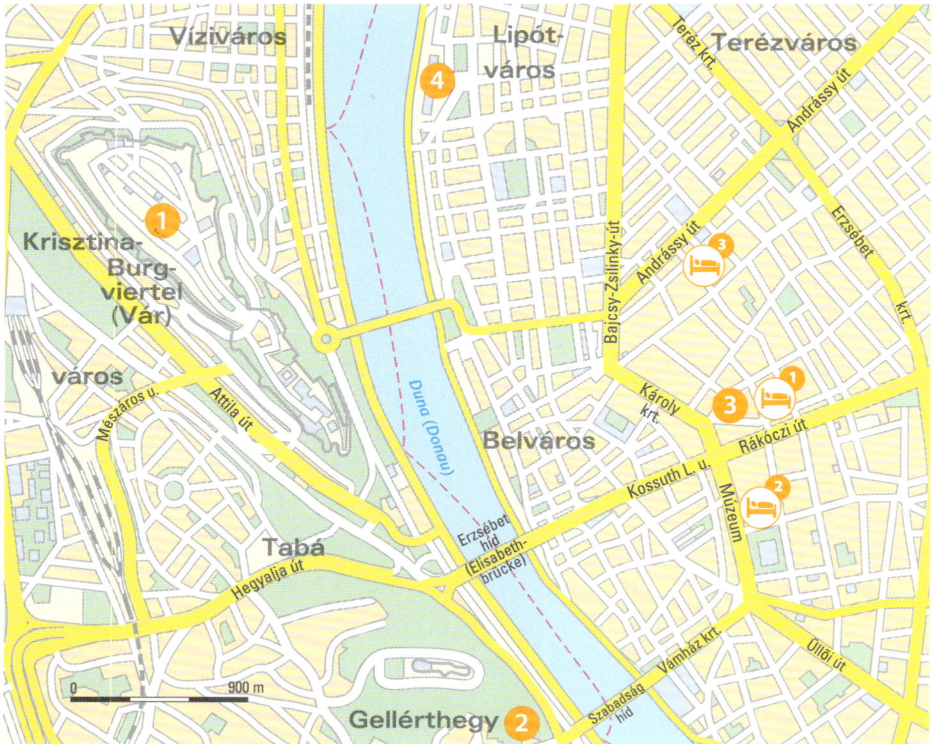

LEGENDE

1 Burgviertel
2 Gellért Fürdő (Gellért-Bad)
3 Große Synagoge
4 Parlament

1 Bazár Hostel
2 Bródy House
3 Casati Budapest Hotel

1 Burgviertel

Teile des I. Bezirks erheben sich gut sichtbar über der Stadt. Dort liegt eines der Wahrzeichen von Budapest, das Burgviertel. Die Geschichte der Burg reicht weit zurück. Aufzeichnungen zufolge begann ihr Bau 1243 auf dem damals noch als »Péster Neuberg« bezeichneten Burgberg. Als 1246 ein Sturm der Mongolen erwartet wurde, mussten die Bauarbeiten beschleunigt werden, und schon 1255 berichtete König Béla IV. von der fertigen Festung. Heute ist der Weg zum Burgpalast eine kleine Attraktion. Denn mit der Zahnradbahn gelangt man in kurzer Zeit vom Fuß des Burgbergs (Clark Ádám tér) zum Dísztér, dem Zierplatz. Mit etwa fünf Personen pro Abteil ist es etwas eng, jedoch wird man mit einem schönen Blick belohnt. Zehn Gehminuten nördlich befindet sich die Fischerbastei, das wohl prägendste Element des Budaer Donauufers. Der Name geht auf die Zeit zurück, als die Zunft der Fischer diesen Abschnitt der Stadtmauer schützte. Von hier blickt man bis zur Stadtgrenze und darüber hinaus.

Zwischen Bécsi kapu (Wiener Tor) im Norden und dem Budavári palota (Burgpalast) im Süden

2 Gellért Fürdő (Gellért-Bad)

Bereits im 13. Jh. stand hier ein Badehaus, gespeist aus den Quellen im Inneren des Gellértberg, das im 16. Jh. von den Türken weiter ausgebaut wurde. Sein endgültiges Aussehen erhielt das Heilbad zu Anfang des letzten Jahrhunderts: Es gilt als eins der schönsten Jugendstilbäder in ganz Budapest. Und in der Tat ist das Innere mehr als sehenswert: Gefärbte Kacheln und verspielte Skulpturen schmücken die Wände und Flure, aus marmornen Schildkröten fließt Wasser in die Becken.

Kellenhegyi út 4, tgl. 6–20 Uhr,
www.gellertbad.hu

3 Große Synagoge

Das Gotteshaus umfasst neben den Gebetsräumen eine Dauerausstellung in ei-

Beste Reisezeit

Budapest ist im Frühling am schönsten, wenn die Natur zu sprießen beginnt. Zwischen Ende Mai und Ende August kann es sehr heiß werden. Spätestens ab Oktober muss mit Regen, Schnee oder auch Stürmen gerechnet werden.

So leer ist es nicht immer: Wer das Gellért-Bad in Ruhe genießen möchte, sollte es in den frühen Nachmittagsstunden probieren.

nem Seitenflügel, einen Friedhof und ein Mahnmal. Eine Trauerweide aus Metall in Naturgröße, entworfen von Imre Varga, ist das vielleicht intensivste Stück der Synagoge. Auf den Blättern der Weide sind die Namen der Holocaust-Opfer, die aus ungarischen jüdischen Familien stammen, eingraviert.

Dohány utca 2, Fr 10–14, März bis 15.30, Apr.–Okt. bis 16.30, So–Do 10–16, März–Okt. bis 18 Uhr, www.dohanyutcaizsinagoga.hu

4 Parlament

Das Parlament ist nicht nur das zweitgrößte Regierungsgebäude Europas, sondern auch eines der opulentesten. Blattgold und Marmorsäulen gehören ebenso zur Ausstattung wie eine Zentralheizung und die frühe Konstruktion einer Klimaanlage, die Architekt Imre Steindl bewirkte, indem er von zwei Brunnen über Luftschächte wassergekühlte Frischluft ins Parlament schleusen ließ. Ein Blick auf die Homepage vor dem Besuch lohnt sich, denn zum einen ist die Besichtigung nur nach Voranmeldung möglich, zum anderen gibt es zu festen Zeiten einen Wachwechsel, bei dem die Soldaten in ausgeklügelten Choreografien an- und abtreten.

Kossuth Lajos tér, Apr.–Okt. tgl. 8–18, Nov.–März 8–16 Uhr, www.parlament.hu

Anreise

Berlin:	1:25 h	Flugzeug
Frankfurt:	1:35 h	Flugzeug
München:	7:15 h	Zug
Zürich:	1:35 h	Flugzeug
Wien:	3:01 h	Zug

Hotels

Bazár Hostel
Das im Stadtzentrum gelegene Bazár Hostel hat Kultstatus. Denn hier wohnt es sich wie bei Freunden, neben den verschiedenen Zimmern gibt es auch Gemeinschaftsräume und -küchen. Die Mitarbeiter helfen gerne weiter bei allen Fragen rund um Budapest.
Dohány utca 22–24, www.bazarhostel.com, Tel. +36 1 787 64 20, DZ ab 34 €

Bródy House
Für Kunstliebhaber mit besonderem Flair: Jedes Zimmer ist dem Werk eines bestimmten Künstlers nachempfunden, die alle früher ihre Ateliers in dem Gründerzeitbau hatten. Hier kommen Kreative, Intellektuelle und Interessierte zusammen, um im anregenden Umfeld neue Ideen zu entwickeln.
Brody Sandor utca 10, www.brodyhouse.com, Tel. +36 1 266 12 11, DZ ab 70 €

Casati Budapest Hotel
Wer einmal die Entscheidung für das Casati Hotel gefällt hat, wird wiederkommen. Nur eine Querstraße von der prachtvollen Andrássy út entfernt bilden die Zimmer, im Boheme-Stil eingerichtet, puristisch oder luftig, wahre Oasen der Ruhe. Das Innere wurde von verschiedenen ungarischen Künstlern gestaltet.
Paulay Ede utca 31, www.casatibudapesthotel.com, Tel. + 36 1 343 11 98, DZ ab 100 €

Eine schöner als die andere: Jože Plečniks Brücken, hier die Čevljarski most (Schusterbrücke).

31 Ljubljana

Der junge Staat Slowenien und seine geschichtsträchtige Hauptstadt werden gelegentlich unterschätzt (oder wie im Falle George W. Bushs mit der Slowakei verwechselt). Wer genauer hinsieht, entdeckt zwischen Alpen, Adria und Balkan eine mitteleuropäische Perle. Mit weniger als 300 000 Einwohnern verbindet Ljubljana auf faszinierende Weise kleinstädtischen Charme mit den Vorzügen einer Metropole. Das kulturelle Angebot ist enorm: Herausragende Theater- und Konzertbühnen, ausgefallene Galerien und hochkarätige Museen buhlen um die Gunst eines verwöhnten lokalen Publikums. In wohl keiner anderen Stadt begegnet man auf so kleinem Raum so vielen künstlerisch ambitionierten Menschen: Schon seit dem Mittelalter ist die Stadt mit zahlreichen Akademien, Werkstätten und Fachschulen ein Kulturzentrum von europäischem Rang.

Der 1701 gegründeten Philharmonie gehörten u. a. Haydn, Beethoven, Brahms und Mahler an. Laibach hieß die Stadt damals und war insgesamt fast 600 Jahre Teil des Habsburgerreichs (bis 1918). Das altösterreichische Erbe verbindet sich im Stadtbild auf das Harmonischste mit der romantisch-verspielten Eleganz der frühen jugoslawischen Jahre (1920er/30er), geprägt vom slowenischen Star-Architekten Jože Plečnik. In der kleinen kulturbeflissenen Metropole beiderseits des Ljubljanica-Flusses geht es heute angenehm gelassen zu. Nicht nur die Musen werden gepflegt, auch Muße und Genuss kommen nicht zu kurz: schmucke Parkanlagen, zahlreiche bunte Märkte, entspannte Straßencafés, fröhliche Bars und gemütliche Restaurants – hier herrscht eine Atmosphäre unaufgeregter Lebensfreude. Ja, Ljubljana ist eine Perle, klein, schillernd und exquisit.

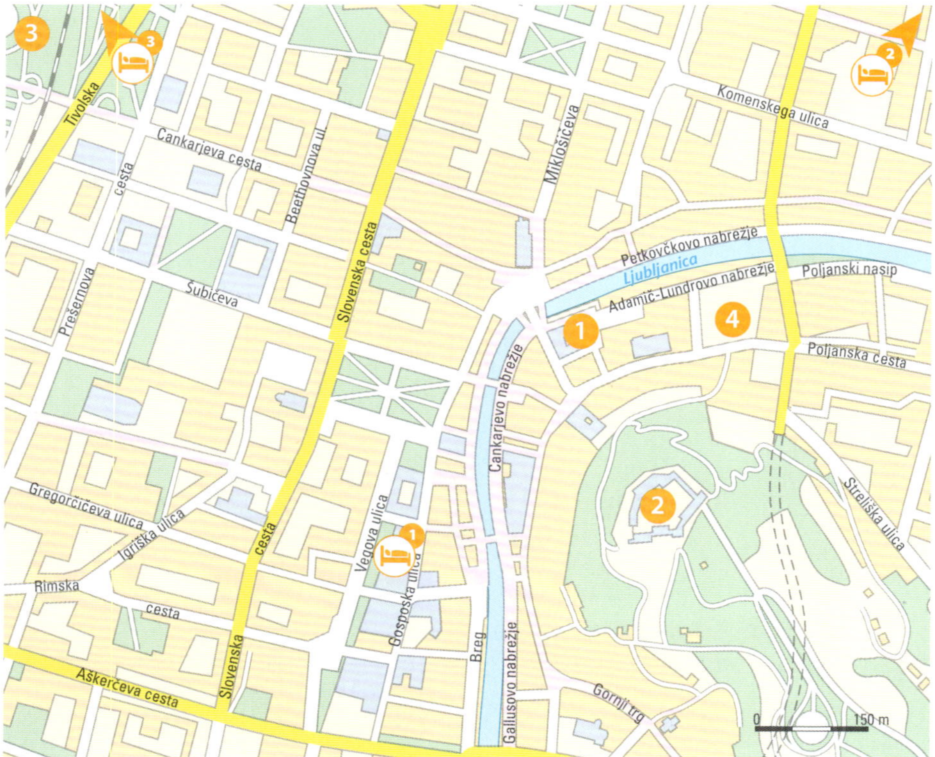

LEGENDE

1 Altstadt
2 Ljubljanski grad
3 Tivoli-Park
4 Vodnikov trg

1 Antiq Palace
2 Celica
3 Hotel Nox

Beste Reisezeit

In ungeraden Jahren findet von September bis November die Grafik-Biennale in Ljubljana statt, mit rund 500 Künstlern aus 50 Ländern die weltweit größte und zugleich eine der international meistbeachteten Veranstaltungen auf diesem Gebiet.

1 Altstadt

Der Name der slowenischen Hauptstadt enthält das Wort »Ljubezen«, das übersetzt Liebe bedeutet. Ähnlich sympathisch geht es in der nahezu autofreien Altstadt zu. Hier lässt es sich mußevoll schlendern, der Blick fällt auf pastellfarbene Häuser und verspielte Brücken. Aus Habsburger Zeit stammen prachtvolle Barock- und Jugendstilpaläste, dazwischen öffnen sich immer wieder Plätze und Grünanlagen mit Bars und Cafés. Die dezente Eleganz vieler Plätze und Straßen ist dem slowenischen Stararchitekten Jože Plečnik zu verdanken, der die österreichische Provinzstadt in eine mitteleuropäische Metropole verwandelte. Der Eingang zur Altstadt ist der Prešerenplatz mit der Franziskanerkirche, über die Dreibrückenanlage (Tromostovje) gelangt man zum Pogačarjevplatz mit dem romanisch-barocken Dom. Unweit befindet sich auch das Rathaus mit einem Brunnen davor, der die Flüsse Sava, Krka und Ljubljanica symbolisiert.

www.visitljubljana.com

2 Ljubljanski grad

»Slowenische Akropolis« wird das weithin sichtbare Wahrzeichen der Stadt genannt. Schon zu Zeiten der Illyrer und Kelten war der Burghügel besiedelt. Ihr heutiges Aussehen erhielt die Burg im frühen 16. Jh. In ihrem Inneren sind mehrere Ausstellungen zu sehen, u. a. zur Geschichte Sloweniens. Die Vorführung »Virtuelle Burg« zeigt in 20 Minuten mit Animationen anschaulich die Entwicklung von Ljubljanski grad durch die verschiedenen Epochen hindurch und stellt die Burgräume vor. Vom Aussichtsturm der Burg bietet sich ein schöner Blick, nicht nur auf die Stadt, sondern bei gutem Wetter weit über Slowenien. Zu erreichen ist die Burg von der Altstadt zu Fuß oder per Standseilbahn.

Grajska planota 1, Jan.–März, Nov. 10–20, Apr, Mai, Okt. 9–21, Juni–Sept. 9–23, Dez. 10–22 Uhr, www.ljubljanskigrad.si

Gegen den Drehschwindel: In der Burg Lubljanski grad führt eine doppelläufige Wendeltreppe auf den historischen Aussichtsturm.

3 Tivoli-Park

1813 wurde rings um das im 17. Jh. von Jesuiten als Kloster errichtete, 1852 von Kaiser Franz Joseph an Feldmarschall Radetzky übergebene Tivoli-Schloss ein großer Park errichtet. Ein Gewächshaus, Blumenfelder und Alleen sowie Statuen und Fontänen durchziehen die Anlage. Wem das Schlendern allein zu langweilig ist, der besucht eines der Museen: das der zeitgenössischen Geschichte oder das Internationale Grafische Zentrum.

Westlich der Altstadt, www.botanicni-vrt.si, www.muzej-nz.si, www.mglc-lj.si

4 Vodnikov trg

Am geschäftigen Vodnikplatz (benannt nach dem slowenischen Poeten Valentin Vodnik) kann man im Freien aus einem großen Angebot an Obst und Gemüse wählen, das die Verkäufer in ihrer bäuerlichen Tracht feilbieten. Daneben, in den von Jože Plečnik nach renaissancistischen Vorbildern gestalteten Markthallen, gibt es auf zwei Etagen u. a. frisches Fleisch, Brot aus dem Holzofen, hausgemachtes Gebäck, Käse und Öle.

Markt im Freien: Mo–Sa 6–16, Sommer Mo–Fr bis 18 Uhr, Markthallen: Mo–Fr 7–16, Sa bis 14 Uhr, www.lpt.si

Anreise

Berlin:	9:30 h	Auto
Frankfurt:	1:15 h	Flug
München:	4:30 h	Auto
Zürich:	1:10 h	Flug
Wien:	3:50 h	Auto

Hotels

Antiq Palace
Direkt im Stadtzentrum Ljubljanas und mitten im Geschehen liegt das Boutique-Hotel in einem renovierten Adelspalast aus dem 16. Jh. Die 18 Zimmer und Appartements sind gediegen und elegant eingerichtet und erinnern an die glanzvolle Vergangenheit des Gebäudes. Zum Teil sind sogar noch Originalfresken erhalten geblieben. Auch ein großzügiger Spa-Bereich mit drei Saunas und Massagebecken ist vorhanden.
Vegova 5a, www.antiqpalace.com, Tel. +386 838 96 700, DZ ab 130 €

Celica
Das ehemalige Militärgefängnis aus dem 19. Jh. wurde von 80 Künstlern aus aller Welt renoviert und zu einem Hostel mit individuellen Zimmern umgestaltet, allen gemeinsam sind nur noch die Gitterstäbe vor der Tür. Dennoch bleibt man hier gerne freiwillig, und die Altstadt ist auch in 10 Minuten zu Fuß erreichbar.
Metelkova 8, www.hostelcelica.com, Tel. +386 1 230 97 00, DZ ab 25 €

Hotel Nox
Hier ist alles von A bis Z durchdesignt: Jeder der 24 von slowenischen Designern gestalteten Räume steht unter einem bestimmten Motto, nach dem die Möblierung und Farbauswahl ausgerichtet ist. Gäste können so ihren ganz »eigenen«, passenden Raum entdecken.
Celovška cesta 469, www.hotelnox.com, Tel.+386 1 200 95 00, DZ ab 95 €

Südwesteuropa

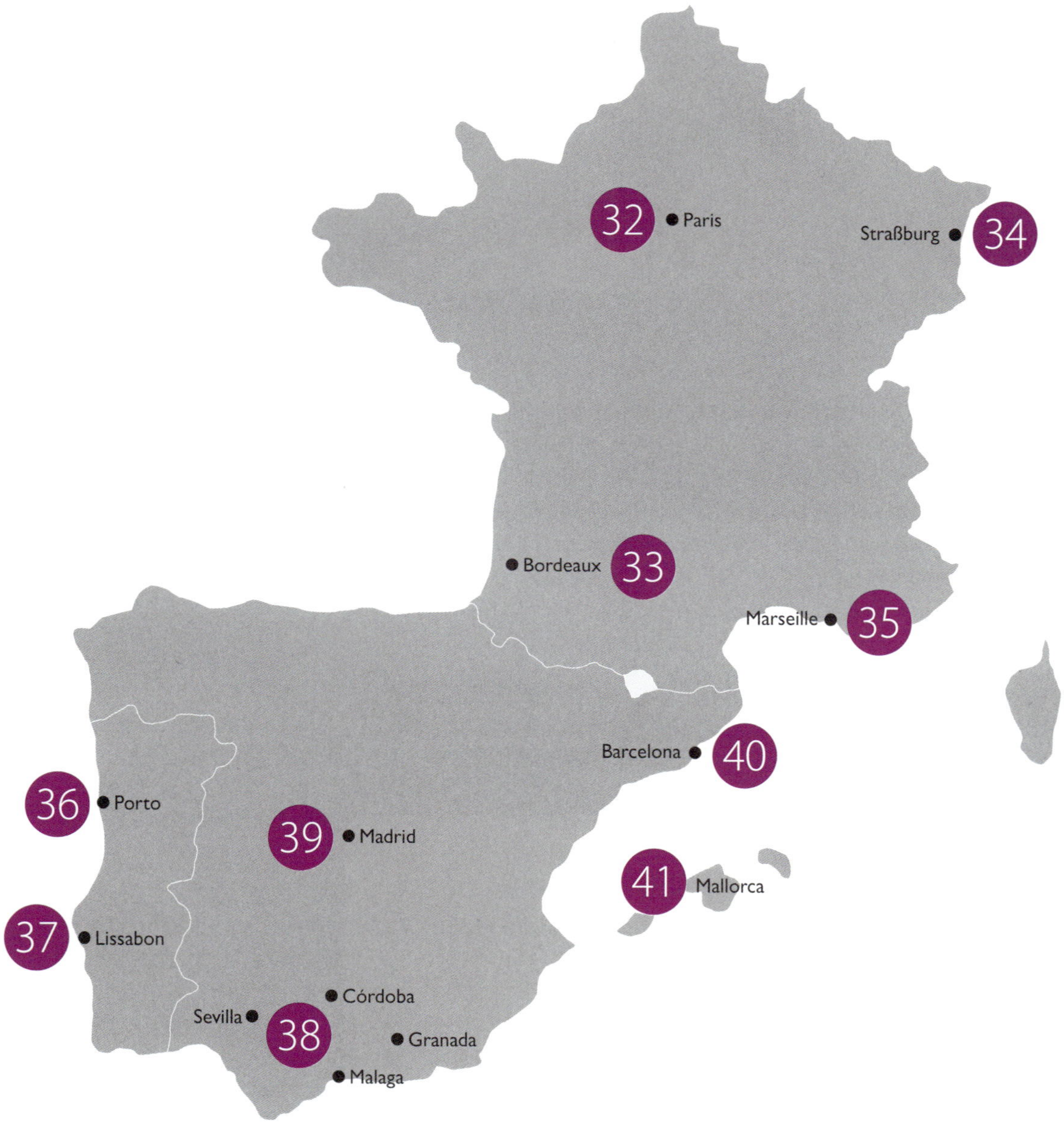

»Eine Reise ist ein Trunk aus der Quelle des Lebens.«

Christian Friedrich Hebbel

32 Paris

Mythos Paris: Keine andere Stadt ist so mit Sehnsucht aufgeladen, so verführerisch und zeitlos schön. Millionen Menschen aus aller Welt strömen an die Seine. Sie haben Bücher über Paris gelesen, Filme von Truffaut, Chabrol, Louis Malle gesehen, sind Kommissar Maigret in die Pariser Unterwelt gefolgt. Sie lieben die Chansons von Edith Piaf, Brassens und Aznavour. Bei Montmartre fällt ihnen Toulouse-Lautrec ein und dass Picasso 1907 in einem Waschhaus nahe Sacré-Cœur mit sieben nackten Frauen den Kubismus begründete. Am Sehnsuchtsziel angekommen, fragt sich: Wo beginnen? Ganz klar, trotz Andrang: bei den Hauptsehenswürdigkeiten, von denen viele Frankreich symbolisch verkörpern. Notre-Dame gehört dazu, die gotische Kathedrale, in der sich Napoleon zum Kaiser krönte. Der Eiffelturm, 324 m hoch, gehört dazu: 1889 als scheußlich gescholten, ist er heute aus dem Stadtbild nicht wegzudenken. Und natürlich als Lebensader die Seine. Ein Blick auf den Stadtplan genügt: Sie teilt Paris in zwei Hälften: rive gauche, das linke, und rive droite, das rechte Ufer. Zwei berühmte Literatencafés, das Café de Flore und das Café Les Deux Magots, liegen links der Seine im legendären Kulturviertel Saint-Germain-des-Prés. Die Bohème zog um 1900 ins Handwerkerviertel Montparnasse, das mit großen Cafés, kleinen Museen und einem wunderschönen Friedhof auf dem rechten Ufer liegt. Ebenso wie Louvre, Oper, Champs-Élysées, Place de la Concorde und Arc de Triomphe.

Hoch über lauten Blechkolonnen wachen die stummen Wasserspeier der Notre-Dame über die »Stadt der Liebe«.

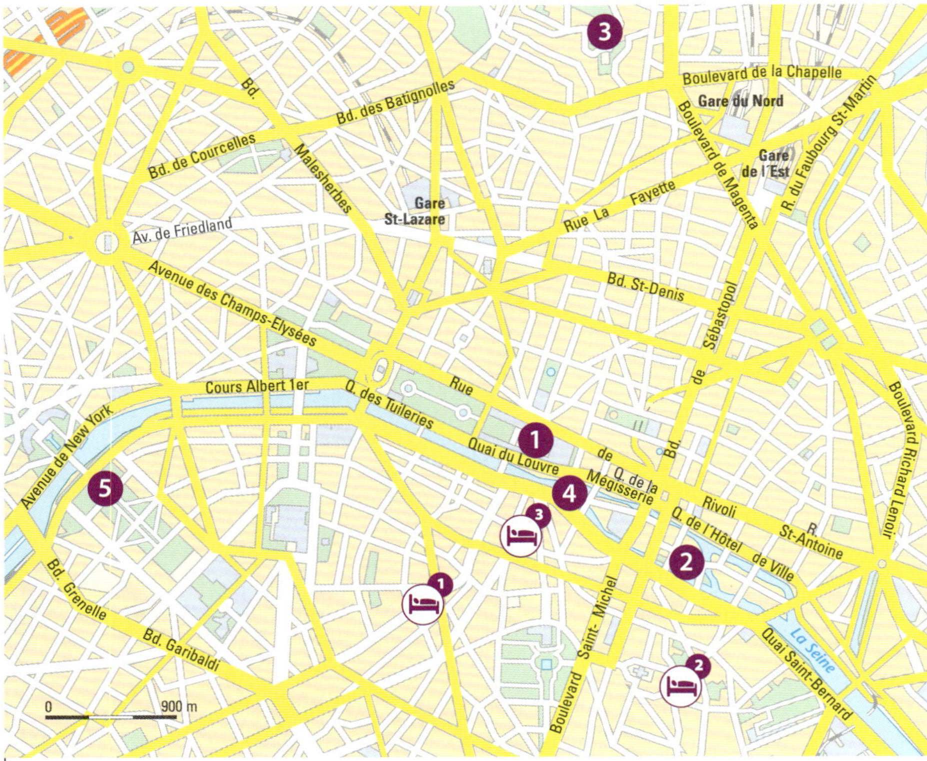

LEGENDE

1 Musée du Louvre
2 Notre-Dame
3 Sacré-Cœur
4 Strand an der Seine
5 Tour Eiffel
1 L'Abbaye
2 Hôtel des Grandes Écoles
3 Hôtel des Marronniers

Beste Reisezeit

Im Mai, wenn es warm wird, wenig Regen fällt und die Touristenbusse die Seine-Metropole noch nicht erobert haben, ist es in Paris am schönsten. Für Kulturbegeisterte ist der Herbst wegen der vielen Neuinszenierungen und musikalischen Events interessant.

1 Musée du Louvre

Bereits im Jahr 1793 wurde die Festung des Louvre zum ersten Mal der Öffentlichkeit als Museum zugänglich gemacht. Fast 200 Jahre später wurde das größte Kunstmuseum der Welt modernisiert, seither gelangen die Besucher durch eine gläserne Pyramide über die unterirdische, lichtdurchflutete Napoléon-Halle zu den drei Flügeln Denon, Sully und Richelieu, die in die 198 Säle des Louvre führen. Highlights: »Mona Lisa«, »Venus von Milo« und »Nike von Samothrake«.

Pl. du Louvre, Mi–Mo 9–18, Mi, Fr bis 21.45 Uhr, www.louvre.fr

2 Notre-Dame

Die Kathedrale »Zu Unserer Lieben Frau« ist Wahrzeichen von Paris und eine der bedeutendsten Sakralbauten der Frühgotik, erbaut zwischen 1163 und 1345. Besonders eindrucksvoll ist die Fassade mit ihren drei Portalen: Portal des Jüngsten Gerichts (Mitte), Marienportal (links), Annenportal (rechts). Berühmt sind auch die drei großen Rosettenfenster.

Pl. du Parvis-Notre-Dame, tgl. 8–18.45 Uhr, www.notredamedeparis.fr

3 Sacré-Cœur

Die Basilika im neoromanisch-byzantinischen Stil wurde als nationales Mahnmal nach der Niederlage Frankreichs im Krieg gegen Deutschland 1870/71 auf dem Montmartre errichtet. Von Weitem ist das Gotteshaus mit seinen hellen Steinen gut zu erkennen. Wer die vielen Treppen zur Kirche nicht steigen mag, kann auch die Zahnradbahn nehmen. Alljährlich zu Ostern pilgern noch heute katholische Gläubige in Begleitung des Erzbischofs, der das Kreuz trägt, nach Sacré-Cœur.

35, rue du Chevalier de la Barre, 6–22.30 Uhr, www.sacre-coeur-montmartre.com

Rund um die berühmte Basilika von Sacré-Cœur werden in den Gassen von Montmartre allerlei Souvenirs angeboten.

4 Strand an der Seine

Zwischen Mitte Juli und Mitte August fühlen sich die Pariser an ihrem Seine-Strand wie an der Côte d'Azur: Liegestühle unter Palmen, Füße im Sand und viel Musik. Für den Strandspaß wird die Schnellstraße Georges Pompidou vier Wochen lang gesperrt und mit Tonnen von Sand gefüllt.

Zwischen Pont des Arts und Pont de Sully und am Quai François Mitterrand

5 Tour Eiffel

Paris hat mehrere Wahrzeichen, aber der Eiffelturm ist ohne Frage das berühmteste. Als das anfänglich als »scheußliche Säule aus verschraubtem Blech« kritisierte Werk 1889 eingeweiht wurde, war die Skepsis in Begeisterung umgeschlagen. Als »Venus aus Stahl« bezeichnete Jean Cocteau die Konstruktion, für Guillaume Apollinaire war sie die »Schäferin der Wolken«.

Champ de Mars, Jan.–Mitte Juni, Sept.–Ende Dez. 9.30–23.45, Mitte Juni–Ende Aug. 9–0.45 Uhr, www.toureiffel.paris

Anreise

Berlin:	1:40 h	Flugzeug
Frankfurt:	3:49 h	Zug
München:	6:22 h	Zug
Zürich:	4:03 h	Zug
Wien:	1:55 h	Flugzeug

Hotels

L'Abbaye

Wunderbares kleines Hotel in einem ehemaligem Kloster aus dem 18. Jh. Ruhige und geschmackvoll dekorierte, wenn auch recht kleine Zimmer. Es gibt einen schönen Innenhof zum Verweilen mit plätscherndem Brunnen und fast meditativer Atmosphäre.

10, rue Cassette, www.hotelabbayeparis.com, Tel. +33 1 45 44 38 11, DZ ab 282

Hôtel des Grandes Écoles

Das wie ein charmantes Landhaus anmutende Hotel ist zu allem Überfluss auch noch von einem blühenden Garten umgeben. Zimmer mit Blick ins Grüne mitten im Quartier Latin. Die Zimmer sind hell, luftig und im Stil des Biedermeier eingerichtet. Der herrliche Garten lädt im Sommer zum Frühstücken ein.

75, rue du Cardinal Lemoine, www.hotel-grandes-ecoles.com, Tel. +33 1 43 26 79 23, DZ ab 135 €

Hôtel des Marronniers

Charmantes Hotel mit ruhigen, französisch eingerichteten Zimmern, lauschigem Wintergarten und efeuumranktem Innenhof, der auch von Nicht-Hotelgästen genutzt werden darf. Im Sommer werden dort Café und Croissant serviert. Das Hotel befindet sich mitten in Saint-Germain-des-Près, dem lebendigen Viertel im Herzen von Paris.

21, rue Jacob,www.hoteldesmarronniers.com,Tel. +33 1 43 25 30 60, DZ ab 170 €

33 Bordeaux

Wohl kein zweiter Stadtname lässt, wenn er fällt, jeden sofort an Wein denken. Sogar Zeitgenossen, die partout keinen Tropfen trinken. Doch steht Bordeaux nicht nur für große Winzerkunst. Die Stadt selbst empfiehlt sich als hochkarätiges Reiseziel, mit einem historischen Zentrum, das elegant dem Bogen der Garonne folgt. Und Unesco-Welterbe ist. Monumentale Bauten, wie das Grand Théâtre, Prachtstraßen, ein pralles Kulturangebot und die feine Gastronomie verleihen Bordeaux – Hauptstadt der Region Aquitaine, Präfektursitz des Departements Girond – den Glanz einer Großstadt mit südfranzösischem Flair. Einem Flair unter den Bedingungen des nahen Atlantik, die Bordeaux in seiner Geschichte zu nutzen wusste: als prosperierende Hafen- und Handelsstadt, in der ein liberaler Geist wehte. Kein Wunder, mit einem Philosophen wie Montaigne als einstigem Bürgermeister. Und auch Montesquieu, der große Aufklärer, war ein Sohn der Stadt. Beide Denker stehen als Denkmal auf der Place des Quinconces, einem der größten Plätze Europas. Unweit, die Garonne im Rücken, beeindruckt die Place de la Bourse mit der barock-palastartigen Alten Hafenbörse, die sich seit 2006 in einem riesigen Reflexionsbecken, dem Miroir d'eau (3450 qm), wirkungsvoll spiegelt.

Der Blick nach oben beeindruckt im Konzertsaal des Grand Théâtre.

LEGENDE

1. Grand Théâtre
2. Musée d'Aquitaine
3. Place de la Bourse
4. Porte de la Grosse Cloche
5. Saint-Michel

- (1) ADAGIO Bordeaux Gambetta
- (2) Le Boutique Hôtel Bordeaux
- (3) Mama Shelter

1 Grand Théâtre

Hier präsentiert sich Bordeaux in der ganzen Pracht der Zeit Ludwigs XVI. (1754 bis 1793). Geradezu monumental wirkt die Fassade des klassizistischen Glanzstücks, das der Pariser Architekt Victor Louis auf den Ruinen eines gallo-römischen Tempels erbaut hatte. Den Haupteingang ziert eine Kolonnade aus zwölf korinthischen Säulen, deren Balustrade von Statuen der neun Musen sowie der antiken Göttinnen Aphrodite, Hera und Athene geschmückt wird. Beachtung verdient auch das Vestibül mit Kassettendecke, dorischen Säulen und einem imposanten Treppenaufgang. Drei Mal wurde der Theatersaal in der Vergangenheit als Sitz der Nationalversammlung zweckentfremdet, und zwar in den Jahren 1870, 1914 und 1941, als sich die französische Regierung vor den heranrückenden deutschen Truppen nach Bordeaux zurückzog. Heute zeigt sich das Grand Théâtre wieder in seinem ursprünglichen Glanz und zeigt Opern, Ballette, Symphoniekonzerte usw.

Di–Sa 13–18.30 Uhr, Führungen: Mi/Sa 14.30, 16 und 17.30 Uhr, www.opera-bordeaux.com

2 Musée d'Aquitaine

In dem lang gestreckten Bau stellt das Museum archäologische Funde der Region aus und bietet einen umfassenden Überblick über die Stadtgeschichte. Es gibt römische Spiegel und Parfümfläschchen zu sehen sowie Rüstungen und Wappen aus dem Hundertjährigen Krieg. Weitere Abteilungen widmen sich dem Weinbau, der Austernzucht und der Schifffahrt. Auch das 20. Jh. wird in einer Ausstellung über die Geschichte, Wirtschaft und Kultur der letzten 100 Jahre in Aquitanien historisiert.

20, Cours Pasteur, Di–So 11–18 Uhr, www.musee-aquitaine-bordeaux.fr

3 Place de la Bourse

Der weitläufige Platz ist seit seinem Entstehen im 18. Jh. ein Wahrzeichen der Stadt. Er ist halbkreisförmig angelegt und von klassizistischen Gebäuden – im Norden vom dreistöckigen Palais de la Bourse, in dem einst die Börse untergebracht war, und im Süden vom Stadtpalais Hôtel des Douanes, dem früheren Zollamt – umgeben. Die Fontaine Trois Grâces, der Brunnen der drei Grazien in der Platzmitte, kam 1864 hinzu. Seit 2006 gibt es gegenüber ein weiteres Wasserspiel: der 3450 qm große Miroir d'Eau des Landschaftsarchitekten Michel Corajoud. Er fasziniert durch die Spiegelungen, die auf dem 2 cm »tiefen« Wasserfilm entstehen.

Quai du Maréchal Lyautey

Beste Reisezeit

Ende Juni zieht das Fête le Vin am Flussufer mit Feuerwerk, illuminierten Gebäuden, Konzerten und natürlich Wein an – auf einer 2 km langen Route kann man sich über den kulinarischen Fixstern der Region informieren und ihn probieren.

Hotels

ADAGIO Bordeaux Gambetta
Zentral in Bordeaux gelegenes Vier-Sterne-Hotel mit geräumigen Zimmern, Sauna, Hamam und einem Fitnessraum. Je nach Appartementtyp gehören zur Ausstattung eine Spülmaschine, eine Mikrowelle und ein Kochfeld sowie ein Bügeleisen mit Bügelbrett. Darüber hinaus kann ein Wäscherei-Service und ein Waschsalon in Anspruch genommen werden.
40 Rue Edmond Michelet, www.adagio-city.com, Tel. +33 5 57 30 47 47, DZ ab 100 €

Le Boutique Hôtel Bordeaux
Schickes Boutique-Hotel in einem historischen Stadthaus aus dem 18. Jh. Bei der Einrichtung der Räumlichkeiten wurde viel Wert auf Eleganz, aber auch auf Wohnlichkeit gelegt. Alle Zimmer sind mit Wasserkocher, Minibar, Nespressomaschine und Klimaanlage ausgestattet.
3 Rue Lafaurie de Monbadon, www.hotelbordeauxcentre.com, Tel. +33 5 56 48 80 40, DZ ab 195 €

Mama Shelter
Die Zimmer und das zum Hotel gehörige Restaurant wurden modern und mit viel Liebe zum Detail eingerichtet, ein weiteres Highlight ist die Dachterrasse mit Blick auf die Kathedrale Saint-André.
19 Rue Poquelin Molière, www.mamashelter.com, Tel. +33 5 57 30 45 45, DZ ab 79 €

Spieglein, Spieglein auf der Granitplatte: Der Miroir d'Eau ist das wohl schönste Fotomotiv in Bordeaux.

4 Porte de la Grosse Cloche

Der wuchtige, unverwechselbare Bau im Viertel Saint-Pierre diente im 13. Jh. als Stadttor und Uhrturm des damaligen Rathauses. Er ist eines der wenigen erhaltenen Relikte der Plantagenêt-Herrschaft. Wie der Name sagt, hing hier seit jeher eine »dicke Glocke«, die etwa zu Beginn der Weinlese oder bei Bränden ertönte. Die heutige Glocke stammt aus dem 18. Jh.

Rue Saint-James

5 Saint-Michel

Die äußerlich schmucklose Basilika Saint-Michel im gleichnamigen Stadtteil beeindruckt innen durch ihre prächtige Ausstattung: das geschnitzte Chorgestühl, die Barockorgel und die modernen Buntglasfenster, u. a. von Max Ingrand. Westlich des Gotteshauses steht der frei stehende sechseckige Glockenturm, im Volksmund »La Flèche«, der Pfeil, genannt. Eine Besteigung des 114 m hohen Turms ist bis zu einer Höhe von 47 m möglich.

Place Meynard, Turm und Krypta Apr.–Okt. tgl. 10–12, 13–18 Uhr

Anreise

Berlin:	3:55 h (Flug)
Frankfurt:	8:36 h (Bahn)
München:	1:55 h (Flug)
Zürich:	8:50 h (Bahn)
Wien:	4:30 h (Flug)

34 Straßburg

Auch wer nicht schwindelfrei ist, sollte auf die Plattform des Münsters steigen. Sind die 323 Stufen genommen, liegt einem die Stadt zu Füßen, ihre Gassen, Prachtstraßen und Kanäle, mit Vogesen und Schwarzwald als Hintergrund. Straßburg ist weltpolitisch kein Machtzentrum. Aber im Gebilde Europas eine Hauptstadt, prädestiniert dafür durch ihre Geschichte wie keine zweite. In den Zerreißproben zwischen Deutschland und Frankreich musste sie viermal die Seiten wechseln. Zwischen 1871 und November 1944, als die Trikolore auf dem Straßburger Münster den Sieg über das nationalsozialistische Joch verkündete. Auf den Trümmern des Zweiten Weltkriegs entstand das moderne Europa, in dessen Geschichte Straßburg eine Hauptrolle spielt. Auf dieser Geschichte ist Straßburgs kulturelle Vielfalt und Offenheit gebaut, die am Rande des zentralistischen Frankreichs nicht selbstverständlich ist. Die Kulturszene der Stadt schaut über die Grenzen. Am Théâtre National de Strasbourg, einziges Staatstheater in Frankreichs Provinz, helfen deutsche Untertitel beim Verständnis. In Straßburg sind viele Sprachen zu hören, schon der Europaparlamentarier wegen.

Idylle pur: das Viertel Petite France mit seinen vielen Cafés.

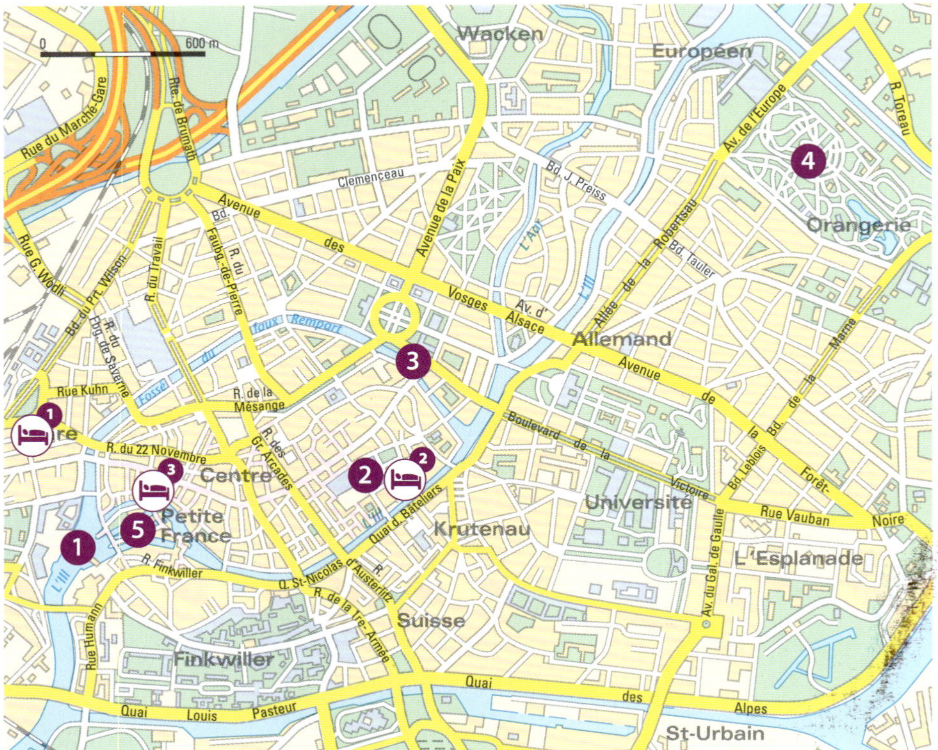

LEGENDE

1 Barrage Vauban
2 Cathédrale Notre-Dame
3 Musée Tomi Ungerer
4 Parc de l'Orangerie
5 Petite France
Le Graffalgar
Hôtel Suisse
Régent Petite France

Beste Reisezeit

Besonders angenehm sind Frühjahr und Herbst, dafür ist in der Ferienzeit mit weniger Verkehr rund um Straßburg zu rechnen. Stimmungsvoll sind auch die Weihnachtsmärkte in der Innenstadt, die kurz vor dem ersten Advent beginnen.

1 Barrage Vauban

Das Wehr entstand im 17. Jh. zur Verteidigung. Bei Gefahr konnten die Schleusentore herabgelassen und so der südliche Verteidigungsgürtel der Stadt geflutet werden. Auf der Terrasse blickt man wunderbar auf die vier Türme der Ponts Couverts, auf die Altstadt bis hin zum Münster.

Pl. du Quartier Blanc, tgl. 9–21 Uhr

2 Cathédrale Notre-Dame

Das Münster ist zu Recht weltberühmt, v. a. wegen seiner Hauptfassade mit den Portalstatuen, der Fensterrose und dem 142 m hohen Turm, der bis zum 19. Jh. als höchster Turm der Christenheit galt, und im Inneren wegen der Astronomischen Uhr. Die romanische Krypta und die halbrunde Apsis sind bis heute erhalten. Um 1225 revolutionierten Steinmetze, die zuvor an der gotischen Kathedrale von Chartres mitgewirkt hatten, den Straßburger Skulpturenstil. Es entstanden der Engelspfeiler und die ritterlich vornehmen und mit geschmeidigen Körpern ausgestatteten Figuren der Ecclesia und Synagoge am Querschiffportal des Münsters. Noch im 13. Jh. sahen die Pläne des Straßburger Münsters eine Zweiturmfassade vor, eine Form, die jedoch in der Spätgotik aufgegeben wurde. Bis heute ist nicht zweifelsfrei geklärt, warum der zweite Turm nie gebaut wurde.

Pl. de la Cathédrale, tgl. 7–11.20, 12.40–19 Uhr, www.cathedrale-strasbourg.fr

3 Musée Tomi Ungerer

Das Tomi Ungerer Museum – »Internationales Zentrum für Illustration« – zeigt in einer Gründerzeitvilla Werke und Sammlungen des wohl bekanntesten Straßburger Künstlers. Die Exponate sind Teil einer Schenkung des Karikaturisten und Kinderbuchautors an seine Geburtsstadt.

2, av. de la Marseillaise, Mi–Mo 10–18 Uhr, www.musees.strasbourg.eu

15 m umfasst der Durchmesser der Fensterrose am Straßburger Münster.

4 Parc de l'Orangerie

Nicht nur Abgeordnete finden den Weg hierher. Für einen Ausflug ins Grüne, Joggen und Spaziergänge ist er bei vielen Straßburgern die erste Wahl: weitläufig, grün und mit elegantem Flair. Die 26 ha große Anlage wurde im 17. Jh. nach einem Plan des Gartenarchitekten König Ludwig XIV. angelegt. Zur Orangerie gehören auch ein See mit Ruderbooten und ein kleiner Zoo mit Affen und Vögeln.

Av. de l'Europe

Anreise

Berlin:	6:26 h	Bahn
Frankfurt:	2:00 h	Bahn
München:	3:45 h	Auto
Zürich:	2:37 h	Bahn
Wien:	7:45 h	Auto

5 Petite France

Was früher einmal ein eher ungemütliches Handwerkerviertel war, gehört heute zum Malerischsten, was Straßburg zu bieten hat. Im Petite France blieb das Erbe der Färber und Gerber im Straßenbild erhalten. Dicht an dicht stehen die zuweilen sehr geduckten, schiefen Fachwerkhäuser an der Ill, in den offenen Dachstühlen hängten die Gerber früher Felle und Häute auf. Heute flaniert man hier durch eine Art Freilichtmuseum mit Fußgängerzone.

Rund um den Quai de la Petite France

Hotels

Le Graffalgar

Jedes der 38 Zimmer wurde von einem anderen Künstler gestaltet. Mal wurden die Wände mit Graffiti, mal mit illusionistischen Wandmalereien, mal mit Fotokunst verschönert. Möbliert sind sie schlicht und funktionell. Die Preise sind angemessen, Ausstattung und Service tadellos.

17, rue Déserte, www.graffalgar-hotel-strasbourg.com, Tel. +33 388 24 98 40, DZ ab 100 €

Hôtel Suisse

Das charmante Hotel mitten in der »Grande-Île«, der Altstadt, hat behaglich eingerichtete Zimmer zum Wohlfühlen. Elsässisch und modern zugleich. Der Empfang ist freundlich; die Lage top, direkt neben dem Münster.

2/4, rue de la Râpe, www.hotel-suisse.com, Tel. +33 388 35 22 11, DZ ab 89 €

Couvent du Franciscain

Das Hotel liegt wenige Minuten von der Place de la République und der Place Broglie entfernt und ist dennoch ruhig. Die Zimmer sind funktionell eingerichtet, der Frühstücksraum befindet sich in einer Art Gewölbekeller. Gäste, die mit dem Auto anreisen, können den hoteleigenen Parkplatz (kostenpflichtig) nutzen. Insgesamt bietet das Drei-Sterne-Hotel ein sehr gutes Preis-Leistungs-Verhältnis.

18, rue du Faubourg de Pierre, www.hotel-franciscain.net, Tel. +33 388 32 93 93, DZ ab 65 €

35 Provence

Marseille, die lebensfrohe Hafenstadt in der Provence, ist Frankreichs Tor nach Afrika ist. Am Fuß der Hügel, die diese Metropole umgeben, liegen 57 km Küste. Ihr vorgelagert sind die vier Frioul-Inseln, deren größere wunderbare Strände haben. Die berühmteste ist wohl die winzige Île d'If, mit dem Gefängnis aus Alexandre Dumas' »Graf von Monte Christo«. 2013 war Marseille Europas Kulturhauptstadt, und wer Kultur sucht, wird sie hier reichlich finden, nicht zuletzt in zahlreichen Museen. Eines der interessantesten ist das MuCEM in einem supermodernen Gebäude-Ensemble an der nördlichen Einfahrt des alten Hafens. Frankreichs bislang einziges Nationalmuseum, das nicht in Paris steht, widmet sich den Zivilisationen Europas und des Mittelmeerraums. Einen besseren Standort dafür gibt es kaum. Ins nähere Umland locken die Calanques, die tiefblauen Felsenbuchten südlich von Marseille, mit ihren abgelegenen Stränden. Oder, völlig gegensätzlich, der Parc Naturel Regional de Camarque, ein Naturschutzgebiet im Rhone-Delta, flach ausgedehnt, mit frei lebenden Pferden und Stieren. Unausrottbar scheint übrigens die Mär, man müsse fließend Französisch sprechen. Dabei sind viele Franzosen sehr geduldig, wenn man nur geringe Kenntnisse ihrer Sprache hat. Und wer sich – in Marseille oder einem provenzalischen Dorf – abends mit entsprechenden Kugeln einem Bouleplatz nähert, erhält auch ohne ein Wort Französisch die Chance, zum Spiel eingeladen zu werden und wird sicher gerne wiederkommen.

Die Calanque d'En Vau zählt zu den schönsten Buchten Südfrankreichs.

LEGENDE

1. Calanques
2. Grand Canyon du Verdon
3. MuCEM, Marseille
4. Parc Naturel de Camargue
5. Plage Sainte-Estève, Marseille

- Hotel 1: Au vieux Panier
- Hotel 2: La Bastide de Moustiers
- Hotel 3: Cacharel Hôtel

Beste Reisezeit

Frühjahrsurlauber, die in der Provence mit Frühsommertemperaturen rechnen, sind oft enttäuscht, weil Regen und Mistral bis in den Mai hinein für kühle Temperaturen sorgen können. Ab Pfingsten etwa kann man von stabilen Schönwetterlagen ausgehen.

1 Calanques

Nur wenige Kilometer südlich der lauten und geschäftigen Hafenmetropole Marseille befinden sich überraschende Ruheoasen: die Calanques. Die zauberhaften kleinen und kleinsten Meeresbecken mit smaragdgrünem Wasser sind von bis zu 400 m hohen Kalksteinklippen umgeben. Winzige, teils sandige Strände schließen die fjordartigen Buchten ab. Beliebt sind die Calanques nicht nur bei Ausflüglern, sondern vor allem bei Tauchsportlern. Die Unterwasserwelt ist sehr vielfältig, da die Wasserqualität trotz der Nähe zur Großstadt hervorragend ist.

Zwischen Marseille und Cassis

2 Grand Canyon du Verdon

Im Grand Canyon du Verdon zerschneidet der Fluss die Landschaft bis zu 700 m tief, teilt die Alpen von der Provence, zerklüftet Felsen, fordert Alpinisten und Kanuten heraus, bewahrt Adlern aber ungestörte Nistmöglichkeiten. In Europa gibt es kaum ein fantastischeres Naturwunder.

Nordwestlich von Moustiers

3 MuCEM, Marseille

Das »Musée des Civilisations de l'Europe et de la Méditerranée« (MuCEM) an der Einfahrt zum alten Hafen von Marseille zeigt alle Facetten des mediterranen Traumes vom 18. bis zum 21. Jh., nicht nur in Ausstellungen, sondern auch in Debatten, Filmen, Veranstaltungen. Die meisten Besucher sind schon beeindruckt, bevor sie das Museum überhaupt betreten haben, schließlich hat Architekt Rudy Ricciotti einen supermodernen Kubus entworfen, der von einem Sonnenlicht filternden Fiberglasnetz umschlossen ist.

Esplanade du J4, Mai–Juni, Sept./Okt. Mi–Mo 11–19, Juli/Aug. 10–20, Nov.–Apr. 11–18, Mai–Okt. Fr. bis 22 Uhr, www.mucem.org

Der Neubau des MuCEM, den ein Betonsteg mit dem Fort St.-Jean verbindet, ist der architektonische Höhepunkt am alten Hafen von Marseille.

4 Parc Naturel de Camargue

86 300 ha groß ist das Gebiet zwischen Großer und Kleiner Rhône, das sich seit 1972 Naturpark nennen darf. Durch Küstenströmungen sind herrliche Lagunen entstanden, südlich von Arles über Saintes-Maries-de-la-Mer erstrecken sich endlose Sandstrände bis nach Le Grau-du-Roi im Westen. Ein Paradies für Tiere und Naturliebhaber und ein einzigartiges Ökosystem mit Salzseen, Reisfeldern und Sumpfwiesen.

www.parc-camargue.fr

5 Plage Sainte-Estève, Marseille

Im Hafen von Marseille empfiehlt es sich, dem Wasser fern zu bleiben, aber rund um die Stadt liegen einige schöne Badeplätze. Plage Sainte-Estève heißt der originellste Strand, denn er befindet sich auf der Inselgruppe von Frioul und ist per Schiff vom alten Hafen in 30 Minuten erreichbar.

Schiffe fahren regelmäßig vom Quai de Belges.

Anreise

Berlin:	3:30 h	Flug
Frankfurt:	1:30 h	Flug
München:	1:30 h	Flug
Zürich:	6:12 h	Bahn
Wien:	3:30 h	Flug

Hotels

Au vieux Panier
Das Gästehaus in Marseilles historischem Panierviertel stammt aus dem 18. Jh. Jedes der sechs Zimmer wurde von einem anderen Künstler gestaltet. Einen schönen Blick über die Stadt hat man von der Dachterrasse.
13, rue du Panier, Marseille,
www.auvieuxpanier.com,
Tel. + 33 491 91 23 72, DZ ab 85 €

La Bastide de Moustiers
In der Nähe der Verdonschlucht, dennoch abseits touristischer Routen und in ruhiger Lage, liegt dieses gepflegte Gasthaus inmitten eines Gartens voll Lavendel. Die Zimmer sind im provenzalischen Stil eingerichtet. Auch empfehlenswert: das dazugehörige Restaurant mit einer kleinen, aber feinen Auswahl an Gerichten aus heimischen Produkten.
Chemin de Quinson, Moustiers,
www.bastide-moustiers.com,
Tel. +33 492 70 47 47, DZ ab 215 €

Cacharel Hôtel
Dieses außergewöhnliche Drei-Sterne-Hotel liegt inmitten der Stille und Weite der Camargue, ca. 5 km von Les Saintes Maries de la Mer entfernt. Die 17 Zimmer sind in einem rustikalen Stil gehalten, es gibt einen Pool. Im Hotel können von einem Hirten geführte Ausritte gebucht werden.
Route de Cacharel, Les Saintes Maries de la Mer, www.hotel-cacharel.com,
Tel. + 33 490 97 95 44, DZ ab 144 €

36 Porto

Ein grandioses Gesamtkunstwerk und nach wie vor so etwas wie ein Geheimtipp: Porto, die »heimliche Hauptstadt« Portugals. Vom Ufer des Douro, der hier in den Atlantik mündet, zieht sich die Stadt weit hinauf in die Hügel. Alte Trambahnen und gläserne Aufzüge überwinden die Höhenunterschiede. Malerische Bauten, enge Gassen und prachtvolle Plätze bezaubern. Wer die 225 Stufen des barocken Torre dos Clérigos erklimmt, wird mit einem herrlichen Rundblick über die charmante nordportugiesische Stadt belohnt. Mit der Hauptstadt im Süden rivalisiert man seit Jahrhunderten. Während in Lissabon die politische Macht angesiedelt war (und ist), gaben in Porto Kaufleute und Kirchenherren den Ton an. Prunkvollste Häuser der Stadt sind daher auch Börsenpalast und Bischofsresidenz. Noch heute ist der Einfluss alteingesessener Patrizierfamilien groß. Ihren Wohlstand begründet hat vielfach das »flüssige Gold« der Stadt: »Port«. Der schwere Südwein, der in ganz unterschiedlicher Farbe und Süße produziert wird – von blassgelb bis tiefrot, von sehr süß bis extra trocken – ist weiterhin eines der wichtigsten Handelsgüter. Von Porto aus geht er in alle Welt. Doch nirgendwo schmeckt Portwein besser als in der Stadt, die ihm den Namen gibt.

Wie bunt durcheinander gewürfelt drängen sich Portos Häuser über dem Cais da Ribeira an den Hang.

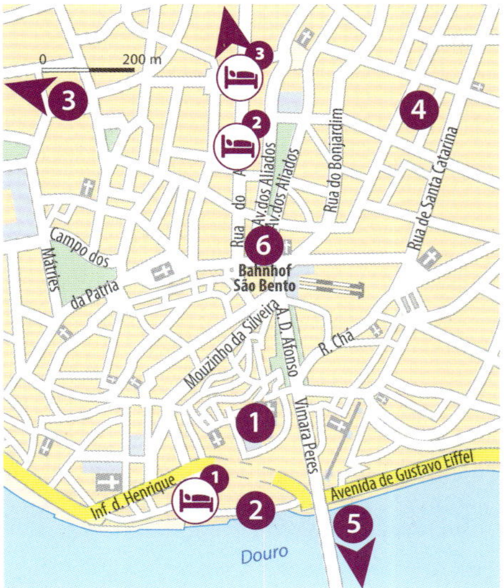

LEGENDE

- ❶ Bairro da Sé
- ❷ Cais da Ribeira
- ❸ Casa da Música
- ❹ Mercado do Bolhão
- ❺ Portweinprobe
- ❻ Praça da Liberdade
- Hotel 1: Pestana Porto
- Hotel 2: Residencial Pão de Açúcar
- Hotel 3: Residencial Rex

❶ Bairro da Sé

Das Bairro da Sé ist das älteste und volkstümlichste Stadtviertel. Der Verfall des historischen Ensembles, Welterbe der Unesco, wurde durch ein vorbildliches Instandsetzungsprogramm aufgehalten, das streng am Erhalt des Bestands orientiert ist. Die Kathedrale Sé thront auf dem höchsten Punkt des granitenen Altstadtfelsens. Im 12. Jh. war sie eine Wehrkirche. Trotz späterer Umbauten ist der massige Festungscharakter des Gründungsbaus in der Außenansicht erhalten. Von eindrucksvoller Düsterkeit ist das strenge romanische Langhaus. Kostbarstes Objekt der Sé ist der barocke Sakramentsaltar aus 800 kg getriebenem Silber. Reizvoller erscheint aber der kleine gotische Kreuzgang (14. Jh.) mit Azulejos aus dem Rokoko. Ein langer Treppensteig zieht sich am nackten Felshang von der Sé hinunter zum Largo do Colégio mit der imposanten Schaufassade der ehemaligen Jesuitenkirche dos Grilos (17. Jh.).

Kathedrale: Terreiro da Sé, tgl. 9–12.30 und 14.30–18 Uhr, Sommer bis 19 Uhr

❷ Cais da Ribeira

Der pittoreske Cais da Ribeira am ehemaligen Flusshafen ist eine Besucherattraktion. Er liegt neben der eleganten, 395 m langen Eisenbrücke Dom Luís I von Teófilo Seyrig, einem Schüler Gustave Eiffels, von der man einen Postkartenblick auf die am Granitfels klebende Altstadt hat. Wieder unten angekommen, setzt man sich am besten in eines der Cafés, die sich in den höhlenartigen Lauben der granitenen Kaimauer reihen. Von hier bietet sich eine ebenfalls schöne Aussicht auf die Brücke und den Douro. Wer dann noch einmal den Blickwinkel wechseln möchte, steigt am besten in eines der Schiffe am Cais da Ribeira. Die Flussrundfahrten führen unter den sechs Brücken hindurch insgesamt eine Stunde flussauf- und flussabwärts.

Flussrundfahrten: mehrmals tgl. zwischen 10 und 18.30 Uhr

❸ Casa da Música

Portos Musiktempel zieht auch Fans moderner Architektur an – es gibt Führungen durch das 2005 eröffnete Konzerthaus, entworfen vom Niederländer Rem Koolhaas. Ebenfalls empfehlenswert ist das Restaurant mit Dachterrasse.

Avenida da Boavista 604, tgl. 9.30–19, So bis 18 Uhr, Führungen: 11 und 16 Uhr, www.casadamusica.com

❹ Mercado do Bolhão

An den Ständen unter einer umlaufenden Galerie werden Obst, Gemüse, Fleisch, Fisch, Gebäck und andere Spezialitäten angeboten. Ein Markt, wie er sein muss.

Zwischen Rua Formosa und Fernandes Tomás, Mo–Fr 7–17, Sa 7–13 Uhr

❺ Portweinprobe

Auf der südlichen Seite des Douro, in Vila Nova de Gaia, befinden sich die Lagerhallen der großen Portwein-Fab-

Beste Reisezeit

Der Tag des hl. João (24. Juni) wird mit Prozessionen, Feuerwerk, Folkloredarbietungen und einer Regatta der Rabelos, der historischen Portweinboote, begangen. Wer neben Sightseeing im Atlantik baden will, sollte Porto von Juni bis Aug. besuchen.

Hotels

Pestana Porto
Das stilvolle Hotel im Zentrum der Altstadt umfasst mehrere historische Bauten, welche allesamt zum Unesco-Weltkulturerbe gehören. Man hat eine schöne Aussicht auf den Douro. Auch Bootstouren entlang des Flusses sind möglich, da ein Abfahrtsplatz direkt vor dem Hotel liegt. Als Gast kommt man in den Genuss eines aufmerksamen und freundlichen Services.
Praça da Ribeira 1, www.pestana.com, Tel. +351 22 340 23 00, DZ ab 165 €

Residencial Pão de Açúcar
Gepflegtes kleines Hotel mit 50 Zimmern in altportugiesischem Charme. Besonders schön ist die Art-déco-Wendeltreppe. Das Hotel ist gleichzeitig ein kleines Museum: Man findet dort Vintage-Gegenstände und nostalgische Autoscooterfahrzeuge.
Rua do Almada 262, www.paodeacucar-hotel.pt, Tel. +351 22 2 00 24 25, DZ ab 110 €

Residencial Rex
Zwar schon etwas in die Jahre gekommene, aber dennoch ansprechende Jugendstilvilla an einem der schönsten Plätze Portos mit familiärem Charme und fairen Preisen. Die Zimmer sind geräumig, sauber, das Frühstück kostengünstig und die Lage gut, man erreicht schnell die Altstadt.
Praça da República 117, www.rexhotel-porto.com, DZ ab 30

Der Mercado do Bolhão, der größte Lebensmittelmarkt Portos, versprüht typisch portugiesischen Charme.

rikanten. Von hier werden die Süßweine seit Jahrhunderten verschifft, während die Weinberge ca. 100 km stromaufwärts über dem Douro-Tal liegen. Die Holzfässer und Flaschen unterschiedlichster Größen und verschiedenster Altersstufen können gegen eine geringe Gebühr besichtigt werden. Anschließend kostet man einige erlesene Portweine. Eine gute Adresse dafür ist etwa die Portweinkellerei Ramos Pinto.

Ramos Pinto: Avenida de Ramos Pinto 400, Apr. Mo–Fr 10–18, Mai–Okt. tgl. 10–18, Nov. bis März Mo–Fr 9–17 Uhr, www.ramospinto.pt

6 Praça da Liberdade

Die Praça da Liberdade, der weite Platz am unteren Ende der ansteigenden Renommierstraße Avenida dos Aliados, ist mit seinen imposanten Bauten vom Anfang des 20. Jh. Mittelpunkt des Geschäftszentrums und ein zentraler Ausgangsort für Stadtspaziergänge. Den oberen Abschluss der Avenida dos Aliados bildet das Rathaus (Câmara Municipal) aus Granit, 1929–1948 im Stil flämischer Paläste erbaut, mit einem 70 m hohen Glockenturm. Vom unteren Ende ist es nicht weit zum Bahnhof São Bento mit seinen riesigen Azulejo-Bildwänden von 1930 in der Eingangshalle. Auf 20 000 Fliesen stellte der Maler Jorge Colaço das Leben und die Geschichte Portugals dar.

Bahnhof: tgl. 5–1 Uhr

Anreise

Berlin:	5:00 h
Frankfurt:	2:40 h
München:	3:05 h
Zürich:	2:35 h
Wien:	5:00 h

Die Standseilbahn Elevador da Bica führt seit 1892 im Bairro Alto durch die steile Rua da Bica do Duarte Belo.

37 Lissabon

Eine Stadt zum Verlieben, das ist Lissabon schon auf den ersten Blick. Allein die Lage ist traumhaft. Wo der Tejo in den Atlantik mündet, ziehen sich die Altstadtviertel am Fluss entlang über zahlreiche Hügel und Taleinschnitte. Lissabon, die Schöne, ist eine Verführerin, die ständiges Auf und Ab verlangt. Immerhin überwinden museumsreife Straßenbahnen selbst kühnste Steigungen, verbinden Standseilbahnen und sogar ein spektakulärer Fahrstuhl die Höhenunterschiede. Eine frische Meeresbrise durchweht die Gassen, in denen alte Traditionen lebendig geblieben sind und neue Trends geboren werden. Hinter kunstvoll mit Azulejo-Fliesen geschmückten Fassaden erklingt, etwa im Alfama- oder Bairro-Alto-Viertel, allabendlich der melancholische Fado. Lissabons Seele. Dazu gehören inzwischen aber auch die hippen Clubs am Tejo, wo eine quicklebendige, vor Kreativität sprühende Szene die Nächte durchtanzt. Die portugiesische Hauptstadt vibriert vor Kreativität. Für Graffitikünstler hat die Stadt eine ungeheure Attraktivität. Leer stehende Häuser, Mauern, Fabrikwände werden mit Graffitis gestaltet. Sie sind zu einem neuen Markenzeichen der Stadt geworden Dass Aufbruchstimmung und globale Ambitionen in Lissabon nichts Neues sind, wird im Stadtteil Belém am alten Hafen deutlich. Dort ist man darüber hinaus mit einer süßen Verführung konfrontiert, der man unbedingt nachgeben sollte: sündhaft leckere Blätterteigpasteten in der »Pastelaria de Belém« – auch die: einfach zum Verlieben.

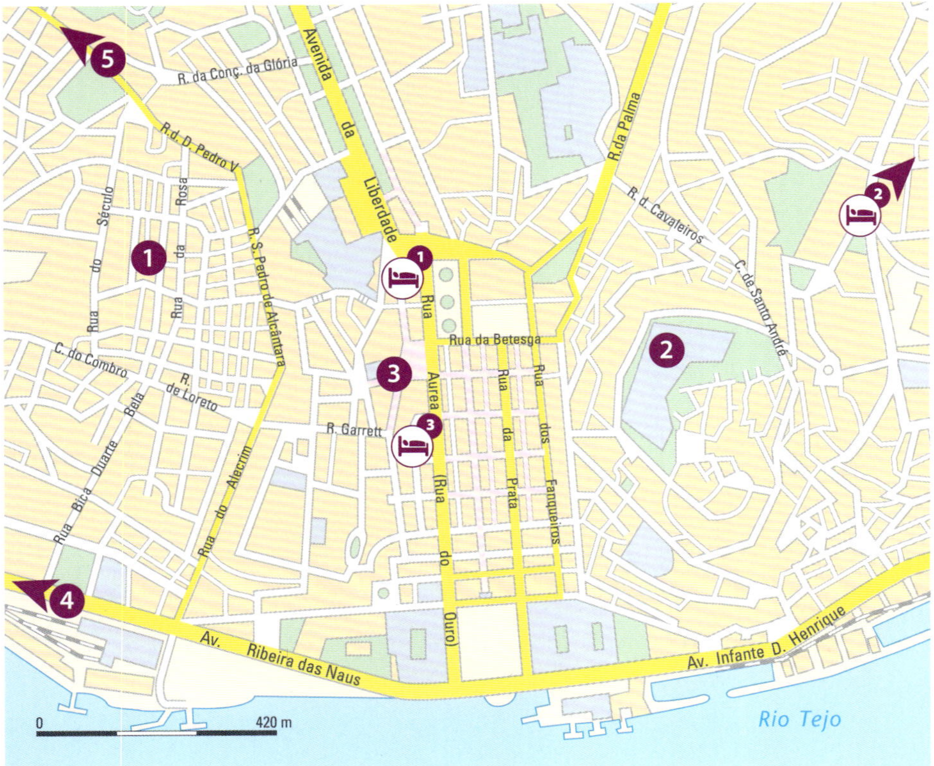

LEGENDE

1. Bairro Alto
2. Castelo São Jorge
3. Elevador Santa Justa
4. Hieronymuskloster in Belém
5. Sintra

Hotel 1 Avenida Palace
Hotel 2 Casa Costa do Castelo
Hotel 3 Living Lounge Hostel

Beste Reisezeit

Eher ungewöhnlich, aber umso stimmungsvoller ist es, die Metropole am Tejo im Winter zu besuchen. Mit ein wenig Glück ist es sonnig klar, mit strahlendem Licht, das die Farben der Hausfassaden leuchten lässt.

1 Bairro Alto

In dem Viertel westlich der Innenstadt pulsiert das Leben – vor allem nachts. Das Bairro Alto ist verrucht, mondän, so traditionell portugiesisch wie exotisch, verrückt und romantisch – alles zugleich. Am späten Nachmittag entfaltet sich im tiefer stehenden Licht der Charme dieses Viertels. Das Bairro Alto gähnt und streckt sich, es ist noch ein wenig schläfrig, vielleicht gar verkatert, aber bereit, sich hübsch zu machen für eine weitere lange Nacht. Vom Miradouro São Pedro de Alcantâra hat man die schönste Aussicht auf den Burgberg und den Osten der Stadt, ganz besonders am späten Nachmittag, wenn das Sonnenlicht den Hügel in warmen Farben erstrahlen lässt.

Zwischen Rua do Século im Westen und Rua Dom Pedro V im Nordosten

2 Castelo São Jorge

Auf dem 112 m hohen Burgberg bauten die Mauren im 11. Jh. eine Festung. Die strategisch gute Lage ist unmittelbar ersichtlich – der Blick erstreckt sich weit über den Tejo. Heute genießt man von hier oben einfach diese prächtige Aussicht auf das enorm gewachsene Lissabon und den Fluss, geht auf den Mauern spazieren, schaut sich die Funde aus der Zeit des 8. bis 18. Jh. im Archäologischen Museum an. Man sollte sich Zeit nehmen für die Anlage mit ihren kleinen Grünbereichen, den Pfauen und den Kunsthandwerkern.

Rua de Santa Cruz, Nov.–Feb. 9–18, März bis Okt. bis 21 Uhr, www.castelodesaojorge.pt

3 Elevador Santa Justa

Es ist der einzige historische Aufzug der Stadt, 1902 eingeweiht, eine Konstruktion von Raoul Mesnier de Ponsard, einem Schüler Eiffels. Oben auf der umlaufenden Galerie hat man eine schöne Aussicht auf

Der Palácio da Pena, ein farbenfrohes Märchenschloss in Sintra.

die Baixa, den Burghügel und die Ruine der Carmo-Kirche gleich gegenüber vom Aufzug Santa Justa.

Rua do Ouro, tgl. 7–22, Mai–Okt. bis 23 Uhr

4 Hieronymuskloster in Belém

Die Klosteranlage in Belém, 6 km westlich der Innenstadt, gehört unverzichtbar zu einem Lissabonbesuch. Sie ist der große steinerne Zeuge der glanzvollen Zeit der portugiesischen Seefahrt und des Reichtums, der Portugal durch Gewürz-, Gold- und Sklavenhandel zufiel. Hier, vom Hafen Restelo, brach Vasco da Gama 1497 auf, den Seeweg nach Indien zu finden.

Praça do Imperio, Okt.–Apr. 10–17.30, Mai–Sept. bis 18.30 Uhr, www.mosteirojeronimos.pt

Anreise

Berlin:	3:40 h	✈
Frankfurt:	3:00 h	✈
München:	3:10 h	✈
Zürich:	2:40 h	✈
Wien:	3:35 h	✈

5 Sintra

Die Kleinstadt, gut 20 km westlich von Lissabons Zentrum, beherbergt eine einzigartige Kulturlandschaft der Romantik, die seit 1995 zum Welterbe gehört. Neben dem Palácio da Pena ist der immer noch etwas verwunschene Palácio de Monserrate sehenswert. In seinem Park haben seit Mitte des 19. Jh. mehr als 3000 Pflanzenarten aus aller Welt zusammengefunden.

www.parquesdesintra.pt

Hotels

Avenida Palace
Das Avenida Palace ist das letzte Grand Hotel Lissabons. Entworfen hat es José Luís Monteiro, eröffnet wurde es 1892. Der Stil der Zeit wird im gesamten Haus, in den 82 Zimmern und Suiten, gewahrt und nirgendwo gebrochen.
Rua 1 Dezembro, www.hotelavenidapalace.pt, Tel. +351 21 321 81 00, DZ ab 156

Casa Costa do Castelo
Highlights des Hotels sind die fantastische Aussicht und ein terrassierter Garten mit Zitronenbaum, Blumen, Wiese und Holzstühlen für die Gäste. Das Hotel liegt direkt unter dem Castelo de São Jorge, zentral in Lissabon. Die Zimmer sind mit historsischen Dielenböden und Stuckdecken gemütlich und komfortabel eingerichtet.
Rua Costa do Castelo 54, www.c-c-castelo.com, Tel. +351 21 882 26 78, DZ ab 90 €

Living Lounge Hostel
Das Angebot richtet sich vor allem an ein junges, internationales Publikum mit kleinem Budget. Das Hostel liegt zentral in der Altstadt, ist modern gestaltet und hat Zimmer für zwei sowie für vier bis acht Personen. Bäder auf den Fluren. Gemeinschaftsküche, Internet- und DVD-Raum.
Rua do Crucifixo 116, www.livinglougehostel.com, Tel. +351 21 346 10 78, DZ ab 22 €

39 Andalusien

Orient und Okzident – hier sind sie auf einzigartige Weise verschmolzen. Über Jahrhunderte, insbesondere im »Goldenen Zeitalter« der toleranten Maurenreiche des Mittelalters, verbanden sich römische, arabisch-islamische, sephardisch-jüdische und kastilisch-christliche Einflüsse zu einer faszinierenden kulturellen Symbiose. Andalusien reizt zu längeren Reisen, doch selbst wenige Tage können ausreichen, in seine Faszination einzutauchen. Dann darf die imposante Festungs- und Palastanlage der Alhambra nicht fehlen, die majestätisch über Granada thront, und die atemberaubende Mezquita in Córdoba – einst Moschee, nun katholisches Gotteshaus – mit ihrem Säulenwald sowie die märchenhafte Altstadt der andalusischen Kapitale Sevilla mit ihrer gewaltigen Kathedrale. Dabei will Andalusien nicht nur betrachtet, sondern mit allen Sinnen erlebt werden. Einschließlich der hinreißenden kulinarischen Spezialitäten, die über Tapas weit hinausgehen. Der eine oder andere Sherry gehört natürlich dazu. Sinnlich erfahrbar wird Andalusien nicht zuletzt beim Flamenco: Vielfältige kulturelle Traditionen haben sich zu einer temperament- und charaktervollen Komposition verbunden, die begeistert. Olé!

Postkartenreif: die Aussicht vom Mirador de San Nicolas auf die Alhambra, dahinter die schneebedeckten Gipfel der Sierra Nevada.

LEGENDE

1. Alhambra, Granada
2. Altstadt von Sevilla
3. Mezquita, Córdoba
4. Weiße Dörfer der Sierra de Grazalema

1. Alcoba del Rey de Sevilla
2. Carmen del Cobertizo
3. Las casas de la Judería

Beste Reisezeit

Die besten Besuchsmonate sind April, Mai/Juni und Sept.–Nov. Im Mai und Okt. ist wenig los an den Stränden und man kann schon/noch gut baden. Eines der wichtigsten Feste, v. a. in Sevilla, ist die Semana Santa, die Osterwoche, mit ihren feierlichen Prozessionen.

1 Alhambra, Granada

Die spektakuläre Alhambra wurde 1238 bis 1391 als Residenz der Dynastie der Nasriden erbaut. Die Nasriden herrschten bis 1498 über das Königreich von Granada. Von außen sieht man der Alhambra ihre militärische Funktion deutlich an. Ihre Mauern und Türme und v. a. der Torre de Homenaje, der herrliche Blicke über die Stadt bietet, lassen die Palastanlage als mächtige Festung erscheinen und verstecken die verspielten Gärten und Paläste, die als irdisches Paradies entworfen wurden. Im Inneren der Alhambra kommt man sich vor wie in einem Märchen aus Tausendundeiner Nacht, und die Paläste, Gärten, Brunnen und Bäder folgen einander in solcher Dichte, dass es scheint, als existiere das arabische Andalusien noch.

Calle Real de la Alhambra s/n, Mitte März–Mitte Okt. tgl. 8.30–20, Di–Sa. 22–23.30, Mitte Okt.–Mitte März 8.30–18, Fr/Sa 20–21.30 Uhr, www.alhambra-patronato.es

2 Altstadt von Sevilla

Die Lebensfreude der Bewohner, ihr architektonischer Reichtum und die weltberühmten Sehenswürdigkeiten machen Sevilla zur Quintessenz Andalusiens. Einige der Sehenswürdigkeiten stammen aus der Zeit der arabischen Herrschaft, aber v. a. war es Sevillas Rolle als Hafen und Tor zur Neuen Welt, die der Stadt einen unerhörten Reichtum bescherte. Auch wenn sie als größtes gotisches Gotteshaus der Christenheit betrachtet wird, ist die Kathedrale in Wirklichkeit eine Sammlung vieler Baustile – ein gutes Beispiel dafür ist die 94 m hohe Giralda: Ursprünglich ein Minarett, wurde sie in der Renaissance zum Glockenturm umgebaut. Das Hauptwerk des Baustils des andalusischen Regionalismus ist die Plaza de España. Sie nimmt, flankiert von hohen Türmen, einen Halbkreis von 170 m Durchmesser ein.

Kathedrale: Av de la Constitución s/n, www.catedraldesevilla.es

Erholung und Romantik: eine Ruderbootfahrt auf dem Kanal der Plaza de España in Sevilla.

3 Mezquita, Córdoba

Mit dem Bau der großen Moschee wurde 784 begonnen. Die im Laufe der Jahre folgenden Erweiterungen machten aus ihr die zweitgrößte Moschee der Welt, die nur von der Mekkas übertroffen wurde. Die Mezquita ist ein atemberaubender Säulenwald, in dem auch römische Einflüsse zu erkennen sind. Viele der Säulen und Kapitelle stammen aus früheren römischen Gebäuden und die Bögen erinnern an römische Aquädukte. Nach der christlichen Eroberung im Jahr 1236 wurde die Moschee zur katholischen Kathedrale, 1523 begann man mit dem Bau einer Basilika.

Calle del Cardenal Herrero 1, Mo–Sa 10–18, So 8.30–11.30 und 15–18 Uhr, März–Okt. tgl. bis 19 Uhr, www.catedraldecordoba.es

Anreise (über Málaga)

Berlin:	3:20 h
Frankfurt:	2:55 h
München:	2:55 h
Zürich:	2:35 h
Wien:	3:15 h

4 Weiße Dörfer der Sierra de Grazalema

Sie sind eine bestimmte Gruppe von Dörfern mit weißen Häuschen inmitten eines schroffen Kalksteingebirges in der Provinz Cádiz um und in dem Naturpark Sierra de Grazalema. Grazalema ist z. B. ein guter Ausgangspunkt für Ausflüge zu den anderen Orten der Umgebung, etwa Zahara de la Sierra, Ubrique oderEl Gastor.

www.cadizturismo.com

Hotels

Alcoba del Rey de Sevilla
Das Alcoba del Rey ist ein kleines Boutique-Hotel im Stadtteil Macarena. Das Haus ist im arabischen Stil mit marokkanischen Möbeln, Fliesen, Kupferwannen und wunderschönen Spiegeln eingerichtet – ein Traum aus 1001 Nacht.
Calle Bécquer 9, Sevilla, www.alcobadelrey.com, Tel. +34 95 491 58 00, DZ ab 81 €

Carmen del Cobertizo
Ein Carmen ist ein traditionelles granadisches Haus, das immer von einem Garten umgeben ist. Das Hotel stammt aus dem 16. Jh. und bietet seinen Gästen fünf Zimmer und einen romantischen Garten. Von der Suite genießt man einen unbezahlbaren Blick auf die Alhambra.
Calle Cobertizo de Santa Inés 6, Granada, www.carmendelcobertizo.es, Tel. +34 958 22 76 52, DZ ab 164 €

Las casas de la Judería
Das Hotel liegt mitten in der Altstadt Córdobas und besteht aus mehreren Gebäuden aus dem 17. und 18. Jh., die liebevoll renoviert und zum Hotel umgebaut wurden. Das Haus ist mit Antiquitäten und echtem cordobesischem Kunsthandwerk eingerichtet und verfügt über mehrere idyllische Patios sowie ein Schwimmbad.
Calle alle Tomás Conde 10, Córdoba, www.lascasasdelajuderiadecordoba.com, Tel. +34 957 20 20 95, DZ ab 84 €

39 Madrid

Es lohnt sich, in diese Stadt voller Kontraste einzutauchen, die einen zum Staunen bringt. Madrid hat diesbezüglich viel zu bieten: das Getöse der Gran Vía, die Eleganz der Einkaufsmeile Calle Serrano. Oder Vormittage unter Akazienbäumen im Parque del Retiro, Abende mit »tinto« auf der Plaza Dos de Mayo in Malasaña, zwischen Hipstern, Familien und Stadtteiloriginalen. Und da sind die Straßen der Stadtviertel: das touristische Habsburgerviertel Austrias, das ehrwürdige Dichterviertel Huertas, das hippe Chueca und das gediegene Barrio de Salamanca. Kunstfreunden offeriert die spanische Hauptstadt mit dem Paseo de Prado ein städtebauliches Meisterwerk aus dem 18. Jahrhundert, einen Kunstboulevard von Weltrang auf gerade mal 1 km Länge: das Museo del Prado, das Museo Thyssen-Bornemisza oder das Reina Sofía. Eine kleine, feine Kunstsammlung bietet das Círculo de Bellas Artes – und vom Dach aus einen fantastischen Blick über die Stadt.

Im Parque del Retiro, zu Füßen der Reiterstatue von Alfonso XII., passt jeder das Tempo seinem Gemüt an.

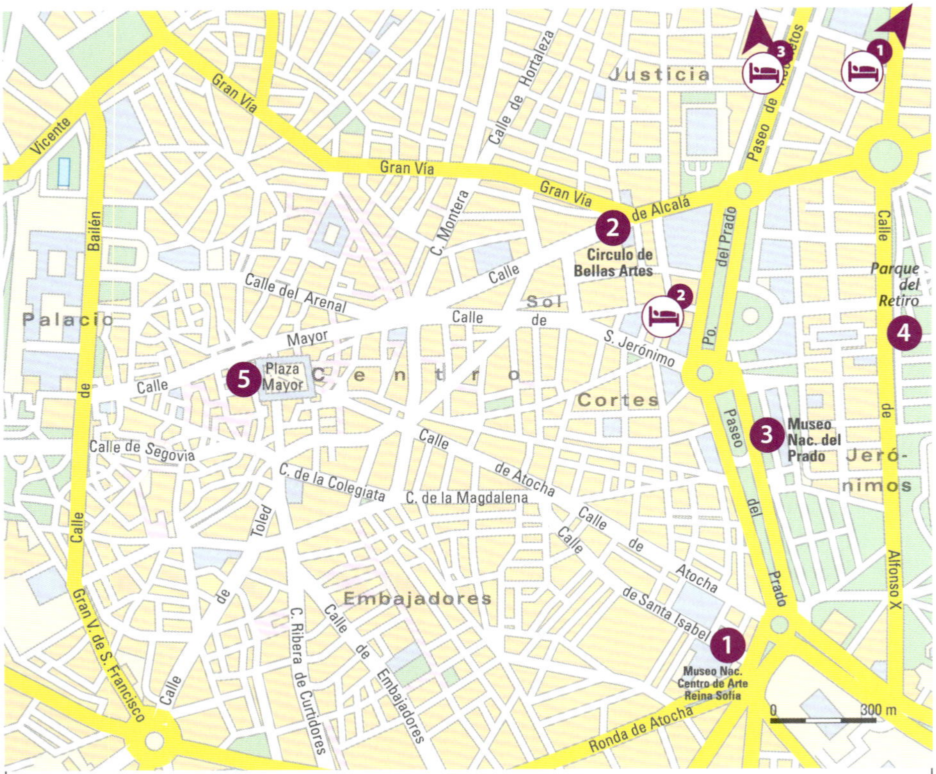

LEGENDE

1. Centro de Arte Reina Sofía
2. Círculo de Bellas Artes
3. Museo Nacional del Prado
4. Parque del Retiro
5. Plaza Mayor

- Hotel 1: Dormirdcine
- Hotel 2: Lapepa Chic B & B
- Hotel 3: Santo Mauro

Beste Reisezeit

Mitte September bietet die »noche en blanco« (dt. weiße Nacht) nicht nur freien Eintritt zu den kulturellen Einrichtungen der Stadt. Wie so oft das Faszinierendste: Ganz Madrid ist auf der Straße.

1 Centro de Arte Reina Sofía

Seit 1992 beherbergt das Sabatini-Hospiz aus dem späten 18. Jh. eine Sammlung zur Gegenwartskunst. Innerhalb der mehr als 16 000 Objekte umfassenden Bestände des Museums sind vor allem die ersten Jahrzehnte des 20. Jh. gut dokumentiert. Nicht nur Picassos »Guernica«, sondern auch die Werke Dalís, Mirós sowie die nichtspanischer Künstler wie Man Ray, Magritte oder Picabia sind in diesem Kontext erwähnenswert. Im Bereich der Kunst der letzten Jahrzehnte sind u. a. Werke von Tapiés, Rothko und Fontana zu nennen.

C. Santa Isabel 52, Mo, Mi–Sa 10–21, So bis 14.15 Uhr, www.museoreinasofia.es

2 Círculo de Bellas Artes

Der absolut sehenswerte Art-déco-Palast unweit der Gran Vía ist seit den 1920er-Jahren das grandiose Setting für die Aktivitäten des madrilenischen Kunstvereins. Ausstellungen, Theater, Filmzyklen und der legendäre Karneval setzen ebenso Akzente wie das Belle-Époque-Café im Erdgeschoss oder die Dachterrasse mit einem der besten Ausblicke der Stadt.

C. Alcalá 42, Di–So 11–14, 17–21 Uhr, www.circulobellasartes.com

3 Museo Nacional del Prado

Im Volksmund einfach als »Prado« bekannt, befindet sich hier mit einem Bestand von mehr als 21 000 Objekten (davon etwa 7500 Gemälden) die weltweit beste Sammlung zur spanischen Malerei von der Romanik bis zur Romantik. Im Spanischen Bürgerkrieg wurden sämtliche Werke vonseiten der republikanischen Regierung über abenteuerliche Wege nach Genf abtransportiert und beim damaligen Völkerbund gelagert. 1940 kehrte die Sammlung unversehrt wieder zurück. In den letzten Jahren war der Besucherstrom

Eine Skulptur von Roy Lichtenstein ziert den Innenhof des Centro de Arte Reina Sofía.

so stetig, dass 2008 durch Rafael Moneo ein Erweiterungsbau konstruiert wurde.

Paseo del Prado, Mo–Sa 10–20, So bis 19 Uhr, www.museodelprado.es

4 Parque del Retiro

Mit seinen 117 ha Madrids größter und schönster Innenstadtpark und zugleich Treffpunkt für Ruhebedürftige, Sportler und Straßenkünstler. Die Seeufer vor dem Palacio de Cristal dienen Sonnenhungrigen als Liegefläche. Die große Seeanlage des Estanque mit dem Denkmal zu Ehren Alfons XII. lädt nicht nur zum Rudern, sondern auch zu einer kleinen Pause in den nebenan gelegenen Cafés ein.

Haupteingang an der Pl. de la Independencia

Anreise

Berlin:	3:05 h
Frankfurt:	2:30 h
München:	2:40 h
Zürich:	2:20 h
Wien:	3:05 h

5 Plaza Mayor

Madrids Hauptplatz wurde im Jahr 1619 nach Planungen des Hofarchitekten Juan Gómez de Mora auf dem Gelände eines mittelalterlichen Marktplatzes errichtet. Nach einem Brand wurde das Ensemble 1790 von Juan de Villanueva mit klassizistischen Fassaden sowie mit Portikus und 237 Balkonen neu aufgebaut.

Plaza Mayor, im Stadtzentrum

Hotels

Dormirdcine
Ganz vom Kino inspiriertes Hotel, jedes Zimmer ist einem anderen Star bzw. Film gewidmet. Die originelle Dekoration, verführerische Cocktails an der Bar und ein prämiertes Restaurant verleihen dem Aufenthalt ein Gefühl von Exklusivität. Das elegante Barrio de Salamanca liegt zudem direkt vor der Haustür
Calle Príncipe de Vergara 87, www.dormirdcine.com, Tel. +34 91 411 08 09, DZ ab 69 €

Lapepa Chic B & B
Von diesem freundlich ausgestatteten Bed & Breakfast muss man nur die Straße überqueren, und schon hat man eine Verabredung mit den »Meninas« oder Goyas »Majas«. Die Mitarbeiter geben gerne Insidertipps, was es alles so an Neuem in Madrid zu entdecken gibt.
Plaza de las Cortes 4, www.lapepa-bnb.com, Tel. +34 648 47 47 42, DZ ab 60 €

Santo Mauro
Die Residenz des Duque de Santo Mauro mit ihren mehr als 100 Jahre alten Kastanienbäumen im Innenhof ist das Setting für eines der nobelsten Hotels der Stadt. Hier wurde eine sensationelle Symbiose aus Alt (Holzböden und Kamine im ersten Stock, Kapelle) und Neu geschaffen.
Calle Zurbano 36, www.hotelacsantomauro.com, Tel. +34 91 319 69 00, DZ ab 180 €

40 Barcelona

Barcelona fasziniert in seiner Widersprüchlichkeit. Der hingebungsvollen Pflege uralter Traditionen steht der Drang gegenüber, immer vorderste Avantgarde zu sein: einerseits etwa die archaischen Menschentürme der Volksfeste, die »castells«, andererseits hypermoderne Architektur, Design, Kunst, ja sogar Kulinarik, man denke an die Molekularküche. Barcelona kann so kosmopolitisch wie provinziell sein, so hektisch wie demonstrativ gelassen. »Seny« und »rauxa« heißt im Katalanischen ein weiteres Gegensatzpaar: vernunftgesteuerte Geschäftstüchtigkeit und extatisch-leidenschaftliche Kreativität. Barcelona beschränkt sich nie auf das eine oder andere Extrem. Stattdessen ist es das befruchtende Wechselspiel einander ergänzender Gegensätze, das diese Stadt so einzigartig macht. Sogar sprachlich trifft man auf ein spannendes »Sowohl-als-auch« von Spanisch und Katalanisch. Welche Sprache auch gesprochen wird, stets ist Barcelona bestimmt von einer besonderen Intensität und ansteckender Vitalität. Gerne und oft geht man zu Fuß; die Wege in den Altstadtvierteln und zum Großteil auch im »Eixample«, der Neustadt, sind überschaubar. In keiner anderen europäischen Metropole sind Stadt und Meer so eng verknüpft wie hier. Kultur, Strand und Shopping lassen sich einfach verbinden: Wer will, kann den Vormittag beim Stadtbummel, den Nachmittag am Wasser und den Abend wieder auf hochkarätigen Kulturveranstaltungen verbringen.

Verspielte Formen der Natur prägen die Bauten im Park Güell.

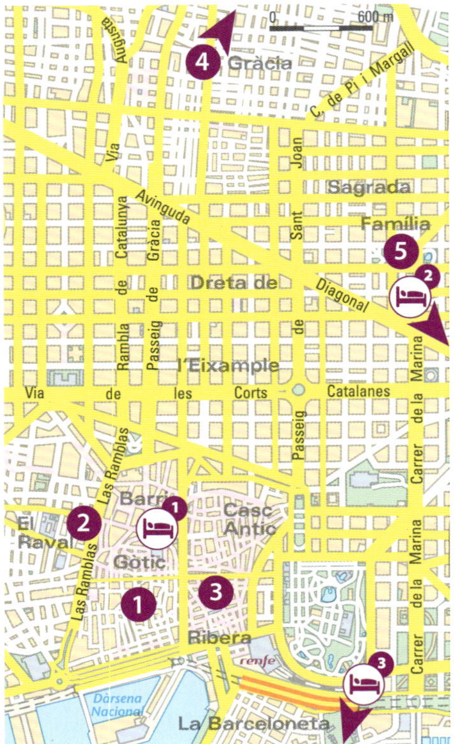

LEGENDE

1. Barri Gòtic
2. La Boquería
3. Museu Picasso
4. Park Güell
5. Sagrada Família

- Hotel Colón (1)
- Poblenou Bed & Breakfast (2)
- W (3)

Beste Reisezeit

Sehr angenehm sind das späte Frühjahr und der frühe Herbst. Günstige Unterkünfte sind im Winter zu finden. Auch dann hat die Stadt noch viele sonnige, milde Tage zu bieten.

1 Barri Gòtic

Im Barri Gòtic schlägt das historische Herz von Barcelona: Viele Sehenswürdigkeiten gehen bis auf das späte Mittelalter zurück – etwa der königliche Palastkomplex, die Kathedrale oder die Kirche Santa Maria del Pi. So erklärt sich auch der Name des Viertels: Errichtet wurden diese und zahllose weitere Bauten im gotischen Stil – in jener Epoche, die für Barcelona eine Zeit großer Blüte darstellte. Damals fungierte die Metropole als Zentrum des vereinigten aragonesisch-katalanischen Königreichs. Dessen Könige herrschten über weite Teile des westlichen Mittelmeers, ihr Einflussbereich erstreckte sich sogar bis nach Griechenland. Daheim manifestierte sich ihr Reichtum in einer Reihe von Pracht- und Prestigebauten.

Zwischen Les Rambles, Plaça de Catalunya, Via Laietana und Mittelmeer

2 La Boquería

Der direkt an den Rambles gelegene, als »Bauch von Barcelona« berühmte Mercat de San Josep de la Boquería ist schon lange nicht mehr nur eine Einkaufsmöglichkeit für Obst und Gemüse, sondern hat sich zu Recht zur Sehenswürdigkeit entwickelt. Mit frisch zubereiteten Tapas und Snacks für Zwischendurch locken hier auch mehrere Bars, Bistros und Cafés die Kundschaft.

Les Rambles 91, Mo–Sa 8–20 Uhr (viele Stände schließen allerdings schon deutlich früher), www.boqueria.info

3 Museu Picasso

Pablo Picasso lebte als junger Mann mehrere Jahre lang in Barcelona. Mit dem Museu Picasso hat ihm die Stadt längst ein Denkmal gesetzt. Über gleich fünf historische Stadtpaläste erstreckt sich die renommierte Institution. Mit 3500 Werken illustriert das Haus heute Picassos künstlerische Entwicklung. Besonders eindrucksvoll ist der Saal der »Meninas« (Hoffräulein). Von einem gleichnamigen Gemälde, das Diego Velázquez schon 1656 gemalt hatte, war Picasso so fasziniert, dass er es eingehend studierte – und 1957 dann insgesamt 58 Variationen vorlegte. Das Museum zeigt sämtliche »Meninas«. Vor allem in der Gegenüberstellung zu Velazquez erhält man einen faszinierenden Einblick in die Denkweise Picassos.

C. de Montcada 15–23, Di–So 9–19 Uhr, www.museupicasso.bcn.cat

4 Park Güell

Im Grunde ist es eine Investitionsruine, die hier von der Unesco zum Welterbe erklärt worden ist. Ursprünglich hatte der Architekt Antoni Gaudí gar keinen Park anlegen, sondern ein exklusives Wohnviertel für das wohlhabende Bürgertum seiner Zeit bauen wollen. Im Auftrag seines Förderers, des Industriellen Eusebi Güell i Bacigalupi, sollte Gaudí eine Gartenstadt entwerfen. Zur Finanzierung des ehrgeizigen Vorhabens sollten die Häuser schon vorab veräußert werden. Doch Gaudí und Güell fanden kaum Investoren. 1914 wurde das Projekt daher eingestellt,

Früher Wächter der Kunstschätze, heute schnatternde Touristenattraktion: die 13 Gänse der gotischen Kathedrale.

viele Bauten waren jedoch bereits vollendet worden. Im Jahr 1922 erwarb die Stadt dann das brachliegende Gelände, um es der Öffentlichkeit als Park zugänglich zu machen. Auf dem weitläufigen Areal warten zahlreiche Überraschungen, etwa Viadukte, die eher an Grotten als an von Menschenhand geschaffene Bauwerke erinnern. Je weiter der Weg den teils steilen Hang hinaufführt, desto unberührter gibt sich das Gelände. Der Anstieg lohnt auch, weil ihn die meisten Besucher meiden – hier oben herrscht entspannte Stille.

C. d'Olot 7, tgl. 8 Uhr bis abends

5 Sagrada Família

Sie gilt zwar gemeinhin als Werk von Antoni Gaudí – und natürlich geht die Sagrada Família vor allem auf die Entwürfe des gefeierten Genies zurück. Aber niemand weiß wirklich, wie sich Gaudí den bizarren Sakralbau ursprünglich vorgestellt hatte: Viele seiner Modelle gingen im Spanischen Bürgerkrieg verloren, für weite Teile des Gebäudes hatte er wohl ohnehin nur Skizzen gezeichnet. Nicht zuletzt deshalb sorgt das beispiellose Gotteshaus immer wieder für Kontroversen. Mehrmals wurde gefordert, die Arbeiten einzustellen, u. a. von Architekten wie Walter Gropius und Le Corbusier. Trotzdem wird das längst als Wahrzeichen Barcelonas geltende Bauwerk nun wohl tatsächlich vollendet werden. Wann es endlich so weit ist? »Mein Auftraggeber kennt keine Eile«, antwortete der tiefgläubige Gaudí gern. Heutige Bauherren äußern sich deutlich konkreter. Man spricht davon, das Gotteshaus pünktlich zu Gaudís 100. Todestag im Jahr 2026 fertigstellen zu wollen.

C. de Mallorca 401 (Eingang C. de Sardenya), März/Okt. tgl. 9–19, Apr.–Sept. bis 20, Nov.–Feb. bis 18 Uhr, www.sagradafamilia.org

Anreise

Berlin:	2:30 h
Frankfurt:	2:00 h
München:	2:00 h
Zürich:	1:40 h
Wien:	2:00 h

Hotels

Hotel Colón
Eine Hotellegende im Herzen der Stadt – hier haben schon Ernest Hemingway und Jean-Paul Sartre genächtigt. Heute atmet das Colón einen herrlich altmodischen Charme. Zum Hotel gehört ein exklusiver Spa-Bereich mit Blick auf die Kathedrale von Barcelona und auf das Viertel Barri Gòtic.
Av. de la Catedral 7, www.colonhotelbarcelona.com, Tel. +34 93 301 14 04 , DZ ab 125 €

Poblenou Bed & Breakfast
Das strandnahe Bed & Breakfast liegt abseits der touristischen Trampelpfade, im Poblenou. Die Zimmer sind charmant und elegant eingerichtet und tragen die Namen großer katalanischer Künstler. Die Atmosphäre ist persönlich und individuell, das Hostel wird mit viel Herzlichkeit von der Eigentümerin Mercedes geführt.
Carrer Taulat 30, www.hostalpoblenou.com, Tel. +34 93 221 26 01, DZ ab 88 €

W
Wegen seiner charakteristischen Silhouette oft »hotel vela« (Segelhotel) genannt. Der Katalane Ricardo Bofill errichtete diese Luxusherberge auf einer dem Hafen vorgelagerten Landzunge. Direkt nebenan liegt der Strand von Barceloneta.
Plaça de la Rose dels Vents 1, www.w-barcelona.com, Tel. +34 93 295 28 00, DZ ab 199 €

41 Mallorca

Als »Paradies auf Erden« wurde Mallorca lange gepriesen – vom Komponisten Frédéric Chopin oder der Schriftstellerin Gertrude Stein beispielsweise. Heute begegnen manche der Insel mit Naserümpfen und dem Schlagwort »Ballermann«. Ist Mallorca nicht viel zu laut und viel zu voll? Haben Millionen Touristen die einstige Schönheit längst abgetragen? Sind die idyllischen Fleckchen nicht längst verbraucht? Ganz klar: Nein! Niemand muss in Bettenburgen absteigen, sich in lauten deutschen Bierkneipen amüsieren oder an überfüllten Stränden Sangría aus Eimern trinken (es sei denn, man will es). Mallorca ist nach wie vor ein wunderschöner Traum, der Sehnsüchte wahr werden lässt – zu allen Jahreszeiten. Schon ein verlängertes Wochenende (mit Mietwagen) kann genügen, um einzelne faszinierende Facetten dieser Insel zu erleben und zu genießen: Sei es die geschichtsträchtige Altstadt der Hauptstadt Palma – die man sich keinesfalls entgehen lassen sollte – mit ihren engen Gassen und der einzigartigen Kathedrale. Seien es das Wanderparadies des Tramuntana-Gebirges im Inselwesten, die ursprünglichen Dörfer der Inselmitte, die Buchten des Nordens oder kilometerlange, naturbelassene Strände im Süden. Im Jahreslauf verzaubert Mallorcas Vegetation: Schon im Januar beginnen die Mandelbäume zu blühen; Orangenbäume, Klatschmohn, Margeriten, Lilien und wilde Rosen folgen und im Mai ist Mallorca ein einziger Garten. Dabei scheint fast immer die Sonne, mindestens 2400 Stunden im Jahr. Paradiesisch!

Ein Bootsausflug zum Cabrera-Archipel führt durch zauberhafte, fast unberührte Natur.

LEGENDE

1. Altstadt von Palma
2. Cabrera-Archipel
3. Es Trenc
4. Serra de Tramuntana

- (Hotel 1) Born
- (Hotel 2) Boutique Hotel Ca's Xorc
- (Hotel 3) Son Bauló

1 Altstadt von Palma

Viel gibt es zu sehen in der Inselhauptstadt, die auf eine 2000-jährige Geschichte zurückblicken kann. Palma ist eine richtige Großstadt, aber immer noch gut überschaubar. Schnell gelangt der Besucher von den breiten Zufahrtsstraßen in die Gassen der Altstadt, wo die Sehenswürdigkeiten auf engem Raum stehen. Gegenüber der Kathedrale La Seu, ein herausragendes Beispiel gotischer Architektur, erhebt sich der Almudaina-Palast, einst Festung der arabischen Herrscher, später Residenz der Mallorquiner Könige. Durch die Gassen mit ihren Geschäften, Wohnungen und Werkstätten weht ein Hauch des späten Mittelalters. Viele der Häuser, meist Stadtpaläste des Adels, wurden im 13. Jh. errichtet. Die Fassaden sind schlicht, doch hinter den wuchtigen Toren verbergen zauberhafte Mallorquiner Patios mit Ziehbrunnen und Palmen.

Tourist Info: Plaça de la Reina 2, Mo–Fr 8.30–20, Sa bis 15 Uhr, www.infomallorca.net

2 Cabrera-Archipel

In Sichtweite der Küste befindet sich das Cabrera-Archipel mit seinen seltenen Pflanzen und Tieren. Die Inselgruppe und die Gewässer rund um die »Ziegeninsel« Illa de Cabrera sind artenreich, nicht zuletzt deshalb, weil sie 1991 zum Naturpark erklärt wurden. Geschützt werden etwa Wanderfalken, Delfine und eine schwarze Eidechsenart, die es nur hier gibt. Ein Bootsausflug führt einmal rund um die Insel, dann hält man in Port de Cabrera und hat Gelegenheit zu einem Museumsbesuch, zum Baden in der Blauen Grotte und zum Wandern.

Mehrmals tgl. ab Colònia de Sant Jordi, www.excursionsacabrera.es

3 Es Trenc

Kaum zu glauben: So viel Sand und Strand – und kein einziges Hotel! Doch ohne Kampf der Umweltorganisationen Anfang der 1980er-Jahre ist das nicht erreicht worden. Das Tauziehen war erfolgreich – und so sind die Dünen und Pinienwäldchen, die sich über 3 km von Colònia de Sant Jordi bis Sa Ràpita erstrecken, bis

Beste Reisezeit

In der zweiten Maiwoche finden die beeindruckenden Schaugefechte Moros y Cristianos in Sóller im Gedenken an den Sieg über die muslimischen Piraten im Jahr 1561 statt.

Rötliche Häuser am Hang, umgeben von Orangengärten und Olivenhainen: Deià, ein typisches Bergdorf der Serra de Tramuntana.

heute in naturbelassenem Zustand. Längst hat sich dieser einstige Geheimtipp zu einem beliebten Ausflugsziel gewandelt.

I km nordwestl. von Colònia de Sant Jordi

4 Serra de Tramuntana

Romantische Bergdörfer, Klöster und Wachtürme: Die Serra de Tramuntana ist der wohl reizvollste Teil der Insel. Im Windschatten dieses eindrucksvollen Bergmassivs erstrecken sich zwei Gartenlandschaften: die Horta d'Andratx und die Horta de Sóller. Während auf den hohen Bergspitzen im Januar Schnee liegt, reifen in den geschützten Tälern die Orangen, blühen im Inneren die Mandelbäume. Oft waren die Dörfer und Kleinstädte an der Küste Ziel von Piratenangriffen. Die Wehrtürme aus dem Mittelalter krönen heute noch die Klippen. Doch die Landschaft hat stets auch Fremde mit friedlichen Absichten angezogen. Zu ihnen gehörten der Komponist Frédéric Chopin und seine Geliebte George Sand, die den wohl griffigsten Slogan über den gebirgigen Teil Mallorcas fand: »Eine grüne Schweiz unter blauem Himmel«.

Im Nordwesten Mallorcas,
www.serradetramuntana.net

Anreise

Berlin:	2:30 h
Frankfurt:	2:05 h
München:	2:05 h
Zürich:	1:45 h
Wien:	2:20 h

Hotels

Born
Das im Zentrum gelegene, attraktive Herrenhaus stammt aus dem 16. Jh. und ist ein kleines, familiär geführtes Hotel. Die Zimmer sind typisch mallorquinisch eingerichtet, die Möblierung passt zu einem eleganten Stadtpalast. Frühstück gibt es üblicherweise im ruhigen Innenhof.
C/. Sant Jaume 3, Palma de Mallorca, www.hotelborn.com, Tel +34 971 71 29 42, DZ ab 120 €

Boutique Hotel Ca's Xorc
Typisch mallorquinische Finca aus dem 18. Jh. mit viel Gespür auf den neuesten Stand der Technik gebracht. Geblieben sind die Zitronenplantage mit dem Kräutergarten, die alte Ölmühle in ihrem Originalzustand und der weitläufige Olivenhain – nun mit einem großzügigen Schwimmbad in der Mitte.
Carretera de Deia, 56.1 km, Sóller, www.casxorc.com, Tel. +34 971 63 82 80, DZ ab 234 €

Son Bauló
Ein 500 Jahre alter Gutshof, umgeben von Palmen, Obstplantagen und Getreidefeldern, mitten in Mallorca. Das ist die eine Seite. Die andere, dass den Gästen Konzerte, Theateraufführungen oder auch mal Vorlesungen geboten werden.
Cami de Son Bauló 1, Lloret de Vistalegre, www.son-baulo.com, Tel. +34 971 52 42 06, DZ ab 98 €

Süd- und Südosteuropa

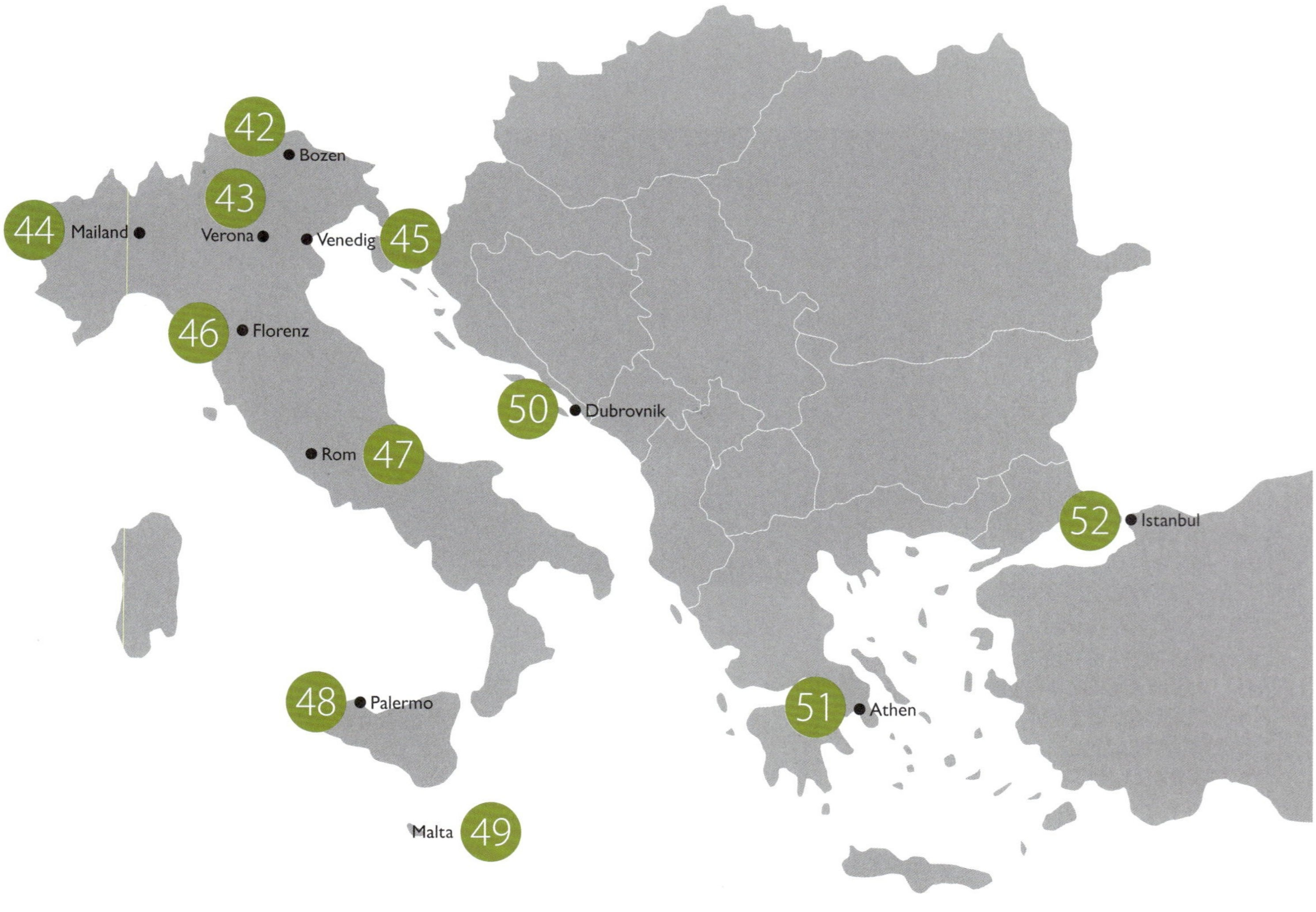

»Die Welt ist ein Buch.
Wer nie reist, sieht nur
eine Seite davon.«

Augustinus von Hippo

42 Südtirol

Viel Sonne und wenig Regen machen den Südhang der Alpen zum Urlaubsland mit Traumklima. Die Vegetation reicht von Palmen im Meraner Becken, Weingärten in den Tallagen über dichte Nadelwälder bis zu Gletschern, die Einzigartigkeit der farbenreichen Dolomiten erklärte die Unesco gar zum Welterbe. Seit jeher hat die Tourismuswerbung auf Wetter und Landschaft gesetzt, daneben wurden Klischees von Knödeln, Marende und Weinseligkeit hochglänzend verpackt. Mit Erfolg. Doch die Zeiten haben sich geändert. Tradition und Zukunftsvision mischen sich zu einem besonderen Cocktail: Gletscherseen und Glamour-Pools, Jugendstil und Jausenstation, Minnesänger-Kult und Mountain-Museum finden sich nahe beieinander. Die Landeshauptstadt Bozen gibt den Ton an. Hier mischen sich Studenten mit Alteingesessenen, verschmilzt südliches Flair mit Tiroler Lebensart, treffen drei Sprachen und Kulturen aufeinander. Eine umtriebige Kunst- und Kulturszene prägt das Lebensgefühl, es empfiehlt sich, das Südtiroler Archäologiemuseum zu besuchen, das den wohl berühmtesten Tiroler beherbergt: Ötzi, eine der weltweit ältesten Mumien. In Meran verbinden sich Natur und Kultur in den Botanischen Gärten des Schlosses Trauttmannsdorff aufs Feinste: Italiens schönster Garten bietet exotisches Gehölz und senkrechte Beete. Im Schloss befindet sich das Touriseum, das der Geschichte des Tourismus gewidmet ist. Trotz Wandel ist die Liebe zu Heimat und Brauchtum fester Bestandteil der Südtiroler Volksseele geblieben.

Traumblick vom Ritten auf die Erdpyramiden und nach Mittelberg mit Schlern, Langkofel und Geislerspitzen.

LEGENDE

1 Bozner Lauben
2 Südtiroler Archäologiemuseum
3 Erdpyramiden auf dem Ritten
4 Sarntal
5 Schloss Trauttmannsdorff
1 Hanny
2 Hotel Imperialart
3 Kematen

1 Bozner Lauben

In der malerischen Altstadt Bozens fallen unweit des Walther-Platzes (benannt nach dem Minnesänger Walther von der Vogelweide) und des Rathausplatzes die berühmten Lauben auf: Das merkantile Herz des alten Bozen ist eine prächtige Gasse, die von alten Bürgerhäusern, zum Teil aus dem 12. Jh., flankiert wird. Die Enge der Laubengasse und die schmalen Fassaden verraten den mittelalterlichen Ursprung der Geschäftshäuser. Bis heute kann man hier gut flanieren und einkaufen. In den restaurierten Sälen des Merkantilpalastes wird über die erfolgreiche Handelstätigkeit der Bozner Familie Menz informiert, für Gaumenfreuden sorgt am westlichen Ende der Lauben der Obstmarkt. Auch Goethe schlenderte seinerzeit hier entlang und fand's ein »wohlbehagliches Dasein«.

Laubengasse, Altstadt von Bozen

2 Südtiroler Archäologiemuseum, Bozen

Vom Ende der letzten Eiszeit um 15 000 v. Chr. bis zur Zeit Karls des Großen um 800 n. Chr. reichen die Exponate. Zahlreiche Objekte und multimediale Animationen erzählen vom Leben in den südlichen Alpentälern. Zentraler Mittelpunkt: die etwa 5300 Jahre alte Gletschermumie »Ötzi«, der »Mann aus dem Eis«.

Museumstr. 43, Bozen, Di–So 10–18, Juli/Aug. und Dez. tgl. 10–18 Uhr, www.iceman.it

3 Erdpyramiden auf dem Ritten

Der Ritten, Bozens Hausberg, ist ein weit ausgedehntes, durchschnittlich 1200 m hoch gelegenes Plateau, das im Rittner Horn (2260 m) gipfelt. Hierher zogen sich schon im 17. Jh. die reichen Patrizier zurück, wenn ihnen im Sommer die Luft im Talkessel zu stickig wurde. Unterhalb der Seilbahnstation Oberbozen sowie zwischen Lengmoos und Mittelberg trifft man auf die bizarr geformten Erdpyramiden. Damit diese nadelförmigen, bis zu 30 m hohen Erosionsformen entstehen können, müssen ganz bestimmte Voraussetzungen erfüllt sein: vorhandener späteiszeitlicher Moränenlehm, das Klima (zunächst starke Regenfälle, dann ausgedehnte Trockenphasen), eine geschützte Lage gegenüber Winden sowie das Vorkommen von größeren Steinen (diese liegen auf dem Moränenlehm und schützen die sich bildende Säule vor Erosion).

Wanderweg 24 in das Erdpyramidental ab Klobenstein, www.ritten.com

4 Sarntal

Schon lange führt eine Straßenverbindung von Bozen durch das Sarntal (Valle Sarentina) und über seinen nördlichen Endpunkt, das Penser Joch (2215 m), bis nach Sterzing im anschließenden Wipptal. Trotzdem hat das von der Talfer durchflossene Sarntal seine bäuerliche Tradition behalten. Heimisches Kunsthandwerk wie die Federkielstickerei und Holzschnitzerei zeugt von lebendigem Brauchtum. Wer einmal den Weg durch die enge, von bizarren Felsformationen gesäumte Schlucht in dieses Schatzkästlein der Natur gefunden hat, kehrt immer wieder gern hier-

Beste Reisezeit

Im Herbst frönt man beim Wandern durch Weingärten und Kastanienhaine dem alten Brauch des Törggelen: einkehren in urigen Bauernhöfen, Buschenschänken am Wegesrand, unter Pergeldächern sitzen und den jungen Wein verkosten.

Im Sarntal werden alte Traditionen, etwa das Spinnen mit der Hand, bewusst gepflegt.

her zurück. Das ebenso weitläufige wie abwechslungsreiche Wandergebiet steht größtenteils unter Naturschutz. Moderne Zweckarchitektur findet sich kaum, dafür viele alte Bauernhöfe und so manches historische Gasthaus. Hinter dem Hauptort Sarnthein öffnet sich das Durnholzer Tal mit dem fischreichen Durnholzer See, der sich in einer Stunde umwandern lässt.

Rund um Sarnthein, www.sarntal.com

Anreise

Berlin:	7:55 h	Auto
Frankfurt:	6:40 h	Auto
München:	3:20 h	Auto
Zürich:	4:30 h	Auto
Wien:	6:20 h	Auto

5 Schloss Trauttmannsdorff

Von der Kurpromenade in Meran führt der »Sissi-Weg« vorbei am Kurhaus nach Trauttmannsdorff. Die Kaiserin verbrachte hier acht Monate mit ihrer kränkelnden Tochter Marie Valerie – diesem Aufenthalt und der schnellen Genesung der Tochter ist Merans Ruf als Luftkurort zu verdanken. Die Attraktion der am Hang gelegenen Schlossanlage aus dem 15. Jh. ist der herrliche, im Jahr 2001 eröffnete Botanische Garten. Um elf Pavillons gruppiert sich eine botanische Weltreise. Der Garten gilt als schönste Gartenanlage Italiens, im Schloss ist die Geschichte des Tourismus in Tirol und Südtirol dokumentiert.

St. Valentin-Str. 51a, Meran, Apr.–Mitte Okt. tgl. 9–19, Mitte–Ende Okt. 9–18, Anfang–Mitte Nov. 9–17, Juni–Aug. Fr bis 23 Uhr. www.trauttmansdorff.it

Hotels

Hanny
Der Blick auf die Stadt von Zimmern und Frühstücksterrasse ist herrlich, doch durch die Weinberge ist man zu Fuß schon nach 20 Minuten in der Altstadt. Geboten werden moderne Zimmer und bereits zum Frühstück leckerer Apfelstrudel!
St. Peter 4, Bozen, www.hotelhanny.it,, Tel. +39 0471 97 34 98, DZ ab 60 €

Hotel Imperialart
Alle Zimmer des Jugendstilgebäudes gegenüber dem Kurhaus wurden von Südtiroler Künstlern eingerichtet – herauskam ein individuelles, stilvolles Hotel. Für Kunstliebhaber gibt es eine Zusatzleistung: kostenloser Eintritt ins Kunsthaus Meran. Bei einer Übernachtung sollte man ein Zimmer mit Whirlpool und Dachterrasse buchen und den Ausblick auf die Berge oder über die Stadt genießen.
Freiheitsstr. 110, Meran, www.imperialart.it, Tel. +39 0473 23 71 72, DZ ab 172 €

Kematen
Das ehemalige Herrenhaus eines 40 ha großen Patrizieransitzes am Ritten liegt wunderschön auf einer Anhöhe an einem kleinen See. Großzügiger Komfort, stilvolles Ambiente sowie traumhafter Blick auf die Westdolomiten.
Kematerstr. 29, Klobenstein/Ritten, www.kematen.it, Tel. +39 0471 35 63 56, DZ ab 88 €

43 Gardasee

Naturerlebnis, Genuss und Dolcefarniente, das süße Nichtstun, kommen am Gardasee zusammen. Da sind die Gerüche von gebratenen Maroni im Herbst, die Düfte der ersten Blumen, wenn der Schnee vom Monte Baldo weicht, dann ein Rausch von Gelb, wenn der Goldregen blüht, das Zirpen der Grillen im Sommer. Und stets wellt sich das tiefblaue Wasser sanft an die Hafenmauer.

Es gibt viele Lieblingsplätze, jeder hat Charme. Der Norden ist so imposant wie wild. Zerklüftete Felswände und das mächtige Massiv des Monte Baldo locken Naturfreunde, Wanderer und Radler. Wer auf den Spuren der Dichter wandeln will, den zieht es in den Osten. In der Scaligerburg in Malcesine erinnert eine Ausstellung an Goethes Besuch. Und in Torri del Benaco kann, wer mag, sich bei Bodo Kirchhoff in literarischem Schreiben üben. Der Westen des Sees lockt mit alter Pracht, feinem Essen, Spa- und Wellness-Tagen in bester Lage. Atemberaubend ist auch der Blick von der Wallfahrtskirche Madonna di Monte Castello, die auf einem Felsvorsprung thront. Ebenso schön wie überlaufen ist der Süden. Dort kutschieren Eltern ihre Kinder ins Gardaland, Italiens größten Freizeitpark. Wem es zu viel wird, der radelt durch die Weinberge, um sich bei einem Lugana zu erholen.

Gegenüber von Malcesine mit seiner Skalierburg fallen die schroffen Felswände der Gardaseeberge steil zum Seeufer ab.

LEGENDE

1. André Hellers Garten, Gardone Riviera
2. Limone sul Garda
3. Malcesine
4. Monte Baldo
5. Santuario della Madonna di Monte Castello, Tignale

Hotel 1: Garni Ischia
Hotel 2: Hotel Galli
Hotel 3: Quattro Stagioni

Beste Reisezeit

Im Sommer wird der See mit einem Augenzwinkern gerne als »Badewanne Münchens« bezeichnet, dann gehört Bairisch fast schon zu den Verkehrssprachen. Fast noch ein Geheimtipp sind die stimmungsvollen Weihnachtsmärkte rund um den See.

1 André Hellers Garten, Gardone Riviera

Zwischen Gardone di sotto und Gardone di sopra füllt André Hellers Gartentraum die Fläche zwischen oben und unten. Dr. Hruska, der Zahnarzt des letzten Zaren, war der Begründer des Gartens. Und Heller – danke! – lässt seit 1988 die Welt eintreten in dieses einzigartige Pflanzenparadies. Edelweiß inmitten von Orchideen, Baumfarne neben Granatäpfeln. Und bei allem darüber hinaus: schmeichelndes Licht und kühlender Schatten.

Via Roma 2, Gardone Riviera, März– Okt. 9–19 Uhr, www.hellergarden.com

2 Limone sul Garda

Limone ist geprägt von den Zitronengärten, den *Limonaie*. Zu Beginn des 19. Jh. wurde der Anbau dann »industrialisiert«, da sich die Zitronenbauern aber gegen die günstigere Konkurrenz aus Sizilien nicht durchsetzen konnten, endete die Zitronen-Ära am Gardasee gegen 1930. 70 Jahre später baute man wieder 50 Zitrusgewächse an und öffnete den Garten für die Öffentlichkeit.

Zitronengarten in der Via Castello, www.visitlimonesulgarda.com

3 Malcesine

Die Ostseite ist die bekanntere Seite des Sees. Zumindest aus deutschsprachiger Sicht, denn Johann Wolfgang von Goethe höchstpersönlich war hier quasi der erste prominente Tourist, der mit seiner Reisebeschreibung die Sehnsucht nach italienischem Licht und Sonne in die deutsche Seele pflanzte. Von Norden kommend, ist Malcesine einer der ersten Orte am Ostufer. Das Städtchen befindet sich auf einem schmalen Uferstreifen und wird überragt von einem zum See hin steil abfallenden Burgberg. Dort er-

Hotels

Garni Ischia
Fast wie daheim fühlt man sich in der familiären Atmosphäre des Hotels. Die Zimmer im Obergeschoß bieten einen wunderbaren Ausblick über die Stadt und den Castello Scaligero. Als Gast kann man in dem schönen Garten mit Olivenhain entspannen oder den erfrischenden Pool nutzen. Vom Hotel ist man in 5 Min. an der Seilbahnstation zum Monte Baldo.
Via Sottodossi 5, Malcésine, www.garniischia.com, Tel. +39 04 57 40 05 88, DZ ab 79 €

Hotel Gallo
Von der Terrasse und den Balkonen des Hotel Gallo blickt man aus 550 m Höhe weit über den Gardasee. Zum Hotel gehört ein ausgesuchter Wellnessbereich mit Hamam und Whirlpool. Das Restaurant ist u. a. auf glutenfreie Menüs spezialisiert.
Via Roma 30, Tignale, www.hotelgallo.com, Tel. +39 365 730 10, DZ ab 86 €

Quattro Stagioni
Gepflegter Familienbetrieb mitten in der Altstadt von Bardolino, ein Pool im Garten lädt zum Relaxen nach dem Shoppen ein. Ruhige Lage in großem Park mit mediterraner Vegetation. Zum Hotel gehört auch ein kleiner Wellness- und Spa-Bereich
Borgho Garibaldi 25, Bardolino, www.hotel4stagioni.com, Tel. +39 04 57 21 00 36, DZ ab 66 €

Geschickte Hände bei der alljährlichen Zitronenernte in Limone sul Garda.

hebt sich mächtig die Scaligerburg, die den Besucher beim Schlendern durch die Gassen der Stadt wie ein Magnet anzieht. Am Hafen und an der Uferfront reihen sich venezianische Palazzi. Überall in der Stadt färben Kunstobjekte internationaler Bildhauer die Stadtansicht modern. In der Altstadt gibt es eine Menge hübscher Cafés und netter kleiner Läden – vor allem für Taschen und Schuhe. Im Sommer sind leider kaum ruhige Ecken zu finden, dann wälzen sich Touristenströme durch die engen Gassen. Unvergleichlich zauberhaft ist allerdings der Moment, wenn es glückt, ganz alleine auf den Zinnen der alten Burg zu stehen. Und dann kann die Seele hoch überm Gardasee im warmen Licht baden.

Am Ostufer, zu Füßen des Monte Baldo

4 Monte Baldo

Es gibt kaum ein schöneres Panorama als im Spätherbst oder im Frühling, wenn der Monte Baldo mit seiner Schneehaube sich über dem Azurblau des Sees erhebt. Aber freilich ist auch im Sommer ein Ausflug auf den Monte Baldo empfehlenswert. Ist unten das Ufer überlaufen mit Touristen, so kann man oben durchaus Ruhe finden.

Seilbahn in Malcésine, Via Navene 12, Apr.–Aug. tgl. 8–18, Okt. bis 16 Uhr, www.funiviedelbaldo.it

5 Santuario della Madonna di Monte Castello, Tignale

Atemberaubend ist der Blick von der Wallfahrtskirche Madonna di Monte Castello. Auf 680 m Höhe hängt sie wie ein Schwalbennest auf einem Felsvorsprung. Die Wände darunter fallen senkrecht ab zum See. Im Inneren gibt es einen reich vergoldeten Altar und schöne Fresken.

1 km östlich von Tignale, geöffnet zu den Gottesdiensten, www.santuariomontecastello.it

Anreise

Berlin:	2:50 h
Frankfurt:	1:15 h
München:	4:00 h
Zürich:	4:50 h
Wien:	6:50 h

So schön können Provisorien sein: Wandverkleidung an der Piazza della Scala.

44 Mailand

Es soll Besucher geben, die sich auf den ersten Blick in Mailand verliebt haben – doch das ist eher selten. Mailand ist vielmehr eine Stadt, die man sich genauer ansehen muss, die im Verborgenen blüht – und sie ist eine Stadt der Gegensätze. Die Millionenmetropole der Gegenwart mit ihren modernen Vierteln und Top-Designerläden lebt friedlich neben dem traditionellen Mailand mit seinen kleinen, verwinkelten Gassen, winzigen Handwerksbetrieben und Tante-Emma-Läden. Mailand ist gewiss die weltoffenste und geschäftstüchtigste Stadt Italiens, Tempo und Big Buisness kennzeichnen ihren Rhythmus. Doch über all der Arbeit wird die Lebensfreude nicht vergessen: Mailand ist ein Sündenbabel für Einkäufer, ein Paradies für Feinschmecker und Nachtschwärmer. Kulturgenuss der besonderen Art bieten das legendäre Opernhaus »Teatro alla Scala«, der Dreh- und Angelpunkt italienischer Musikgeschichte. Und wer einen Gottesdienst im Dämmerlicht des märchenhaft schönen Mailänder Doms erlebt, danach in der prächtigen, mit Glaskuppeln überdachten »Galleria Vittorio Emanuelle II« bummelt und anschließend in einer gemütlichen Osteria einen goldgelben »risotto alla milanese« genießt, wird spätestens dann dem Zauber der hektischen Wirtschaftsmetropole erliegen.

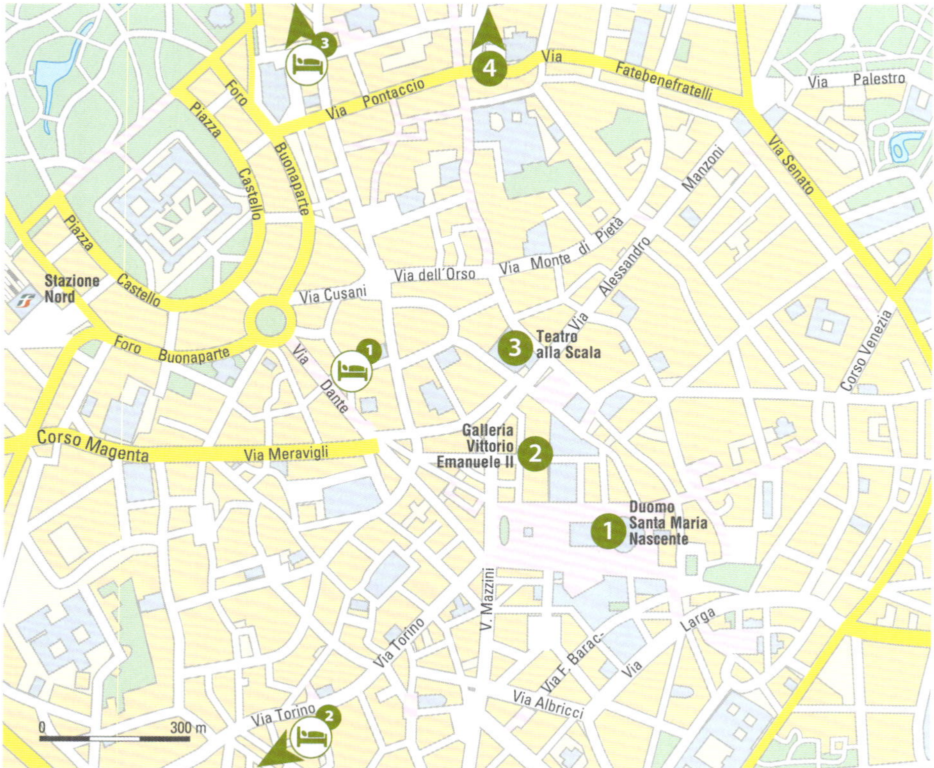

LEGENDE

1 Duomo Santa Maria Nascente
2 Galleria Vittorio Emanuele II
3 Teatro alla Scala

1 Antica Locanda dei Mercanti
2 Bed & Breakfast Cocoon
3 Lafavia Four Rooms

Beste Reisezeit

Die Haute Couture herrscht im Frühjahr und Herbst in der Modestadt, und die Straßen werden zu einem farbenfrohen Laufsteg. Im Winter wird dem »O Bej O Bej« entgegengefiebert, dem bunten Stadtfest (5.–8. Dez.) auf der Piazza Sant'Ambrogio.

1 Duomo Santa Maria Nascente

Majestätisch erhebt sich die zweitgrößte Kirche der Christenheit in den Himmel. Der unendliche Dombau zu Mailand begann 1386. Die ersten Jahre versuchte man sich in europäischer Koproduktion und legte die Bauleitung abwechselnd in die Hände italienischer, französischer und deutscher Meister – Meinungsverschiedenheiten waren vorprogrammiert. Erst unter Filippino degli Organi schritten die Bauarbeiten voran, 1418 konnte der Hochaltar eingeweiht werden. Organi ging, die Renaissance-Architekten Solari und Amadeo kamen. Nach einer Pause ging es 1567 unter Kardinal Carlo Borromeo wieder zügig voran, allerdings in einem völlig anderen Stil. Tibaldi entwarf 1616 eine zeitgemäße Barockfassade, die später wiederum von Buzzi in gotische Formen verwandelt wurde. Die unvollendete Außenfassade ließ Napoleon I. nach einem Entwurf von Amati teilweise fertigstellen. Ergänzungen an den oberen Bauteilen und an den Portalen zogen sich bis 1950 hin. Und dann war es schon wieder Zeit für erste Renovierungsarbeiten, die bis heute andauern. Für eine Besichtigung sollte man sich Zeit lassen, es gibt viel zu entdecken.

Piazza del Duomo, tgl. 8–19 Uhr,
www.duomomilano.it

2 Galleria Vittorio Emanuele II

Zwischen Dom und Scala liegt die schickste und exklusivste Einkaufspassage Italiens, von den Mailändern liebevoll »il salotto« (Salon) genannt. Ein Laufsteg der Eitelkeiten, auf dem man, vor allen Launen des Wetters geschützt, flaniert und parliert. Die monumentale Anlage wurde 1865 bis 1877 von Giuseppe Mengoni erbaut und sollte das Selbstbewusstsein des Mailänder Bürgertums repräsentieren. Die Bogengänge sind 165 m bzw. 105 m lang, 14,5 m breit und 32 m hoch. Die Glaskuppel liegt in 47 m Höhe.

Piazza del Duomo/Piazza della Scala

Wenn die Sonne die schmucken Häuser des ehemaligen Fischerorts Bellagio in in ein warmes Licht hüllt, ist die Aussicht über den Comer See besonders schön.

3 Teatro alla Scala

Wer Oper sagt, der meint in Mailand natürlich die Scala. Seit 1778 ist dieses Theater der Ort stimmgewaltiger Auftritte. Es kamen, sangen und spielten Caruso, Gigli, Tebaldi, Tomagno – und natürlich die Callas. Die Saison beginnt stets am 7. Dezember und dauert bis Juli. Von September bis November spielt das Symphonieorchester.

Piazza della Scala 1, Sept.–Juli, www.teatroallascala.org

Anreise

Berlin:	/////	1:40 h	Flugzeug
Frankfurt:	//////////////////////	6:40 h	Auto
München:	/////////////////	5:35 h	Auto
Zürich:	//////////	3:15 h	Auto
Wien:	////	1:20 h	Flugzeug

4 Comer See

Der glitzernd azurblaue See, umgeben von grünen Bergen, mediterraner Vegetation und mit einem milden Klima gesegnet, ist eines der beliebtesten Ausflugsziele. An den Promenaden der hübschen Uferstädtchen bummelt man, schleckt ein Eis und genießt die Seeluft. Eine Besichtigung wert sind die Orte Lecco, Menaggio sowie Bellagio mit der wunderschönen Villa Melzi und Tremezzo mit der Villa Carlotta, der berühmtesten aller Lario-Villen. Das Städtchen Como betrachten die Mailänder gerne als ihren Vorort. Es strahlt die Eleganz einer Großstadt aus, und das trotz der gerade knapp 100 000 Einwohner. Oberhalb des Sees wurden die ehemaligen Verbindungswege wiederhergestellt und als Wanderpfade inmitten einer zauberhaften Naturlandschaft markiert.

70 km nördlich von Mailand, über die A 9, www.lakecomo.it

Hotels

Antica Locanda dei Mercanti
Das charmante kleine Haus in einem historischen Palazzo liegt in einer sehr ruhigen Straße, aber trotzdem mitten im Zentrum. Stilvolle, komfortabel eingerichtete Zimmer, manche sogar mit eigener Dachterrasse, und ein freundliches, hilfsbereites Personal sorgen für eine entspannte Atmosphäre.
Via San Tomaso 6, www.locanda.it, Tel. +39 02 805 40 80, DZ ab 215 €

Bed & Breakfast Cocoon
Das nette kleine Haus liegt im Viertel Tortona, nicht weit von den belebten Navigli-Kanälen. Alle drei Zimmer, ein rotes, ein weißes und ein graues, sind stilvoll, modern und großzügig eingerichtet. Der hübsche Garten ist ein willkommener Ruhepol nach anstrengenden Sightseeingtouren.
Via Voghera 7, www.cocoonbb.com, Tel. +39 02 832 27 69, DZ ab 95 €

Lafavia Four Rooms
Die beiden Weltreisenden Marco und Fabio sind in ihre Heimatstadt Mailand zurückgekehrt und haben vier Zimmer in einem historischen Palazzo zu einem charmanten Bed & Breakfast gestaltet. Die Eindrücke ihrer Reisen durch Bolivien, den Urwald Costa Ricas, Mexiko, aber auch Paris und Barcelona, haben Sie zu dem Interieur inspiriert.
Via Carlo Farini 4, www.lafavia4rooms.com, Tel. +39 347 784 22 12, DZ ab 100 €

Früh aufstehen lohnt sich, um den ruhigen Markusplatz und den Blick nach San Giorgio Maggiore zu genießen.

45 Venedig

Venedig eine fragile, morbide Stadt? Die einen denken an Thomas Manns »Tod in Venedig« und an die (angeblich?) versinkende Serenissima, die anderen an goldglänzende Paläste und prächtige Kirchen, die – auf Wasser erbaut – der Wassergefahr bis heute standhielten. Die einen stürzen sich ins Maskengetümmel des »Carnevale di Venezia« oder lassen sich bei einer Gondelfahrt einschaukeln, andere machen sich auf die Suche nach Architektur. Die einen sehen in der Lagunenstadt nur zerbrechliches Glas und vermodernde Holzpfähle, die anderen bewundern, wie die Stadt den Massenzustrom an Touristen verkraftet. So erschafft sich jeder sein eigenes Venezia. Venedig ist so facettenreich, hat so viel zu bieten, dass es niemanden enttäuscht. Die Stadt ist und bleibt ein Mythos. Einzigartig und unvergleichlich. Vom Mittelalter an sind Abermillionen Baumstämme in den schlammigen Grund der Lagune gerammt worden, als Halt und Stütze für Paläste, Kirchen, Brücken. Und für Wohnhäuser, denn auch hier leben Einheimische ihren Alltag. Venedig hat umgeblättert und aus der Klischeetraumstadt ist eine moderne Kunst- und Kulturmetropole von internationalem Rang geworden. Einer solchen Stadt sollte man mit offenen Augen begegnen, dabei aber die Sommertage meiden, an denen Venedig einen Numerus clausus zur Kontrolle der Tagestouristen brauchen könnte. Aber was, wenn man wirklich nur wenige Tage für Venedig hat? Der Markusplatz mit Markuskirche und Dogenpalast sind ein Muss und einzuplanen wäre auch ein zielloser Gang durch die Stadt, in der es überall Sehenswertes gibt und gerade das Sichverlaufen Spaß macht. Nicht verzichten sollte man auf eine Pause an einem volkstümlichen Platz – wie dem Campo Santa Margherita im Sestiere Dorsoduro –, auf den Besuch einer der »großen« Kirchen wie den Frari, auf einen Bummel durch die Flaniermeile Calle larga XXII Marzo bis zur Accademiabrücke oder durch die orientalisch anmutenden Gassen der Frezzerie bis zur Rialtobrücke.

LEGENDE

1 Campo Santa Margherita
2 Gallerie dell'Academia
3 Jüdischer Friedhof
4 Ponte di Rialto
5 San Marco
Hotel 1 Accademia
Hotel 2 Locanda ai Santi Apostoli
Hotel 3 Oltre Il Giardino

Beste Reisezeit

Der Karneval und die Gondelregatten, die Filmfestspiele, alle zwei Jahre die Kunstbiennale und dazu Volksfeste und Jazzfestivals – Venedig ist ganzjährig eine riesige Bühne. Von November bis März erlebt man eine stille, melancholische Stadt mit weniger Touristen.

1 Campo Santa Margherita

Echt venezianischen Alltag kann man auf dem lang gestreckten Campo Santa Margherita, dem drittgrößten Platz in Venedig, erleben. Hier zieht das Leben wie in einem Film vorüber: am Vormittag die Hausfrauen, die an den Marktständen Fisch und Gemüse einkaufen und sich mit schweren Einkaufstaschen auf einer der Sitzbänke ausruhen, zu Mittag die Angestellten, die zu einem schnellen Imbiss herüberkommen, am Nachmittag spielende Kinder, am Abend und bis spät in die Nacht hinein junges Volk.

Campo Santa Margherita

2 Gallerie dell'Accademia

In das Dorsoduro, einem sehr vielgesichtigen Sestiere, das vom Canal Grande berührt wird und über die Accademiabrücke erreichbar ist, drängen die Tagestouristen kaum herüber. So bleiben die Kunstwerke hier interessierten Kennern vorbehalten. Von internationaler Bedeutung sind die venezianischen Gemälde des 14. bis 18. Jh. Seit 2012 erstrahlt auch die restaurierte Sala dell'Albergo mit ihrer vergoldeten Holzdecke wieder in altem Glanz.

Campo della Carità, Mo 8.15–14, Di–So 8.15–19.15 Uhr, www.gallerieaccademia.org

3 Jüdischer Friedhof

Der alte jüdische Friedhof auf der Lido-Insel ist eine Oase der Ruhe und Meditation. »Vier Ellen Erde in dieser Einfriedung als Besitz für die Ewigkeit«, heißt es auf dem Grabstein für den berühmten Rabbiner Leone da Modena, der seit 1648 hier begraben liegt. Auch auf Dichtergrößen wie Goethe und Byron übte der »antico cimitero ebraico« mit seinen Grabplatten aus dem 14. bis 17. Jh. großen Reiz aus.

Riviera di San Nicolò, So–Fr 10–17.30, Juni–Sept. bis 19 Uhr

Die meistbegangene, meistfotografierte und meistbewunderte Brücke Venedigs: Ponte di Rialto.

4 Ponte di Rialto

Klar, dass die beiden Ufer des Canal Grande in Rialto, dem Handelszentrum der Stadt, seit jeher verbunden wurden. Dies bewerkstelligte man ab 1264 durch eine hölzerne Brücke, die 1444 unter der Last der Zuschauer, die den Hochzeitszug der Markgräfin von Ferrara bewunderten, zusammenbrach. Danach entstand eine Holzkonstruktion, die im 16. Jh. dem Staatsrat nicht mehr gut genug war. Bei einem Wettbewerb ging Da Ponte als Sieger hervor. 12 000 Ulmen- und Eichenpfähle wurden für seine Brücke in den Boden gerammt, bis Mitte des 19. Jh. der einzige Fußweg über den Canal Grande.

San Polo

Anreise

Berlin:	1:30 h	Flugzeug
Frankfurt:	1:20 h	Flugzeug
München:	6:30 h	Bahn
Zürich:	5:20 h	Auto
Wien:	5:35 h	Auto

5 San Marco

San Marco ist der kleinste, aber (kunst-)historisch bedeutungsvollste Stadtteil. Hier liegen die Zentren der politischen und religiösen Macht rund um die Piazza San Marco. Im 12. Jh. war die Piazza der größte Platz der Welt und bot Raum für die Selbstdarstellung der aufstrebenden Großmacht. Ein Muss sind der gotische Palazzo Ducale und die mittelalterliche, orientalisch geprägte Basilica di San Marco mit ihren goldglänzenden Mosaiken.

Piazza San Marco, Dogenpalast: tgl. 8.30 bis 19 Uhr, www.visitmuve.it, Markuskirche: Mo–Sa 9.45–17, So 14–16, Ostern–Nov. bis 17 Uhr, www.basilicasanmarco.it

Hotels

Accademia
Diese auch als »Villa Maravegie« bezeichnete Pension liegt am Canal Grande in einem Palazzo aus dem 17. Jh. mit romantischem Garten, in dem auch gefrühstückt werden kann. Die komfortablen und modernisierten Zimmer sind im venezianischen Stil eingerichtet.
1058, Fondamenta Bollani, www.pensioneaccademia.it, Tel. +39 04 15 21 01 88, DZ ab 185 €

Locanda ai Santi Apostoli
Das Übernachten in einem alten venezianischen Palazzo muss nicht immer kostspielig sein. Und hier, in dieser kleinen Pension, logiert man auch gleich auf Tuchfühlung mit dem normalen venezianischen Alltag, der sich an und auf dieser für die Lagungenstadt ungewöhnlich breiten Strada Nuova abspielt.
4391, Strada Nuova, www.locandasantiapostoli.com, Tel. +39 04 10 99 69 16, DZ ab 119 €

Oltre Il Giardino
Das von viel Grün umgebene Haus gehörte einst Alma Schindler, verwitwete Mahler, geschiedene Gropius und spätere Werfel. Es wurde 2004 in das familiäre Hotel »Jenseits des Gartens« verwandelt. Von jedem der sechs Räume und Suiten blickt man ins Grüne.
2542, Fondamenta Contarini, www.oltreilgiardino-venezia.com, Tel. +39 04 12 75 00 15, DZ ab 180 €

46 Toskana

Die Toskana ist chronisch *in* – und *out* war sie nie. Jedenfalls nicht, seit vor allem Deutsche und Engländer, darunter viele VIPs, den Mythos vom toskanischen Landleben erschufen. Sie erwarben alte Gemäuer und Weingüter, was auch die Immobilienpreise hochtrieb. Hier ist alles etwas teurer als anderswo, besonders in Florenz. Mit etwa 3,7 Mio. Bürgern zählt die Region zu den größten, aber auch am dünnsten besiedelten des Landes. Eine Region von solch landschaftlichen Gegensätzen, dass zu behaupten, die Toskana sei so oder so und nicht anders, schlicht falsch wäre. Da ist der bergige Apennin mit seinen Beckenlandschaften. Da sind die Tuffgebiete im Süden und der Berg Monte Amiata, der sich als isoliert stehender Vulkan in die Höhe reckt. Es gibt herrliche Sandstrände und die Maremma, die einzige Gegend der Toskana übrigens, wo man auch ein Häuschen erstehen kann, ohne Millionär zu sein. Und da sind Publikumsmagneten wie Siena oder Pisa. Berühmt wurde die Toskana in der Renaissance, deren Wiege Florenz ist. Die Medici-Fürsten machten die Stadt zur Kunstmetropole schlechthin. Die Stadt ist klein, doch ob an der Kathedrale Santa Maria del Fiore mit ihrer enormen Kuppel oder dem Ponte Vecchio – stets hat man den Eindruck, nur einen Bruchteil der immensen Kulturschätze zu erfassen.

54 m im Durchmesser misst die Kuppel der Kathedrale von Florenz, noch heute die größte gemauerte Kuppel der Welt.

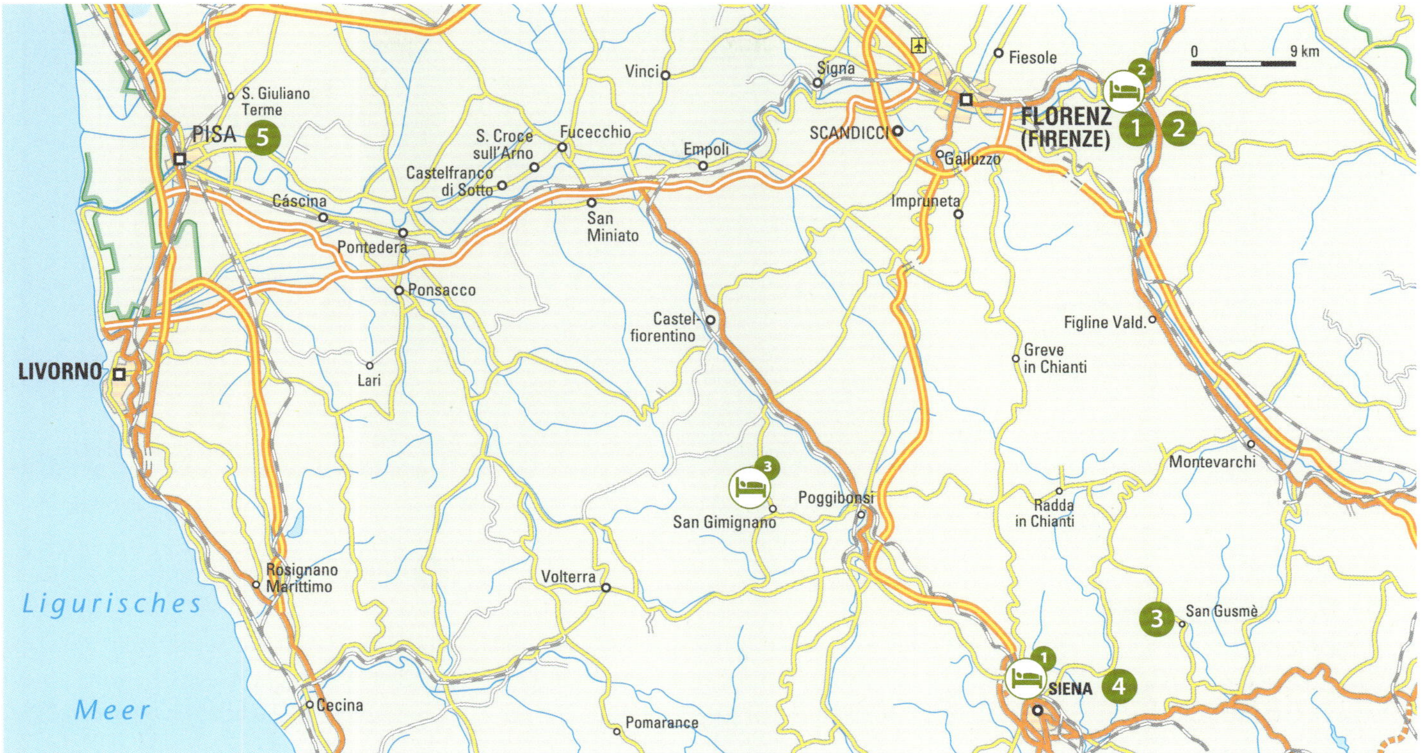

LEGENDE

1. Duomo di S. Maria del Fiore, Florenz
2. Ponte Vecchio, Florenz
3. San Gusmè
4. Siena
5. Torre pendente, Pisa

- Hotel Antica Torre (1)
- Hotel Casci (2)
- La Cisterna (3)

Beste Reisezeit

Die Toskana ist am schönsten und am wenigsten überfüllt zwischen März und Ende Juni und von Mitte September bis Ende Oktober. Im Frühjahr und Herbst kann es auch schlechtes Wetter geben. Kenner kommen im Januar und Februar, wenn ein besonders klares Licht herrscht.

1 Duomo di S. Maria del Fiore, Florenz

Auch wenn die in ihrem Stil an Giottos Glockenturm erinnernde Fassade aus dem 19. Jh. stammt, ist der Dom eines der beeindruckendsten Bauwerke der Stadt.

Piazza San Giovanni, Mo–Fr 10–17, Sa bis 16.45, So 13.30–16.45 Uhr, Mitte Juli–Apr. Do geschl., Kuppel Mo–Fr 8.30–18.20, Sa 8.30–17, So 13–16 Uhr

2 Ponte Vecchio, Florenz

Die 1345 errichtete Brücke dient nicht nur als Verbindungsglied zwischen den Flussufern des Arno, sondern auch als Zentrum des Florentiner Schmuckhandels. Nicht nur Souvenir- und Kitschläden, sondern auch Traditionsgeschäfte haben hier ihren Sitz, z. T. liegen in den Auslagen der Juweliere und Schmuckläden beeindruckende Stücke, aber es findet sich auch Erschwingliches.

Hotels

Hotel Antica Torre
Diese Unterkunft muss lange vorgebucht werden, denn die Zimmer befinden sich in einem mittelalterlichen Turm. Von den hoch gelegenen Räumen blickt man auf die Stadt. Die Bäder sind ein wenig eng, genauso der Frühstücksraum, aber dafür wohnt man in einem wirklich ungewöhnlichen Ambiente.
Via di Fiera Vecchia, 7, Siena, www.anticatorresiena.it, Tel. +39 05 77 22 22 55, DZ ab 70

Hotel Casci
Nur 100 m vom Dom entfernt, trotzdem ruhig. Das Personal ist sehr freundlich und mehrsprachig, das Frühstück reichhaltig. Sauberkeit und Service machen die etwas klein geratenen Zimmer wieder wett. Das Hotel selber befindet sich in einem renovierten Adelspalast aus dem 15. Jh.
Via Camillo Cavour 13, Florenz, www.hotelcasci.com, Tel. +39 055 21 16 86, DZ ab 75 €

La Cisterna
Hier nächtigt man in einem jahrhundertealten Palazzo am schönsten Platz von San Gimignano, der Piazza Cisterna. Mit Blick auf die abends – wenn die Tagestouristen verschwunden sind – zauberhafte Piazza Cisterna. Gefrühstückt wird auf einer Panoramaveranda.
Piazza Cisterna 23, San Gimignano, www.hotelcisterna.it, Tel. +39 05 77 94 03 28, DZ ab 90 €

Schön schräg: Einst ein Lapsus, heute eine Attraktion – die Schieflage des Turms von Pisa.

3 San Gusmè

Eine von schlanken Zypressen gesäumte Straße führt zum kleinen Dorf San Gusmè, bewohnt von gerade einmal 250 Seelen. Ein historisch gewachsenes Zentrum mit alten Gebäuden, die so harmonisch beisammenstehen, dass man den Eindruck gewinnt, hier sei ein Bühnenbildner am Werk gewesen, um einem ein typisch toskanisches Dorf zu präsentieren.

30 km nordöstlich von Siena, über die SS 73 und die SP 484 (Castelnuovo Berardenga)

Anreise (nach Florenz)

Berlin:	1:50 h	Flugzeug
Frankfurt:	1:30 h	Flugzeug
München:	6:15 h	Auto
Zürich:	5:20 h	Auto
Wien:	7:50 h	Auto

4 Siena

Die „Hauptstadt der Südtoskana" war lange Zeit die Gegenspielerin zum Florenz der Medici. 1559 wurde sie jedoch Teil des Medici-Staats und fiel in eine Art Winterschlaf. Zum Glück, denn die Stadt wurde architektonisch fast gar nicht modernisiert. Ihr Gesamteindruck bleibt der spätmittelalterlichen Architektur verhaftet.

5 Torre pendente, Pisa

Schief war der frei stehende Glockenturm schon gleich nach seiner Fertigstellung, da auf viel zu sandigem Boden errichtet. Daraufhin wurde der Bau für etwa 100 Jahre unterbrochen, erst 1372 konnte weitergearbeitet werden. Vor einigen Jahren wurde er einen Tick aufgerichtet. Sieht man nicht!

Campo dei Miracoli, Dez.–Jan. 10–17, Nov., Feb. 9.30–18, März 9–18,, Apr.–Juni/ Sept. 9–20, Juli–Aug. 8.30–22, Okt. 9–19 Uhr

Die Ruinen der Herren aus dem Lateinbuch im Forum Romanum.

47 Rom

Rom ist ewig. Und ewig schön. Die Stadt prahlt, prunkt und protzt mit der Grandezza von Jahrtausenden. Man stolpert über Tempel, Triumphbögen, Säulen, Statuen – und die Archäologen graben noch weiter. Rom ist ein einziges Open-Air-Museum. Durch die Stadt zu wandern ist ein Stelldichein mit den antiken Göttern, wie Jupiter, Minerva, Apollo, die im Pantheon zu Hause waren. Alte Bekannte aus dem Lateinbuch wie Caesar, Cicero und Kollegen begegnen in steinerner Form an fast jeder Ecke und stehen für die Anfänge des Abendlands. Das Kolosseum oder die Katakomben verweisen auf das Leben und Leiden der frühen Christen. Die weitere Entwicklung des Christentums kommt spätestens mit Blick auf die Kuppel des Petersdoms in den Sinn. In zahllosen Kirchen sind die Werke der größten Künstler gratis zu besichtigen. So ist Rom eine Schule für die Archäologie des Wissens, eine Art ständiges Déjà-vu. Doch die Stadt ist mehr als nur Reminiszenz: Die faszinierenden Kulissen – ob antik, barock oder modern – sind bis zum Rand mit Leben erfüllt. Daher darf eine Prise »Dolce Vita« in Rom nicht fehlen, ob beim Kaffee auf der barocken Bühne der Piazza Navona, dem Aperitif in den verwinkelten Gassen von Trastevere oder der hausgemachten Pasta eines kleinen Ristorante in einer Nebenstraße – es muss ja nicht unbedingt ein Bad im Trevi-Brunnen sein. Es war noch nie schwer, als Reisender dem Charme dieser Stadt in kurzer Zeit zu erliegen: Der Rom-Reisende Johann Wolfgang Goethe fühlte sich 1787 regelrecht neugeboren »von dem Tage an, da ich Rom betrat«.

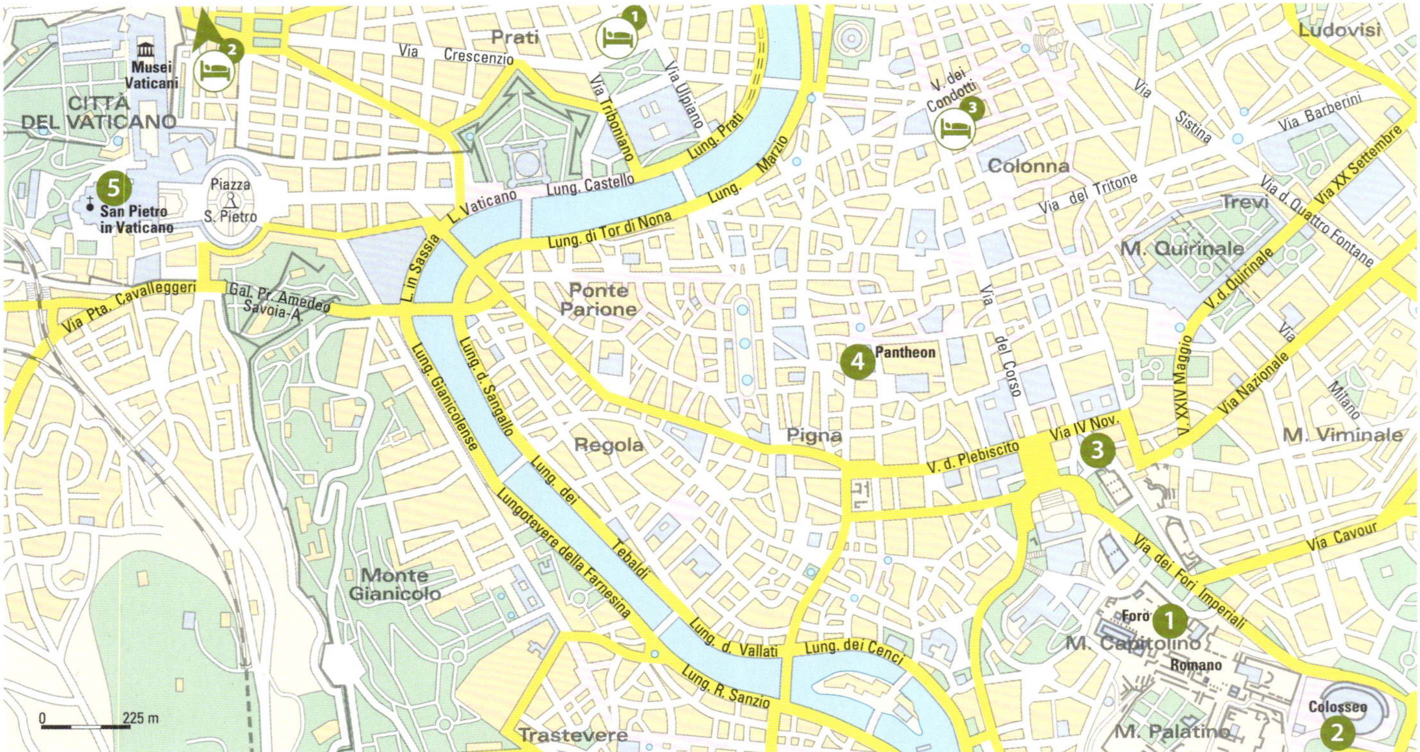

LEGENDE

1 Forum Romanum
2 Kolosseum
3 Palazzo Valentini
4 Pantheon
5 Petersdom
1 Isa Design Hotel
2 San Pietrino
3 Town House Spagna

Beste Reisezeit

Von Juni bis August pilgert Jung und Alt zu den Kulturabenden der »Estate Romana« mit Musik, Film und Theater unter Sternenhimmel. Kühler und angenehmer ist es freilich im Frühjahr und Herbst, und im Winter sind die Hotels am günstigsten – allerdings weht dann oft der eisige Wind.

1 Forum Romanum

Bereits zur Zeit der Republik (510–44 v. Chr.) war es das politische Zentrum, während der Kaiserzeit zogen siegreiche Feldherren über die Via Sacra, die Heilige Straße, hoch zum Jupiter-Tempel auf dem Kapitol. Heute ist das Forum Romanum eine beeindruckende Ausgrabungsstätte.

www.archeoroma.beniculturali.it, tgl. 8.30–19 Uhr

2 Kolosseum

»Dem verkommenen Haufen der Römer liegen nur noch Brot und Spiele lüstern am Herzen«, zürnte der Satirendichter Juvenal (58–140 n. Chr.). Das alte Rom schätzte bereits die Spaßgesellschaft, freilich eine recht grausame im Kolosseum.

Piazza del Colosseo, tgl. 8.30 Uhr bis eine Stunde vor Sonnenuntergang, www.archeoroma.beniculturali.it

»Special effect« der Antike: Die 9 m breite Öffnung in der Kuppelmitte des Pantheons.

3 Palazzo Valentini

Unter diesem Palast, seit 1873 Sitz der Provinz Rom, fanden Archäologen die Reste eines Hauses aus der Kaiserzeit und nun gibt es Antike mit Mediashow. Ein virtueller Gang rekonstruiert die Magie alter Fresken, die Säulen und die bunten marmornen Böden mit raffinierter Lichttechnik. Hier lebt das alte Rom.

Via Foro Traiano 85, Mi–Mo
9.30–18.30 Uhr, www.palazzovalentini.it

Anreise

Berlin:	2:00 h	✈
Frankfurt:	1:50 h	✈
München:	1:25 h	✈
Zürich:	1:25 h	✈
Wien:	1:25 h	✈

4 Pantheon

Dieser Tempel steht noch so herrlich da, weil ihn Kaiser Phokas 609 n. Chr. Papst Bonifaz IV. schenkte, der ihn zur Kirche weihte. Vor dem Rundbau erhebt sich die Vorhalle mit 16 Granitsäulen, im Inneren beeindruckt die Besucher v. a. die Kuppel.

Piazza della Rotonda, Mo–Sa 9–19.30,
So 9–18 Uhr

5 Petersdom

Das berühmteste Gotteshaus der Christen steht im Vatikanstaat und ist mit 186 m Länge und 136,5 m Breite der Sakralbau der Superlative schlechthin. Hier zelebriert Papst Franziskus Hochämter und spendet seinen Segen »urbi et orbi«.

Piazza San Pietro, Okt.–März tgl. 7–18.30,
Apr.–Sept. 7–19 Uhr

Hotels

Isa Design Hotel
Das Boutiquehotel ist nicht weit vom Vatikan entfernt und hat einen Dachgarten mit Terrasse, wo man beim Frühstück die Kuppel des Petersdoms schon vor dem Besuch dort bewundern kann. Abends wird aus dem Dachgarten eine Bar, sodass auch einem romantischen Sonnenuntergang nichts im Wege steht.
Via Cicerone 39, www.hotelisa.net,
Tel. +39 063 21 26 10, DZ ab 190 €

San Pietrino
Der sympathische Familienbetrieb, der im dritten Stock eines alten Hauses untergebracht ist, glänzt mit sauberen Zimmern und freundlichem Personal. Das Hotel liegt in einer ruhigen Gegend, nicht unweit des Petersdom, zur nächsten Metrostation sind es nur ca. 5 Min. zu Fuß.
Via Giovanni Bettolo 43, www.sanpietrino.it, Tel. +39 063 70 01 32, DZ ab 69 €

Town House Spagna
Nur wenige Minuten Fußweg von der Spanischen Treppe und etwas weiter weg vom Trevibrunnen entfernt gelegen, bietet dieses Boutique-Hotel kleine, aber ausgesprochen hübsche Zimmer, die erst kürzlich renoviert wurden und vollklimatisiert sind. Einige davon bieten sogar einen Blick ins Grüne. Das Hotel ist zwar nur klein, dafür aber sehr ruhig.
Via della Croce 50a, www.townhouse-spagna.com, Tel. +39 069 799 78 09,
DZ ab 90 €

48 Palermo

Sizilien ist nicht Italien. Zwar ist die Straße von Messina nur drei Kilometer breit, doch zwischen der Insel und dem italienischen Festland liegen Welten. Sizilien ist schillernder, bunter und archaischer. Selten ist man den europäischen Ursprüngen so nah wie hier, wo das Abendland auf den Orient und Afrika traf. Griechen und Römer rangen einst mit Karthago um die Insel; die Araber machten daraus eine blühende Kulturlandschaft, die von den Normannen dann wieder für den christlichen Glauben zurückerobert wurde. Jene Eroberungswellen haben imposante materielle Spuren hinterlassen, aber auch jeweils ihren Teil zu einer ganz eigenständigen kulturellen Identität Siziliens beigetragen. Geliebt und gehasst – aber vor allem Sizilien pur ist die pulsierende Hauptstadt der Insel. Einerseits geht die Stadt im Verkehrslärm unter und erstickt in den Abgasen; blinde Fensterhöhlen und bröckelnde Fassaden erinnern beständig an den Verfall des historischen Zentrums. Andererseits besitzt Palermo unendlich viele sehenswerte Kirchen und Palazzi. Und immer aufs Neue hat die Stadt pittoreske Straßenszenen zu bieten. Den orientalisch anmutenden Bazaren folgen an der nächsten Straßenecke wieder schicke Boutiquen. Palermo ist eine Stadt zum Eintauchen. Man muss sich nur treiben lassen, um sie zu entdecken.

Christlich oder islamisch? Beides: Die Kirche S. Giovanni degli Eremiti mit ihren roten Kuppeln war unter arabischer Herrschaft eine Moschee.

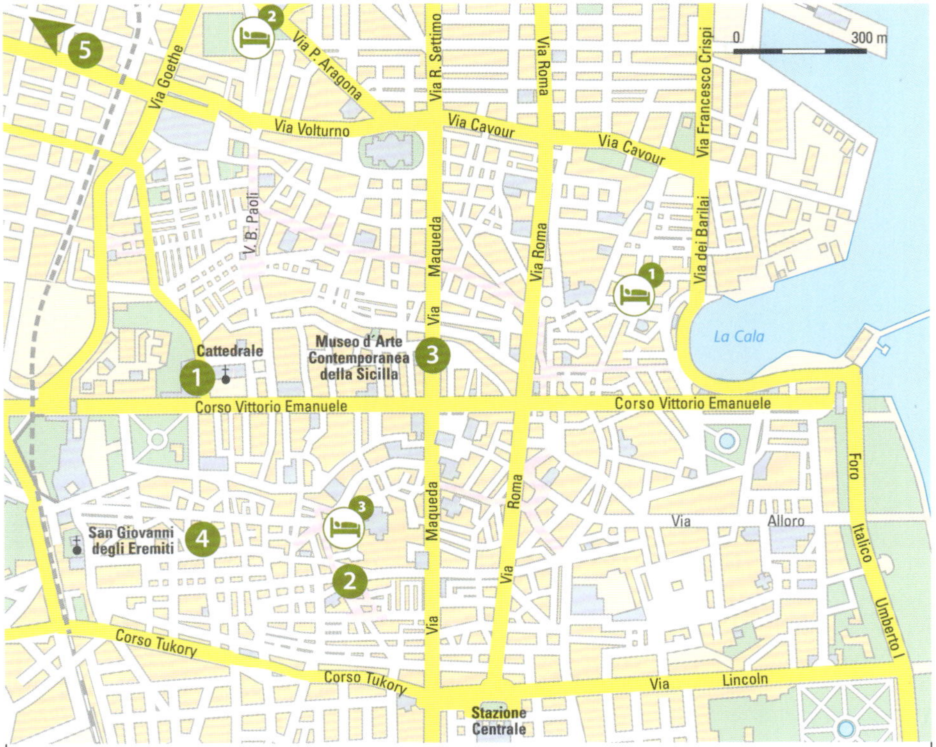

LEGENDE

1 Cattedrale
2 Mercato di Ballarò
3 Museo d'Arte Contemporanea della Sicilia
4 San Giovanni delli Eremiti

1 BB 22
2 B & B Dolce Dormire
3 Palazzo Brunaccini

1 Cattedrale

Die Kathedrale von Palermo ist ein Konglomerat mehrerer Stilepochen: Den Grundstein legten die Normannen im Jahr 1185. Der Chor und die Apsiden entsprechen noch weitgehend dem ursprünglichen Bau. Es erfolgten diverse Umbauten, etwa an der Fassade, die von einem auffallend schönen gotisch-katalanischen Portal geziert wird. Am einschneidendsten waren jedoch die klassizistischen Veränderungen des Innenraumes, zeitgleich erhielt die Kathedrale eine unpassende Kuppel. Von kunsthistorischer Bedeutung sind die vier Porphyr-Sarkophage mit den sterblichen Überresten Rogers II. und seiner Tochter Konstanze sowie Friedrichs II. und seines Vaters Heinrich VI. Diese stehen im rechten Seitenschiff.

Corso Vittorio Emanuele, tgl. 7–19 Uhr, www.cattedrale.palermo.it

2 Mercato di Ballarò

Dass Palermo fast in Afrika liegt, wie manchmal behauptet wird, kann man bei einem Bummel über die Märkte der Stadt erleben. Es duftet nach tausend Gewürzen, es schillern tausend Farben, es ist voll, und so mancher Händler verleiht der Güte seines Angebots lauthals Nachdruck. Am bekanntesten ist sicher die Vucciria, doch der Mercato di Ballarò hat seinen ursprünglichen, wilden Charakter besser erhalten können.

Rund um die Piazza del Carmine

3 Museo d'Arte Contemporanea della Sicilia

Dies ist gewissermaßen Palermos Tate Gallery. Die in Sizilien lange vernachlässigte zeitgenössische Kunst hat damit endlich auch hier eine Heimat gefunden. Der aus dem 18. Jh. stammende Palazzo Belmonte Riso bietet den entsprechenden Rahmen für die Präsentation von Gemälden, Fotografien und Skulpturen. Neben Wechselausstellungen wird auch die eige-

Beste Reisezeit

Die angenehmsten Reisezeiten sind April, Mai, Juni sowie September und Oktober. Das Winterhalbjahr eignet sich zwar nicht zum Baden, dafür kann man die beschauliche Stimmung im Tal der Tempel oder bei der Besichtigung von Sehenswürdigkeiten genießen.

Hotels

BB 22
Auch in Palermo eröffnen immer mehr Privatunterkünfte. Im hektischen Zentrum ist diese komfortable Herberge mit sechs Zimmern eine Oase der Ruhe. Alle Zimmer sind geschmackvoll und komfortabel eingerichtet. Besonders die Honeymoon Suite begeistert mit einer frei stehenden Badewanne.
Largo Cavalieri di Malta 22, www.bb22.it, Tel. +39 091 32 62 14, DZ ab 110 €

B & B Dolce Dormire
Saubere, große Zimmer und eine herzliche Atmosphäre zeichnen dieses ruhige B & B mitten im Zentrum von Palermo aus. Frühstück ist im Preis inbegriffen. Die Mitarbeiter sind mehrsprachig und helfen gerne bei Fragen weiter.
Piazza Giovanni Amendola 43, www.dolcedormirepalermo.com, Tel. +39 320 383 63 93, DZ ab 50

Palazzo Brunaccini
Zentral im Herzen der Altstadt Palermos übernachtet man in einem restaurierten Palazzo. Die 18 Räume des Vier-Sterne-Hotels sind stilvoll mit Bildern und Wandbehängen des sizilianischen Designers und Künstlers Eugenio Vazzano dekoriert. Zum Hotel gehört eine schicke Cocktail-Bar mit Lounge und Chill-out-Musik.
Piazzetta Lucrezia Brunaccini 9, www.palazzobrunaccini.it, Tel. +39 091 58 69 04, DZ ab 90 €

Das Wort »Traumstrand« wird oft strapaziert, doch hier passt es: im Riserva Naturale dello Zingaro.

ne Sammlung präsentiert, zu der Kunstwerke von Andrea Di Marco, Giovanni Anselmo und Carla Acardi gehören.

Corso Vittorio Emanuele 365, Di–So 10–20, Do–Sa bis 24 Uhr, www.palazzoriso.it

4 San Giovanni degli Eremiti

Die kleine, von fünf roten Kuppeln gekrönte Kirche liegt inmitten eines wunderschönen Gartens. Der viereckige Bau ist ein faszinierendes Beispiel für die Vermischung islamischer und christlicher Architektur. So versinnbildlichen die Kuppeln das mohammedanische Universum, während der Grundriss der Kirche die Form eines lateinischen Kreuzes aufweist.

Via dei Benedettini, Di–So 9–19, Mo/So 9–13 Uhr

5 Riserva Naturale dello Zingaro

In Siziliens ältestem Naturschutzgebiet wandert man auf Maultierpfaden zu zahlreichen kleinen Buchten mit kristallklarem Wasser. 7 km sind es von einem Ende des Naturschutzgebiets zum anderen.

Ca. 80 km westlich von Palermo, tgl. 9–17 Uhr, www.riservazingaro.it

Anreise

Berlin:	3:40 h
Frankfurt:	2:25 h
München:	2:05 h
Zürich:	1:55 h
Wien:	2:40 h

Vom Wasser aus wird Vallettas imposante Wehrhaftigkeit besonders deutlich.

49 Malta

Der Sagenheld Odysseus, der heilige Paulus und Napoleon haben die Inseln besucht, zahllose Eroberer haben sie in Besitz genommen: Phönizier, Römer, Byzantiner, Wandalen, Araber, Normannen, Staufer, Spanier, Kreuzritter, Franzosen, Engländer – um die wichtigsten zu nennen. Seit 1964 ist Malta als Republik von Großbritannien unabhängig und heute das südlichste sowie mit Abstand kleinste Mitgliedsland der Europäischen Union. Gerade einmal 246 qkm umfasst die Hauptinsel (etwa ein Viertel so groß ist die nahe gelegene, zum maltesischen Archipel gehörende Schwesterinsel Gozo). Auf kurzen Wegen lassen sich nicht nur die maltesischen Städte und Strände erkunden, sondern auch fünf Jahrtausende der Inselgeschichte: von steinzeitlichen Tempelanlagen und unterirdischen Kultstätten über mittelalterliche Altstädte, eine Kreuzritterkathedrale oder frühneuzeitliche Festungsbauten bis zu einem der bedeutendsten Nightlife-Zentren im gesamten Mittelmeerraum. Malta bietet Außergewöhnliches. Doch natürlich kann man sich auch ganz gewöhnlichen Strandvergnügungen wie dem Schwimmen, Schnorcheln, Tauchen oder Angeln widmen, selbst Möglichkeiten zum Wandern oder Mountainbiken in freier Natur gibt es auf dieser sagenhaften Insel. Nur Langeweile wird nicht aufkommen.

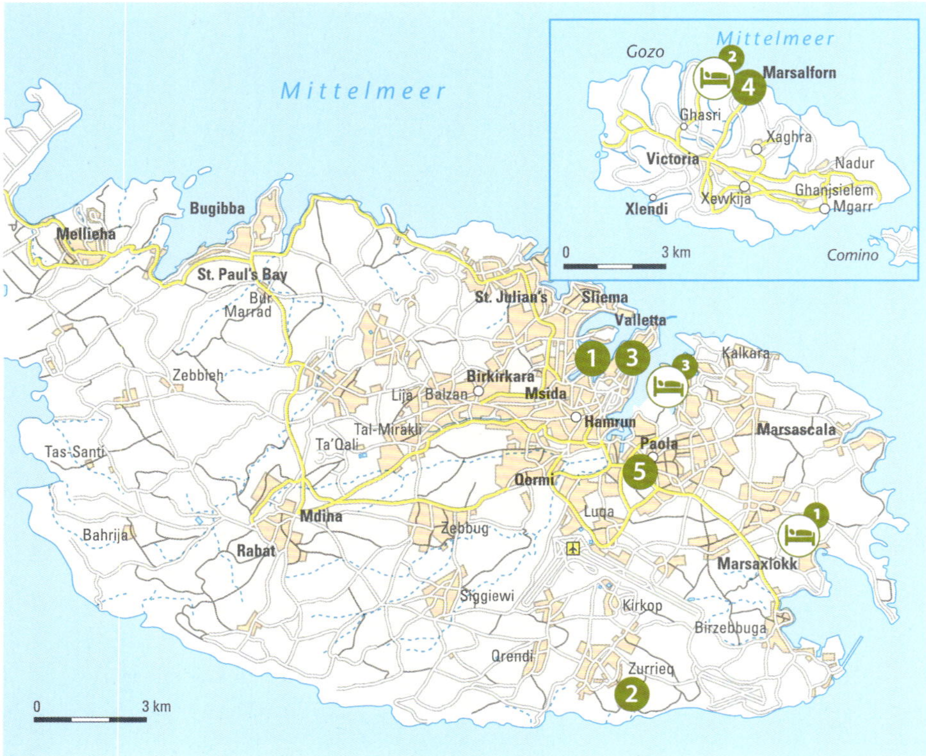

LEGENDE

- 1 Hafenrundfahrt
- 2 Hagar Qim
- 3 St. John´s Co-Cathedral
- 4 Salinen von Marsalforn
- 5 Tarxien
- Hotel 1: Harbour Lodge
- Hotel 2: Maria Giovanna Guest House
- Hotel 3: Sally Port Senglea

Beste Reisezeit

Etwa 80 Kirchweihfeste feiern die Malteser von Mai bis Oktober. Die Kirche wird reich mit Blumen und Lichterketten geschmückt, und neben Prozessionen gibt es Paraden, Jahrmärkte, Böllerschüsse und Feuerwerke.

1 Hafenrundfahrt

Maltas Hauptstadt Valletta und ihre Vorstadt Floriana liegen wie ein gewaltiges Schlachtschiff auf der Sciberras-Halbinsel zwischen zwei prächtigen Naturhäfen, dem Marsamxett Harbour und dem Grand Harbour. Auf den Seiten zum Meer hin bilden hohe Festungsmauern eine unüberwindbar scheinende Bordwand. Mit der Stadt und ihrer imposanten Wehrhaftigkeit macht man sich am leichtesten während einer Hafenrundfahrt vertraut.

Ferry Pier, Sliema, mehrmals tgl., www.captainmorgan.com.mt

2 Hagar Qim

Diese steinzeitliche Tempelanlage liegt besonders schön oberhalb der sanft zum Meer abfallenden Küste. Sie entstand in zwei Phasen um 3500 und um 2800 v. Chr. und besteht aus mehreren Räumen, die von einer gemeinsamen, freizügig geschwungenen Fassade eingefasst sind. Ihre Bauweise ist noch gut zu erkennen, sie bestand aus aufrecht stehenden Steinplatten.

13 km westl. von Marsaxlokk, tgl. 9–17, Apr.–Sept. bis 18 Uhr, www.heritagemalta.org

3 St. John's Co-Cathedral

Die Barockkirche war die Hauptkirche des Johanniterordens. Kunstvoll gestaltete Grabplatten aus farbigem Marmor bedecken den gesamten Kirchenboden, darauf sind Namen und Taten der 400 hier beigesetzten Ritter genannt. Die Pfeiler und Bögen der Kirche sind mit Reliefs übersät und die Gurtbögen des Tonnengewölbes kostbar vergoldet. Im Gewölbe wurden die Wände mit Malereien des Italieners Mattia Preti (1613–1699) verziert.

Republic Street/St. John Street, Valletta, Mo–Fr 9.30–16.30, Sa 9.30–12.30 Uhr, www.stjohnscocathedral.com

Wer einen guten Gleichgewichtssinn besitzt, kann sie sogar mit dem Fahrrad befahren: die Salinen bei Marsalforn.

4 Salinen von Marsalforn

Die ausgedehnten Becken sind von Menschenhand zur Salzgewinnung aus dem flachen Küstengestein gehauen. Man kann über die Stege balancieren, die sie voneinander trennen, und den Anblick des von der See glatt geschliffenen Küstenfelsens, der sie im Westen begrenzt, genießen.

Zwischen Marsalforn und Xwieni Bay, Gozo

Anreise

Berlin:	2:55 h
Frankfurt:	2:30 h
München:	2:10 h
Zürich:	2:15 h
Wien:	2:15 h

5 Tarxien

Der meistbesuchte Tempel der Insel ist mit seinen vier Einzeltempeln die größte Tempelanlage der Republik. Die vier Tempel stammen aus der Zeit zwischen etwa 3800 und 2800 v. Chr. Auf dem Vorhof des Komplexes sind in einer Ecke noch runde Steine zu sehen, die als Transportwalzen für die Megalithen (Großsteine) dienten. Der historische Eingang ist noch gut erhalten. Wie bei allen Tempeln üblich, wird er von zwei Reihen aus je drei senkrecht stehenden Steinplatten gebildet, auf denen früher eine gewaltige Deckplatte ruhte. In Tarxien lässt sich das Bauprinzip der meisten Tempel gut erkennen. Sie sind in etwa nierenförmig, bestehen aus einem Zentralraum und zwei Nebenräumen.

Neolithic Temples Street, Tarxien,
tgl. 9–17 Uhr, www.heritagemalta.org

Hotels

Harbour Lodge
Schlichte, moderne Pension mit geräumigen Zimmern für zwei bis acht Personen mitten im Ort. Hier kann man sich ganz unter Einheimischen fühlen, die Bushaltestelle nach Valletta ist nur 2 Min. entfernt, zum Strand und zur Strandpromenade mit einer Vielzahl von Cafés und Restaurants geht man 10 Min.
38 Triq San Piju V, Marsaxlokk, www.harbourlodgemalta.com, Tel. +356 99 82 14 91, DZ ab 80 €

Maria Giovanna Guest House
Stadthaus in zentraler Lage nahe dem Hafen, liebevoll im gozitanischen Stil eingerichtet. Die beiden Schwestern Anna und Sonia kümmern sich rührend um ihre Gäste, servieren zum Frühstück auch Hausgemachtes.
41 Triq ir-Rabat, Marsalforn, www.tamariagozo.com, Tel. +356 21 55 36 30, DZ ab 75 €

Sally Port Senglea
Mitten im historischen Arbeiterstädtchen Senglea liegt diese Pension mit mehreren geschmackvoll eingerichteten Zimmern. Den Gästen steht eine Dachterrasse mit Hafenblick zur Verfügung. Senglea ist bislang weniger touristisch, daher noch recht authentisch maltesisch. Zur Nachbarstadt Valletta kann man leicht mit dem Wassertaxi übersetzen.
Triq iż-Żewġ Mini, Senglea/Isla 175, www.sallyport.com.mt, Tel. +356 99 47 87 78, DZ ab 100 €

Seit Jahrhunderten trotzt
die imposante Stadtmauer
Dubrovniks dem Meer.

50 Dubrovnik

»Wenn Du den Himmel auf Erden sehen willst, dann besuche Dubrovnik«, soll George Bernard Shaw 1929 über die »Perle an der Adria« geschwärmt haben. Ob die zahlreichen Besucher dieses Zitat kennen oder nicht: Es scheint, als wollten die vielen Flaneure entlang der Hauptstraße Stradun dessen glatt poliertes, glänzendes Marmorpflaster noch ein wenig glänzender machen, damit sich der Himmel darin spiegeln kann. Dubrovnik und das Umland sind ein Urlaubsparadies: Verwöhnt von 250 Sonnentagen, milden Temperaturen das ganze Jahr über, einer reizvollen Umgebung und der blau glitzernden Adria. Die Stadt selber trumpft auf mit viel mediterranem Lebensgefühl, Cafés, kleinen Restaurants und Lädchen in den autofreien Gassen und mit einem abwechslungsreichen Nachtleben. Noch dazu ist Dubrovnik kulturhistorisch gesehen ein Kleinod: Auf der Fläche der Unesco-Altstadt finden sich eine Vielzahl einzigartiger Sehenswürdigkeiten und Gebäude, manche davon Jahrhunderte alt, so z. B. eine der ältesten Apotheken Europas im Franziskanerkloster aus dem 14. Jahrhundert. Zwar ist Dubrovnik schon länger ein Sehnsuchtsziel, zunächst nur der Adligen und Reichen zu Anfang des 20. Jahrhunderts und nach dem Kroatienkrieg auch eins des Tourismus aus aller Welt. Doch zeugt die wuchtige, zwei Kilometer lange Stadtmauer mit fünf Festungen auch von anderen, weniger friedlichen Zeiten, als die Bewohner Dubrovniks ihre Freiheit vor Angriffen durch die Sarazenen, die Mongolen und durch venezianische Schiffe verteidigen mussten. Von all diesen geschichtlichen Stürmen wie auch den Gezeiten des Meeres nahezu unberührt steht die wehrhafte Stadtmauer bis heute da. Vielleicht ist es auch das, was die besondere Atmosphäre Dubrovniks ausmacht: Sie liegt da wie eine erdachte Spielzeugstadt, gebettet am Fuße des Berges Srđ und perfekt in ihrer historischen Ausprägung. Wer vom Srđ hinunter auf die Stadt blickt, versteht, woher ihr zweiter Name kommt: »Perle der Adria«!

LEGENDE

1. Franziskanerkloster
2. Placa Luža
3. Seilbahn auf den Srđ
4. Stadtmauerrundgang
5. Stradun

- Hotel 1: Art House
- Hotel 2: Royal Princess Hotel
- Hotel 3: Villa Flores

Beste Reisezeit

Hochsaison ist der Sommer, dann füllt sich die Stadt mit Besuchern. Weniger voll sind der Früh- und Spätsommer, der November ist der regenreichste Monat. Im Juli und August findet das Summer Festival mit Tanz, Musik und Theater statt.

1 Franziskanerkloster

Das mittelalterliche Gebäude aus dem frühen 14. Jh. beeindruckt nicht zuletzt durch seinen Kreuzgang mit den filigranen Doppelsäulen. Als der Gebäudekomplex 1667 durch ein Erdbeben schwer beschädigt wurde, wurden Teile davon, darunter die Kirche, im barocken Stil wieder aufgebaut, erhalten ist noch das Südportal im spätgotischen Stil mit der eindrucksvollen Pieta, gemeißelt 1499 von den beiden Dubrovniker Handwerksmeistern Leonard und Petar Petrović. Im angeschlossenen Museum ist neben Goldschmiedearbeiten, historischen Stadtansichten und Gemälden eine originalgetreue Apotheke von 1317 ausgestellt, eine der ältesten ihrer Art in Europa.

Poljana Paska Miličevića, tgl. 9–17, März–Okt. 9–18 Uhr, www.tzdubrovnik.hr

2 Placa Luža

Am östlichen Ende der Placa, der Hauptstraße Dubrovniks, befindet sich der Luža-Platz mit dem 1444 erbauten, 31 m hohen Glockenturm, dem weithin sichtbaren Wahrzeichen der Stadt. Hier steht auch die südlichste bekannte Roland-Säule, im Mittelalter das Symbol einer freien Handelsstadt. Oberhalb des Platzes grenzt der Sponza-Palast an, zuerst Waren- und Münzlager später Zollamt und Gefängnis.

Placa Luža

3 Seilbahn auf den Srđ

Von ihr kann man sich auf den Srđ, den über Dubrovnik gelegenen Gipfel einer Gebirgskette, befördern lassen. Der Blick von hier oben ist wahrhaft grandios. Man blickt auf die Altstadt und die vorgelagerten Inseln. An klaren Tagen kann man bis hinüber zur Insel Mljet sehen.

Žičara Dubrovnik, tgl. 9–17, Apr./Okt. bis 20, Mai bis 21, Juni–Aug. bis 24, Sept. bis 22, Dez./Jan. bis 16 Uhr, www.dubrovnikcablecar.com

Stradun: Flaniermeile, wichtigste Achse und Verbindungsglied zwischen dem Ost- und Westtor.

4 Stadtmauerrundgang

Dubrovnik verfügt über einen geschlossenen und komplett erhaltenen Befestigungsring von über 1940 m Länge, der Besuchern die Möglichkeit eröffnet, die Stadt zu Fuß zu umrunden und viele der Sehenswürdigkeiten, aber auch das normale Alltagsgeschehen in den Gassen von oben zu betrachten. Der Befestigungsring stammt größtenteils aus dem 15. Jh., als Dubrovnik, damals unabhängiger Stadtstaat und Rivale Venedigs, die Angriffe venezianischer Schiffe fürchten musste. Die Mauern erreichen eine Höhe von 25 m und sind bis zu 6 m dick.

Placa ulica 32, tgl. 8–18.30, Juni/Juli bis 19.30, Okt. bis 16, Nov.–März 9–15 Uhr, www.citywallsdubrovnik.hr

Anreise

Berlin:	2:00 h	✈
Frankfurt:	1:50 h	✈
München:	1:25 h	✈
Zürich:	1:55 h	✈
Wien:	1:20 h	✈

5 Stradun

Die berühmte Hauptstraße und Flaniermeile Placa zwischen dem Pile-Tor und dem Luža-Platz wird auch Stradun genannt. An beiden Flanken liegen zahlreiche Cafés und Geschäfte. Das glatt geschliffene Straßenpflaster stammt aus dem 15. Jh. Die Hausfassaden längs der Placa wurden von den Bürgern nach dem Erdbeben von 1667 einheitlich wieder aufgebaut.

Placa

Hotels

Art House
Liebevoll eingerichtete Zimmer, die allerdings teilweise etwas kleiner sind. Sehr zentral gelegen, von den Zimmern überblickt man den Hauptplatz auf dem Stradun. Hauptsehenswürdigkeiten wie die Kathedrale von Dubrovnik, das Franziskanerkloster sind nur ein paar Meter entfernt.
Kovačka 1, www.art-house-dubrovnik.com, Tel. +385 92 320 04 40, DZ ab 100 €

Royal Princess Hotel
Etwas außerhalb der Altstadt, auf der Halbinsel Lapad liegt das Fünf-Sterne-Hotel. Es gibt Zimmer mit Meeres- oder mit Gartenblick. Zum Hotel gehört ein Wellnessbereich und ein Golfsimulator, Kajak- und Stand-Up-Paddling-Boards können ausgeliehen werden. In der Nähe locken herrliche Sandstrände an der Adria.
Kardinala Stepinca 31, www.hotelroyal-princess.com, Tel. +385 20 44 01 00, DZ ab 245 €

Villa Flores
Gemütliche Appartements für eine bis vier Personen in einer recht ruhigen Seitengasse im Zentrum der Altstadt. Alle Appartements haben ein eigenes Badezimmer, teilweise sind sie auch mit einem Wohnzimmer und einer vollständigen Küche ausgestattet.
Sv. Josipa 5, www.dubrovnikflores.com, Tel. +385 98 48 73 01, DZ ab 45 €

Weithin sichtbar: Seit über 2500 Jahren blicken die Athener auf zur Akropolis ...

51 Athen

Über der attischen Tiefebene, inmitten einer bis zum Horizont reichenden, surrealistisch anmutenden Stadtwüste erhebt sich die Akropolis, das Herz und Wahrzeichen der Stadt. Athen, einst das politische und kulturelle Zentrum des antiken Hellas, war die Wiege der europäischen Demokratie und Philosophie und spielte eine herausragende Rolle für die Entwicklung Europas. Nachspüren lässt sich dieser langen Vergangenheit an allen Ecken und Enden, in den unzähligen Denkmälern und archäologischen Stätten überall in der Stadt. Für viele entfaltet sich der Charme Athens erst langsam, es wirkt zunächst spröde, vielleicht sogar ein wenig hässlich mit seinen weißlich-gräulichen Betonfassaden. Wenn sich jedoch des Nachts ein sanfter Schimmer über die Häuser legt, ist man schnell mit der Hitze des Tages, der Hektik und dem Straßen¬lärm ausgesöhnt; die Stadt hüllt sich in eine magische Atmosphäre, und in den Cafés und Bars tummeln sich die Gäste. Wer die zwei Gesichter der Kapitale kennenlernt – einerseits die Jahrtausende alte Kulturstadt, andererseits die pulsierende Metropole der Moderne – erliegt ihrer Faszination. Athen, das ist die Keimzelle des antiken Europas und vielleicht auch im Hier und Jetzt die Stadt, in der sich die Zukunft Europas mitentscheiden wird.

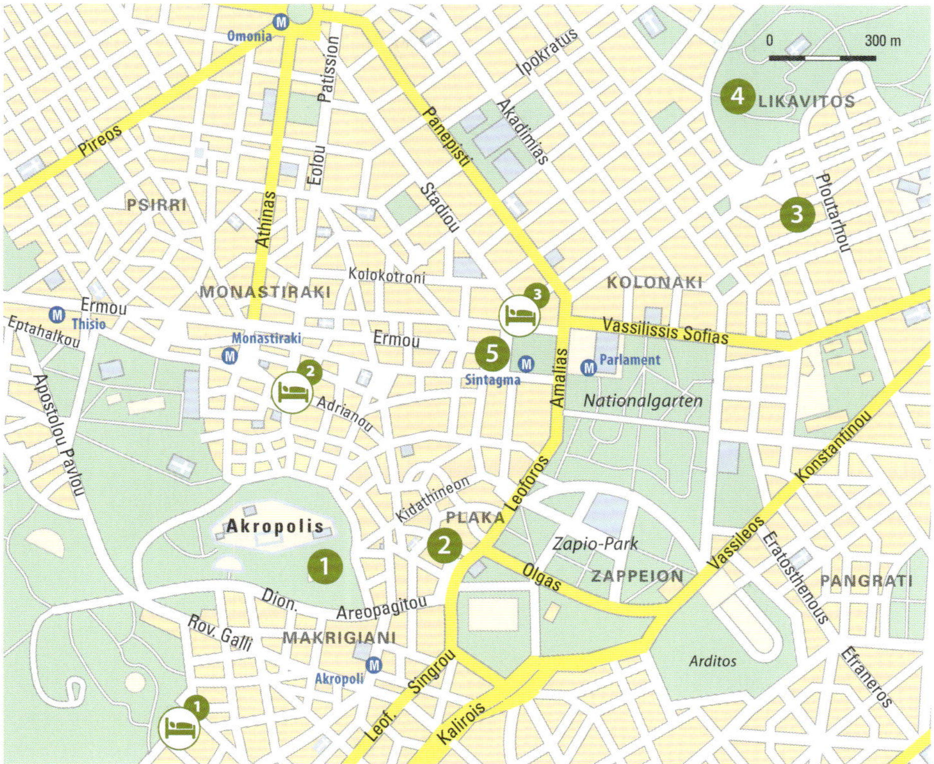

LEGENDE

- 1 Akropolis
- 2 Plaka
- 3 Kolonáki-Viertel
- 4 Lykabettus (Likavittós)
- 5 Syntagma-Platz
- Hotel 1 Acropolis Hill
- Hotel 2 Adrian Hotel
- Hotel 3 NJV Athens Plaza Hotel

Beste Reisezeit

Die Sommer in Athen können sehr heiß und trocken werden, die Winter sind zwar mild, aber häufig regnerisch. Von daher empfiehlt sich ein Besuch im Herbst oder Frühjahr, z. B. Ende Mai zum Technopolis Jazz Festival.

1 Akropolis und Akropolis-Museum

Die Akropolis einer antiken griechischen Stadt diente in alten Zeiten mehreren Zwecken: Sie war wehrhafte Festung und zugleich bedeutender Kultplatz und Heiligtum. Athens berühmtes »Musterbeispiel« einer klassischen Akropolis wartet gleich mit vier eindrucksvollen Monumenten auf: Propyläen, Nike-Tempel, Parthenon-Tempel und Erechtheion. Doch sah die Akropolis nicht immer so aus wie heute, sie war noch bis weit ins 19. Jh. besiedelt, ihr heutiges Aussehen erhielt sie erst, als man sie von jeglichen nicht-klassischen Einflüssen bereinigen wollte. Im dazugehörigen Museum, ein paar Straßen unterhalb der Bergkuppe, sind archäologische Funde aus der Akropolis ausgestellt.

Dionysiou Areopagitou 15, Akropolis: tgl. 8–20 Uhr, Museum: Apr.–Okt. Mo 8–16, Di–Do, Sa/So bis 20, Fr bis 22, Nov.–März Mo–Do 9–17, Fr bis 22, Sa/So bis 20 Uhr, www.theacropolismuseum.gr

2 Plaka

Athens ältester Stadtteil ist unzweifelhaft auch einer der interessantesten. Viele Souvenirlädchen, kleine Boutiquen und gemütliche Cafés sowie Straßenkünstler an jeder Ecke und autofreie Gassen, in denen man bummeln kann, machen den besonderen Reiz des Viertels aus.

Direkt unterhalb der Akropolis

3 Kolonáki-Viertel

Das elegante Kolonáki-Viertel ist seit jeher beliebte Flaniermeile und Wahlwohnsitz der Athener Schickeria. Die (Neu-)Reichen kommen wegen der vielen Luxusboutiquen und Einkauszentren. In den Cafés, Restaurants und Bars tummeln sich auch tagsüber die Ausgehwilligen. Man sitzt zwischen Prominenten, Intellektuellen

Hotels

Acropolis Hill
Das elegante Design-Hotel besticht durch seine außergewöhnliche Lage zugleich im Grünen und in unmittelbarer Nähe zur Akropolis und allen wichtigen Sehenswürdigkeiten. Ein kleiner Außenpool lädt zum Entspannen ein. Ausgezeichnetes Preis-Leistungs-Verhältnis.
Mouson 7, www.acropolishill.gr, Tel. +30 210 923 51 51, DZ ab 100 €

Adrian Hotel
Das kleine Hotel bietet seinen Gästen gut ausgestattete Zimmer. Unschlagbar ist in den Sommermonaten das Frühstück auf dem Dachgarten, der einen herrlichen Blick auf die Akropolis und die Altstadt gewährt. Vorzuziehen sind die Zimmer im 3. Stock, die mit einem großen Balkon nach hinten aufwarten.
Adrianou 74, www.douros-hotels.com, Tel. +30 210 325 04 54, DZ ab 112 €

NJV Athens Plaza Hotel
Zentral in der Innenstadt, direkt am Syntagma Platz liegt das elegante Hotel. Die 162 Zimmer und Suiten sind großzügig geschnitten, hell und komfortabel, manche mit Ausblick auf die Akropolis, den Syntagma-Platz oder das Parlament. Das freundliche Personal und ein nicht aufdringlicher Service sorgen für einen angenehmen Aufenthalt.
Vasileos Georgiou A 2, www.njvathensplaza.gr, Tel. +30 210 335 24 00, DZ ab 130 €

Fast das gesamte Viertel Plaka ist Fußgängerzone. Die malerischen Häuser, engen Gässchen und kleinen Läden lassen sich entspannt bei einem Stadtbummel erkunden.

und Künstlern, aber auch viele Studenten und »Normalos« suchen das Viertel auf.

Zwischen dem Vassilissis-Sofias-Boulevard und dem Lykabettus-Hügel

4 Lycabettus (Likavittós)

277 m hoch ist Athens Hausberg. Nach oben kommt man entweder zu Fuß oder per Seilbahn. Von der orthodoxen Georgskapelle auf der Spitze bietet sich eine überwältigende Aussicht über Athens Häusermeer bis zum Hafen Piräus in der Ferne.

Standseilbahn: Aristippou 1

Anreise

Berlin:	2:40 h
Frankfurt:	2:40 h
München:	2:10 h
Zürich:	2:30 h
Wien:	2:15 h

5 Syntagma-Platz

Athens politischer und architektonischer Mittelpunkt ist der Syntagma-Platz. Hier befindet sich auch das Parlament und davor ein beliebtes Fotomotiv: die Evzonen. Vom Syntagma zweigt der Panepistimíou-Boulevard ab, eine der wichtigsten Achsen der Stadt. Auf ihm ist mit der Universität, der Akademie und der Nationalbibliothek die große Trilogie des klassizistischen Athens König Ottos ansässig.

Syntagma, große Wachablösung: So 11 Uhr

52 Istanbul

Europas coolste Metropole liegt an seinem Rande: Istanbul strahlt aus und zieht an. Noch vor wenigen Jahren galt das ehemalige Konstantinopel, die einstige Hauptstadt der griechischen Byzantiner wie der Osmanen, als so etwas wie eine orientalische Drittweltmetropole. Heute siedeln sich Künstler, Literaten und Musiker aus aller Welt an. Was hat sich verändert? Die Reste und Schätze der Vergangenheit sind natürlich und zum Glück noch da: die Hagia Sophia, die alten Stadtmauern, die großen Moscheen Sinans, der Topkapı-Palast mit seinen Kleinodien. Diese klassischen Anziehungspunkte sollte man genauso wenig versäumen wie einen ausgedehnten Bummel durch die Basare und Gassen innerhalb der alten Stadtmauern. Doch zum alten Istanbul sind aufstrebende Trend- und Ausgehviertel wie Ortaköy an der Bosporusbrücke gekommen. Hier wird Istanbul zu einer Stadt der Nachtbars, Musikclubs, Luxusrestaurants, aber auch der Kreativität und Avantgarde. Istanbul lebt seine Widersprüche und bleibt ebenso faszinierend wie schön.

Alte und neue Skyline: Blick vom Turm der Gerechtigkeit (Adalet Kulesi) im Topkapı-Palast.

LEGENDE

1. Basare
2. Fahrt auf dem Bosporus
3. Galataturm (Galata Kulesi)
4. Hagia Sophia (Ayasofya)
5. Topkapı-Palast (Topkapı Sarayı)

- Hotel 1: Büyük Londra – Grand Hotel de Londres
- Hotel 2: Dersaadet Hotel
- Hotel 3: Tashkonak

Beste Reisezeit

Die international etablierte Biennale mit avantgardistischer politischer Kunst findet im Sept. und Okt. ungerader Jahre statt. Ansonsten ist die beste Reisezeit im Frühling und im Herbst: nicht zu schwül-heiß, nicht zu nass-kalt.

1 Basare

Ein großartiges Einkaufserlebnis bieten die alten Basare, allen voran der Große oder Gedeckte Basar (Kapalı Çarşı) mit seinen gut 3000 Läden. Im Ägyptischen Basar (Mısır Çarşısı) werden in erster Linie Gewürze, getrocknete Früchte, Rinderschinken, Lokum (»Turkish delight«) und Käse verkauft. Den Händler beim Feilschen übers Ohr zu hauen, ist unmöglich, aber wenn man sich vorher überlegt, was man zu welchem Preis kaufen möchte, wird man bestimmt zufrieden sein.

Gedeckter Basar: u. a. Kalpakçılar Caddesi, Mo–Sa 8.30–19 Uhr, Ägyptischer Basar: u. a. Tahmis Sokak, tgl. 8–19.30 Uhr

2 Fahrt auf dem Bosporus

Eine Bosporusfahrt gehört zu jeder Istanbul-Reise. Der Meeresarm trug viel zum Aufstieg der Stadt bei. In früheren Jh. siedelten erst Fischer an seinen Ufern, dann kamen zu osmanischer Zeit Sommerpaläste und Villen, Gotteshäuser und Gärten dazu. Zum Großteil ist der Bosporus heute Stadtgebiet, dennoch ist seine Schönheit nicht gänzlich verloren gegangen. Die Erlebnisfahrt führt bis ans Schwarze Meer, vorbei an spektakulären Landschaften und zahlreichen Sehenswürdigkeiten.

Ablegestelle der meisten Schiffe: Eminönü

3 Galataturm

Der Turm, der einst das Nordende der mittelalterlichen genuesischen Siedlung gegenüber Byzanz markierte, stammt aus der Mitte des 14. Jh. Der Teil oberhalb der fünften Etage scheint jedoch osmanischen Ursprungs zu sein. Einst Gefängnis und Feuerturm, ist er heute einer der besten Aussichtsplätze der Stadt: Über das Goldene Horn sieht man auf das alte Istanbul und zur anderen Seite zum Bosporus.

Galata Kulesi, tgl. 9–20.30 Uhr

Im Festsaal des Harems im Topkapı-Palast feierte der Sultan mit seiner Familie.

4 Hagia Sophia

Die Geschichte der Ayasofya ist so bewegt wie die ihrer Stadt: Schon der Gründer des neuen Roms, Konstantin, hatte hier eine Kirche erbauen lassen. Der heutige Bau stammt im Wesentlichen aus der Zeit Justinians I. (527–565). Nach der Eroberung Konstantinopels durch die Ritter des 4. Kreuzzugs war er Sitz eines papsttreuen Patriarchen, schließlich wurde er nach der osmanischen Eroberung 1453 zur Hauptmoschee Istanbuls umgewandelt.

Ayasofya Meydanı, Di–So 9–17, Mitte Apr. bis Okt. bis 19 Uhr, www.ayasofyamuzesi.gov.tr

Anreise

Berlin:	2:40 h
Frankfurt:	2:50 h
München:	2:30 h
Zürich:	2:40 h
Wien:	2:05 h

5 Topkapı-Palast

Als Mehmed II. 1453 Konstantinopel eroberte, errichtete er mehrere große Paläste, u. a. den »Neuen Palast«, heute Topkapı Sarayı. Zur Zeit Süleymans des Prächtigen wurde er Hauptwohnsitz des Großherrn. Unbezahlbare Schätze beherbergt die fast 70 ha große Anlage, die prächtigsten Räume bewohnte die Sultansmutter mit ihrem eigenen Hofstaat im Harem, wunderschön sind auch die Gartenanlagen.

Topkapı Sarayı, tgl. 9–16.45, Mitte Apr.–Okt. bis 18.45 Uhr, www.topkapisarayi.gov.tr

Hotels

Büyük Londra – Grand Hotel de Londres
Charmant-nostalgisches Hotel, berühmt auch durch Fatih Akıns Film »Crossing the Bridge« und ein Zeugnis seiner eigenen, seit 1892 dauernden Geschichte. Es befindet sich mitten im lebhaften Stadtteil Beyoglu und war eine der beliebtesten Anlaufstellen der ersten Reisenden des Orient-Express, als dieser erstmals im 19. Jh. Istanbul anlief. Auf der Dachterrasse sitzt man hoch über der Stadt mit Blick auf das Goldene Horn.
Meşrutiyet Caddesi 53, www.londrahotel.net, Tel. +90 212 245 06 70, DZ ab 50 €

Dersaadet Hotel
Ein Boutique-Hotel, das etwas von dem besonderen Gefühl eines klassischen osmanischen Stadthauses vermittelt. Zimmer und Dachterrasse mit Blick über das Marmarameer.
Küçükayasofya Cad. Kapıağası Sk. 5, www.dersaadethotel.com, Tel. +90 212 458 07 60, DZ ab 66 €

Tashkonak
Kleines Hotel (Rest byzantinischer Kirche) mit Garten und Dachterrasse. Sehenswürdigkeiten wie die Hagia Sophia und der Topkapi-Palast liegen ganz in der Nähe.
Kucuk Ayasofya Cad. Tomurcuk Sk 5, www.hoteltashkonak.com, Tel. +90 212 518 28 82, DZ ab 60 €

A
Akershus, Oslo 33
Akropolis, Athen 183
Akropolis Museum, Athen 183
Albertina, Wien 98
Alfriston 17
Alhambra, Granada 137
Altfriesisches Haus, Keitum 59
Altstadt, Ljubljana 112
Altstadt, München 82
Altstädter Ring, Prag 101
Amsterdam 26 ff.
Andalusien 136 ff.
André Hellers Garten, Gardone Riviera 157
Anne Frank Huis, Amsterdam 28
Antwerpen 22 ff.
Archäologiemuseum, Bozen 154
Athen 182 ff.
Atomium, Brüssel 20

B
Badis, Zürich 88 f.
Bairro Alto, Lissabon 134
Bairro da Sé, Porto 131
Barcelona 142 ff.
Barrage Vauban, Straßburg 124
Barri Gòtic, Barcelona 144
Basare, Istanbul 186
Belgisches Comic-Zentrum, Brüssel 20
Berlin 70 ff.
Bernsteinzimmer, Zarskoje Selo 55
Bodensee 84 ff.
Boquería, Barcelona 144
Bordeaux 120 ff.
Bosporus, Istanbul 186
Bozner Lauben 154
Brandenburger Tor, Berlin 72
Brighton Pier 17 f.
Brühlsche Terrasse, Dresden 78
Brüssel 19 ff.
Buckingham Palace, London 14
Budapest 106 ff.
Burg Meersburg 85
Burgviertel, Budapest 108

C
Cabrera-Archipel, Mallorca 148
Cais da Ribeira, Porto 131
Calanques, Provence 128
Calton Hill, Edinburgh 10
Campo Santa Margherita, Venedig 164
Canterbury 17 f.
Casa da Música, Porto 131
Castelo São Jorge, Lissabon 134
Cathedral, Canterbury 18
Cattedrale, Palermo 173
Centro de Arte Reina Sofía, Madrid 140
Círculo de Bellas Artes, Madrid 140
Comer See 161
Córdoba 138
Covent Garden Market, London 14

D
De Wallen, Amsterdam 28
Dokumentationszentrum, Prora 62
Dom St. Marien, Riga 50
Dom, Köln 68
Domkirche, Tallinn 46
Domquartier, Salzburg 93 ff.
Dresden 77 ff.
Dublin 6 ff.
Dubrovnik 178 ff.
Duftmuseum im Farinahaus, Köln 68
Duomo di S. Maria del Fiore, Florenz 167
Duomo Santa Maria Nascente, Mailand 160

E
Edinburgh 9 ff.
Edinburgh Castle, Edinburgh 10
Eiffelturm, Paris 119
Elevador Santa Justa, Lissabon 134 f.
Englischer Garten, München 82
Erdpyramiden, Ritten 154
Eremitage, Sankt Petersburg 54
Erlöserkirche, Sankt Petersburg 54
Es Trenc 148 f.
Estnisches Kunstmuseum, Tallinn 46

F
Felsenkirche, Helsinki 44
Festung Hohensalzburg, Salzburg 94
Finlandia talo, Helsinki 43
Fleetinsel, Hamburg 65
Flon, Lausanne 91
Florenz 167 f.
Forum Romanum, Rom 170
Franziskanerkloster, Dubrovnik 180
Frauenkirche, Dresden 78

G
Galataturm, Istanbul 186
Galleria Vittorio Emanuele II, Mailand 160 f.
Gallerie dell'Accademia, Venedig 164
Gardasee 156 ff.
Gellért Fürdő (Gellért-Bad), Budapest 108
Genf 91 f.
Genfer See 90 ff.
Getreidegasse, Salzburg 94 f.
Gozo 175 ff.
Grachten, Amsterdam 28 f.
Granada 137 f.
Grand Canyon du Verdon, Provence 128
Grand Théâtre, Bordeaux 121
Grand-Place, Brüssel 20
Grassmarket, Edinburgh 10
Grazalema 138
Gröna Lund, Stockholm 40
Groß Zicker, Rügen 62
Große Synagoge, Budapest 108 f.
Großer Markt, Krakau 104
Grossmünster, Zürich 88
Grote Markt, Antwerpen 24

H
Hackesche Höfe, Berlin 72 f.
Hafenrundfahrt, Valletta 176
Hagar Qim, Malta 176
Hagia Sophia, Istanbul 187
Hamburg 64 ff.
Hamburger Kunsthalle 65
Helsinki 42 ff.
Hiddensee 62 f.
Hieronymuskloster, Lissabon 135
Hofburg, Wien 98
Holmenkollen, Oslo 33
Hötorgshallen, Stockholm 40
Houses of Parliament, London 14 f.
Hradschin, Prag 101
Hugh Lane Gallery, Dublin 7

I
Illums Bolighus, Kopenhagen 36
Insel Mainau 85
Isaakkathedrale, Sankt Petersburg 54 f.
Istanbul 185 ff.

J
Jordaan, Amsterdam 29
Josefstadt, Prag 101 f.
Jüdischer Friedhof, Venedig 164

K
Kampen 59
Kap Arkona 63
Karlsbrücke, Prag 102
Katharinenpalast, Zarskoje Selo 55
Kazimierz, Krakau 104
Kiasma nykytaiteen museo, Helsinki 44
Kleine Meerjungfrau, Kopenhagen 36
Köln 67 ff.
Kolonáki-Viertel, Athen 183 f.
Kolosseum, Rom 170
Königsstuhl 63
Konstanzer Münster 85 f.
Kopenhagen 35 ff.
Krakau 103 ff.
KUMU, Tallinn 46
Kungliga slottet, Stockholm 41
Kunstmuseum Rigaer Börse, Riga 50

L
Lahemaa-Nationalpark 47
Lausanne 91 f.
Leeds Castle 18
Leipzig 74 ff.
Lenbachhaus, München 82 f.
Lido-Insel, Venedig 164
Likavittós, Athen 184
Limone sul Garda 157
Lindenhof, Zürich 88
Lissabon 133 ff.
Ljubljana 110 ff.
Ljubljanski grad, Ljubljana 112
London 12 ff.
Louvre, Paris 118
Lycabettus, Athen 184

M
Madrid 139 ff.
Mailand 159 ff.
Malcesine, Gardasee 157 f.
Mallorca 146 ff.
Malta 175 ff.
Mamco, Genf 91
Markusplatz, Venedig 165
Meran 155
Mercado do Bolhão, Porto 131
Mercato di Ballarò, Palermo 173
Mezquita, Córdoba 138
Miroir d'Eau, Bordeaux 121
MOCAK, Krakau 105
Mont des Arts, Brüssel 21
Monte Baldo, Gardasee 158
Mozart-Wohnhaus, Salzburg 95
MuCEM, Marseille 128
München 80 ff.
Musée d'Aquitaine, Bordeaux 121
Musée Tomi Ungerer, Straßburg 124
Museo d'Arte Contemporanea della Sicilia, Palermo 173 f.
Museo Nacional del Prado, Madrid 140 f.
Museu Picasso, Barcelona 144
Museum aan de Stroom, Antwerpen 24
Museum Ludwig, Köln 69
Museumsinsel, Berlin 73
MuseumsQuartier, Wien 98 f.

N
Naschmarkt, Wien 99
National Galleries of Scotland, Edinburgh 11
Nationaloper, Riga 50
Nationalpark Jasmund, Rügen 63
Neustadt, Dresden 78 f.
Newgrange 8
Newski Prospekt, Sankt Petersburg 55
Nikolaikirche, Leipzig 75
Nikolaikirche, Tallinn 46
Nikolaj Kunsthal, Kopenhagen 36
Notenspur, Leipzig 75
Notre-Dame, Lausanne 91
Notre-Dame, Paris 118
Notre-Dame, Straßburg 124
Nowa Huta, Krakau 104

O
Onze-Lieve-Vrouwekathedraal, Antwerpen 24 f.
Operaen, Kopenhagen 36 f.
Operahuset, Oslo 34
Oslo 32 ff.
Oslofjord, 33 f.

P
Palazzo Valentini, Rom 171
Palermo 172 ff.
Palma de Mallorca 148
Panometer, Leipzig 75 f.
Pantheon, Rom 171
Parc de l'Orangerie, Straßburg 125
Parc Naturel de Camargue, Provence 129
Paris 116 ff.
Park Güell, Barcelona 144 f.
Parlament, Budapest 109
Parlement Européen, Brüssel 21
Parque del Retiro, Madrid 141
Passagensystem, Leipzig 76
Petersdom, Rom 171
Petite France, Straßburg 125
Pfahlbaumuseum Unteruhldingen 86
Pisa 168
Placa, Dubrovnik 181
Placa Luža, Dubrovnik 180
Place de la Bourse, Bordeaux 121
Plage Sainte-Estève, Marseille 129
Plaka, Athen
Platz der Nationen, Genf 92
Plaza Mayor, Madrid 141
Ponte di Rialto, Venedig 165
Ponte Vecchio, Florenz 167
Porte de la Grosse Cloche, Bordeaux 122
Porto 130 ff.
Portweinprobe, Porto 131 f.
Praça da Liberdade, Porto 132
Prag 100 ff.
Provence 126 ff.

R
Rådhuset, Oslo 34
Rathausplatz, Tallinn 46
Reichstagsgebäude, Berlin 73
Residenz, München 83
Riga 48 ff.
Rijksmuseum, Amsterdam 29
Riserva Naturale dello Zingaro, Sizlien 174
Ritten 154
Rom 169 ff.
Rotes Kliff, Sylt 59
Royal Botanic Garden, Edinburgh 11
Rubenshuis, Antwerpen 25
Rügen 61 ff.
Rundetårn, Kopenhagen 37

S
Sacré-Cœur, Paris 118
Sagrada Família, Barcelona 145
Saint Patrick's Cathedral, Dublin 7 f.
Saint-Michel, Bordeaux 122

Salinen, Marsalforn 177
San Giovanni delli Eremiti, Palermo 174
San Gusmè 168
San Marco, Venedig 165
Sankt Petersburg 52 ff.
Santuario della Madonna
di Monte Castello, Tignale 158
Sarntal 154 f.
Schiffstour auf dem Rhein, Köln 69
Schindlers Fabrik, Krakau 105
Schloss Chillon, Veytaux 92
Schloss Hellbrunn, Salzburg 95
Schloss Katharinental, Tallinn 47
Schloss Trauttmannsdorff, Meran 155
Schokoladenmuseum, Köln 69
Schwarzhäupterhaus, Riga 51
See- und Flussbadis, Zürich 88 f.
Seilbahn auf den Srđ, Dubrovnik 180
Seine, Paris 119
Semperoper, Dresden 79
Senaatintori, Helsinki 44
Serra de Tramuntana 149
Sevilla 137
Siena 168
Sierra de Grazalema 138
Sintra 135
Sissinghurst 18
Skansen, Stockholm 41
Speicherstadt, Hamburg 65
Spinnerei, Leipzig 76
Srđ, Dubrovnik 180
St. John's Co-Cathedral, Valletta 176
St. Michaelis, Hamburg 66
St.-Pauli-Landungsbrücken, Hamburg 66
Stadtmauer, Dubrovnik 181
Stephansdom, Wien 99
Stockholm 38 ff.
Stradun, Dubrovnik 181
Straßburg 123 ff.
Südengland, 16 ff.
Südtirol 152 ff.
Südtiroler Archäologiemuseum, Bozen 154
Sylt 58 ff.
Sylter Sahara 59
Syntagma-Platz, Athen 184

T
Tallinn 45 ff.
Tarxien Tempel, Tarxien 177
Tate Modern, London 15
Teatro alla Scala, Mailand 161
Tempelhofer Freiheit, Berlin 73
Temple Bar, Dublin 8
Temppeliaukion kirkko, Helsinki 44
Tivoli-Park, Ljubljana 113
Topkapı-Palast, Istanbul 187
Torre pendente, Pisa 168
Toskana 166 ff.
Tower Bridge, London 15
Trinity College, Dublin 8

U
Uetliberg, Zürich 89
Uwe-Düne, Sylt 60

V
Valletta 176 f.
Vasamuseet, Stockholm 41
Venedig 162 ff.
Viktualienmarkt, München 83
Vodnikplatz, Ljubljana 113

W
Watt, Sylt 60
Wawel, Krakau 105
Weinterrassen des Lavaux 92
Wien 96 ff.

Z
Žanis-Lipke-Gedenkmuseum, Riga 51
Zürich 87 ff.
Zürich-West 89
Zwinger, Dresden 79

Nordwesteuropa

01 Dublin 4
02 Edinburgh 4
03 London 5
04 Östliches Südengland 6
05 Brüssel 6
06 Antwerpen 7
07 Amsterdam 8

Nordeuropa

08 Oslo 8
09 Kopenhagen 9
10 Stockholm 10
11 Helsinki 11
12 Tallinn 11
13 Riga 12
14 Sankt Petersburg 12

Mittel- und Osteuropa

15 Sylt 13
16 Rügen 14
17 Hamburg 15
18 Köln 15
19 Berlin 16
20 Leipzig 17
21 Dresden 17
22 München 18
23 Bodensee 19
24 Zürich 19
25 Genfer See 20
26 Salzburg 21
27 Wien 21
28 Prag 22
29 Krakau 23
30 Budapest 23
31 Ljubljana 24

Südwesteuropa

32 Paris 25
33 Bordeaux 25
34 Straßburg 26
35 Provence 27
36 Porto 27
37 Lissabon 28
38 Andalusien 28
39 Madrid 29
40 Barcelona 30
41 Mallorca 30

Süd- und Südosteuropa

42 Südtirol 31
43 Gardasee 32
44 Mailand 33
45 Venedig 33
46 Toskana 34
47 Rom 35
48 Palermo 35
49 Malta 36
50 Dubrovnik 37
51 Athen 37
52 Istanbul 38

Bildnachweis 39
Impressum 39

01 DUBLIN

Hatch & Sons

In diesem Lokal, im Parterre des Little Museum of Dublin, stehen irische Gerichte mit Produkten von ausgewählten irischen Farmern auf der Speisekarte. Eine kleine Auswahl ausgesuchter »Craft Beers« von lokalen Brauereien vervollständigt das Speiseangebot.
15 Saint Stephens Green, Mo/Di/Fr 8–17, Mi/Do 8–21, Sa 9–18, So 10–17 Uhr, www.hatchandsons.co, Tel. +353 1 661 00 75

The Stag's Head

Das Guinness läuft samtig ins Glas, die Nachmittagssonne schafft es dank der Glasfenster nur, für schummriges Licht zu sorgen. Ein ruhiger Platz inmitten des Stadtzentrums, dunkles Holz, über der Bar eine Hirschtrophäe mit mächtigem Geweih – das Stag's Head ist eines der schönsten Pubs in Dublin.
1 Dame Court, tgl. 10.30–24 Uhr, www.louisfitzgerald.com/stagshead, Tel. +353 1 679 36 87

Bewley's Café Theatre

Lust auf Lunchtime-Drama? Vielleicht ein Stück von George Bernard Shaw oder eines der jungen irischen Autoren, während man seine Suppe löffelt? Im Bewley's Café Theatre gehen Mittagspause und Theaterkunst eine perfekte Einheit ein, ein »Light Lunch« ist im Eintittspreis inkludiert. Vorübergehend ist das Café wegen Renovierungsarbeiten in das Powerscourt Theatre umgezogen.
Powerscourt Theatre: South William St., Lunchtime Shows Mo–Fr 13 Uhr, www.bewleyscafetheatre.com, Tel. +353 86 878 40 01

Sixty6

Sieben Tage und Nächte geöffnet, hat sich das stylishe Lokal zu einem der verlässlichsten Restaurants der Stadt entwickelt: Die französisch-mediterran angehauchte Brasserie hat von Räucherlachs auf Toast bis zu gefüllter Entenbrust Köstliches auf der Karte. Auch die große Auswahl an Cocktails ist nicht zu verachten ...
66 South Great George's St., Mo–Fr 12 bis mind. 24 Uhr, Sa,/So 10 bis mind. 24 Uhr, www.brasseriesixty6.com, Tel. +353 1 400 58 78

Bernard Shaw

Hippes Pub, in dem DJs eine breite Palette an Musik – von Ambient bis Jazz – auflegen. Die Preise sind für Dubliner Verhältnisse recht günstig. Im Hof steht ein blauer Doppeldeckerbus, in dem Pizza und Getränke serviert werden.
11–12 South Richmond St., Mo bis Do 8–24, Fr bis 1, Sa 10–1, So 13–24 Uhr. www.bodytonicmusic.com/thebernardshaw, Tel. +353 85 165 84 06

Süffiges Guinness, eine authentische Pub-Atmosphäre und original-viktorianisches Interieur. Das Stag's Head (➤ S. 4) in Dublin steht für Traditionen.

02 EDINBURGH

The Holyrood 9A

Burger in 15 verschiedenen Variationen kann man in diesem gemütlich-trendigen Gastropub essen. Dazu gibt es eine stattliche Auswahl an heimischen und kontinentalen Zapf- und Flaschenbieren.
9a Holyrood Rd., tgl. 9 bis 12 Uhr, Fr/Sa bis 1 Uhr, www.theholyrood.co.uk, Tel. +44 131 556 50 44

The Voodoo Rooms

Club, Restaurant, Cocktailbar und Konzertsaal in einem in den eleganten georgianischen

Räumen über dem Cafe Royal. Geschmackvoll in Schwarz und Gold dekoriert. In den Konzertsaal passen 200 Musikliebhaber von live Soul, Jazz, Folk, Indie, Rock und Hip-Hop. Die reguläre Disconacht Limbo vereint die eklektische Musikszene Edinburghs.
19a West Register St., Mo–Do 16–1, Fr–So 12–1 Uhr, www.thevoodoorooms.com, Tel. +44 131 556 70 60

The Bow Bar

Traditionelle Whiskybar am Grassmarket ohne jeden touristischen Firlefanz. Der umfangreiche Bestand an ungefähr 300 Single Malts beinhaltet Einzelfassabfüllungen unabhängiger Abfüller, seltene Ausgaben und Whiskys geschlossener Brennereien. Die alte Eichenholzbar, die vertäfelten Wände und fixierten Tische und Bänke vervollkommnen das authentische Gesamtbild.
80 West Bow, Mo–Sa 12–24, So 12–11.30 Uhr, www.thebowbar.co.uk, Tel. +44 131 226 76 67

Dubh Prais

Exzellente schottische Küche bieten James and Heather McWilliam in ihrem kleinen Lokal. Der gälische Name spielt auf den »schwarzen Kochtopf« an, in dem die Schotten früher traditionell ihre Speisen zubereiteten. Auf der Karte brillieren geräucherter Wildlachs, Angus-Filetsteak und Melrose-Lamm mit Rosmarintomaten.
123b High St./Royal Mile, Di–Sa 17–22.30 Uhr, www.dubhpraisrestaurant.com, Tel. +44 131 557 57 32

Henderson's

Das Pioniergeschäft von Janet und Mac Henderson ist das älteste vegetarische Lokal der Stadt. Das Imperium besteht aus einem Delikatessenladen, einem Bistro, einem veganen Restaurant sowie einer Salatbar. Im Shop & Deli werden international angehauchte vegetarische Gerichte außerordentlich schmackhaft serviert. Die Zutaten stammen von lokalen Unternehmen und sind überwiegend Bio-Produkte.
94 Hanover St., Mo–Fr 8–19, Sa 10–18, So 11–17 Uhr, www.hendersonsofedinburgh.co.uk, Tel. +44 131 225 66 94

03 LONDON

Cafe Royal – Oscar Wilde Bar

Ein Stück alter Londoner Geschichte ist mit dem 1865 entstandenen Grill Room, heute Oscar Wilde Bar, im noblen Cafe Royal in der Regent Street verbunden: Oscar Wilde gehörte hier zu den Stammgästen, Noël Coward und George Bernard Shaw ebenfalls. Heute wie damals ist die Bar mit goldumrahmten Bildern und Spiegeln ausgestattet, die ein gediegen stilvolles Ambiente erzeugen.
68 Regent St., W 1, Mo–Sa 12–17 Uhr, www.hotelcaferoyal.com, Tel. +44 20 74 06 33 33

Gordon's Winebar

Im 17. Jh. lebte der Tagebuchautor Samuel Pepys hier in diesem Haus. Heute strömen Weinliebhaber in die seit 1890 bestehende Weinbar im Keller. Die Atmosphäre scheint abzufärben: Auch Rudyard Kipling und Chesterton schrieben hier Teile ihrer Werke.
47 Villiers St., WC 2, Mo–Sa 11–23, So 12–22 Uhr, www.gordonswinebar.com, Tel. +44 20 79 30 14 08

Theatre Royal Haymarket

Londons ältestes Repertoiretheater, seit 1720 am Haymarket gelegen, erlebte Uraufführungen von Ibsen, Wilde und W. Somerset Maugham. Städtebauer John Nash schuf 1821 die heutige Fassade. Diese Spielstätte mit genau 893 Plätzen setzt noch heute Stücke von Ibsen, Rattigan, Pinter und anderen in Szene und gilt als die Lieblingsbühne von Vanessa Redgrave und Judi Dench.
Haymarket, SW 1, Einlass 45 Min. vor der Aufführung, www.trh.co.uk, Tel +44 20 79 30 88 00

The Cinnamon Club

Das schöne Backsteingebäude der Westminster Library von 1893 wurde 2001 in ein modernes indisches Restaurant mit Bar verwandelt. Bücherborde zieren die Räume und erinnern an belesene Gelehrte. Der Koch Vivek Singh kreiert elegante, einfallsreiche Gerichte und gibt der traditionellen indischen Küche neuen Aufschwung.
The Old Westminster Library, 30–32 Great Smith St., SW 1, Mo–Sa 12–22.45 Uhr, www.cinnamonclub.com, Tel. +44 20 72 22 25 55

Prospect of Whitby
Mit fast 500 Jahren Londons ältestes Riverside-Pub. Hier aß »Hanging Judge« Jeffries genüsslich zu Mittag, während die Sünder, die er verurteilt hatte, vor dem Pub am Galgen baumelten. Auch Charles Dickens kehrte hier ein.
57 Wapping Wall, E 1, Mo–Do 12–23, Fr/Sa bis 24, So bis 22.30 Uhr, Tel. +44 20 74 81 10 95

04 ÖSTLICHES SÜDENGLAND

Tiny Tim's Tearoom
Im 400 Jahre alten Gebäude mit seinen von Kronleuchtern erhellten Teeräumen lässt man sich typisch englische Spezialitäten wie »cream tea« mit Scones, Marmelade und »clotted cream« oder ein kleines Lunch schmecken.
34 St. Margaret's St., Canterbury, Di–Sa 9.30–17, So 10.30–16 Uhr, www.tinytimstearoom.com, Tel. +44 1227 45 07 93

English's Oyster Bar
Eines der ältesten und bekanntesten Lokale in Brigthon. Die Oyster Bar ist die Adresse für Liebhaber von Fisch und Meeresfrüchten. Diese werden in dem gemütlichen Häuschen bereits seit 150 Jahren serviert, heute befindet sich dort ein modernes Restaurant. Schon Charlie Chaplin, Judi Dench u. a. waren hier zu Gast.
29–31 East St., Brighton, Mo–Sa 12–22.15, www.englishs.co.uk, Tel. +44 1273 32 79 80

The George Inn
The George Inn ist ein gemütliches Pub in Alfriston, das auch bei Einheimischen sehr beliebt ist, daher kann es an Wochenenden zum Teil voll werden. Das gute Essen und die freundliche Bedienung tun ihr Übriges zu einem angenehmen Restaurantbesuch.
High St., Alfriston, Mo–Do 11–23, Fr/Sa 11–24, So 12–23 Uhr, www.thegeorge-alfriston.com, Tel. +44 1323 87 03 19

The Kings Arms
Heimeliges ländliches Pub in der Nähe von Maidstone in schöner Umgebung und in einem traditionsreichen Gebäude, das im 18. Jh. als Poststation diente. Die Zutaten für die herzhaften Gerichte kommen ausschließlich von lokalen Bauern. Gekocht wird ohne Zusatzstoffe, die Menükarte ist saisonal ausgerichet.
The Street, Boxley, Maidstone, Mo–Sa 12–23, So 12–22.30 Uhr, www.thekingsarmsmaidstone.co.uk, Tel. +44 1622 75 51 77

The Goods Shed
Beste Lebensmittel und eine super Atmosphäre machen den Einkauf zum Erlebnis: Der »daily farmers market« in einem historischen Bahnhofsgebäude wird beliefert von kleinen lokalen Betrieben, Bauernhöfen und Herstellern. Im angeschlossenen Restaurant mit Ausblick auf den Markt lassen sich die Köstlichkeiten gleich probieren.
Station Road West, Di–Sa 9–19, So 10–16 Uhr www.thegoodsshed.co.uk, Tel. +44 1227 45 91 53

05 BRÜSSEL

Geliebte Frittensünde
Die krossen Stäbchen sind der ideale Snack beim Bummeln: frisch, günstig und lecker! Die besten »Fritures« stehen auf der Place de la Chapelle, der Place Flagey sowie der Place Jourdan. Stellen Sie sich einfach zur Mittagszeit hinten an der langen Warteschlange an ...
tgl. ca. 11–18 Uhr

Wo gibt es die besten Fritten in Brüssel? Vielleicht bei Maison Antoine (➤ S. 6) auf der Place Jourdan.

Les Tartes de Françoise

Wenn ein Zuckerbäcker ein Geheimtipp sein kann, versteckt er seinen Laden in einem Hinterzimmer am Rande des Quartiers Ixelles. Eine gute Spürnase und eine Portion Orientierungssinn braucht man schon, bis man auf den letzten Metern dem unwiderstehlichen Duft von frischen Apfeltartes, Macarons und Käsequiches durch einen kleinen Durchgang in das süße Schlaraffenland nachgehen darf. Es folgt die Qual der Wahl! Doch die Mühe lohnt sich, und am Ende kann man selig triumphierend an den feinsaftigen Köstlichkeiten knabbern.
75. Av. de l'Hippodroom, www.tartes.be, Tel. +32 2 640 88 41

Parvis St-Gilles

Seit einigen Sommern ist der große Platz vor der Kirche St-Gilles das offene Wohnzimmer der jungen, kontaktfreudigen Brüsseler. Dicht an dicht stehen Stühle und Tische vor den Kneipen, deren Namen L'Union oder Maison du Peuple daran erinnern, dass die sozialistische Arbeiterbewegung des späten 19. Jh. diesen Stadtteil der kleinen Leute prägte. Noch heute holt man sich sein Bier leger an der Theke, bleibt spontan bei einem improvisierten Gitarrenkonzert hängen und ist vor allem eines: ein Mensch mit Zeit an einem schönen Abend. Übrigens: Wer durchs Quartier streift, sollte die Rue Vanderschrick mit ihren grandiosen Jugendstilfassaden nicht vergessen.
St-Gilles

Aux Armes de Bruxelles

Seit 1921 der Klassiker unter den Restaurants im »Bauch von Brüssel«. Beständig gut und bestens besucht, bietet die Wirtedynastie der Veulemans bodenständig belgische Kost auf hohem Niveau: Waterzooi, Muscheln, frischen Fisch und zarte Steaks.
13, Rue des Bouchers, Mo–Fr 12–22.45, Sa 12–23.15, So 12–22.30 Uhr, www.auxarmesdebruxelles.com, Tel. +32 2 5 11 55 50

Centre culturel flagey

Trendiges Kulturzentrum mit ambitioniertem Programm von Klassik über Ethno-Pop und künstlerischem Film bis zu avantgardistischen Klangexperimenten. Allein das an einen Schiffbug erinnernde modernistische Gebäude von Architekt Joseph Diongre, aus dem von 1933 bis in die 80er-Jahre der Belgische Rundfunk gesendet hat, ist unbedingt sehenswert. Viele Räume sind im Stil der 1930er-Jahre erhalten.
Pl. Sainte-Croix, Kartenvorverkauf Di–Fr 12–17 Uhr, www.flagey.be, Tel. +32 2 6 41 10 20

06 ANTWERPEN

D'aa Toert

Altmodisch eingerichtetes Kaffeehaus mit herrlichen Waffeln und Pfannkuchen, gleich um die Ecke vom »Grote Markt«. »Aa Toert« ist übrigens ein Synomym für »ältere Dame«. Auf Deutsch würde man wohl »alte Schachtel« sagen.
Oude Beurs 46, Mo/Mi/Do 10–18, Fr–So 9–19 Uhr, www.daatoert.be, Tel. +32 499 41 14 87

Mojo Visbistro

Fisch und Meeresfrüchte sind hier besonders gut und trotzdem bezahlbar. Zwar liegt dieses kleine Restaurant etwas abgelegen in der Südstadt, ist aber dennoch einen Abstecher wert. Eine Meeresfrüchteplatte kostet hier 32,50 €. Jeden Mittwoch ist Garnelen-Tag und jeden Donnerstag Paella-Tag. Das Restaurant ist auch bei Einheimischen beliebt.
Kasteelpleinstraat 54–56, Di–Fr 12–14 und 18–21.30, Sa 18–22 Uhr, www.visbistro-mojo.be, Tel. +32 3 237 49 00

Aahaar

Indisches Restaurant mit fantastischem Buffet und einer großen Auswahl, das ausschließlich vegetarische Gerichte anbietet. Hierher kommen auch viele indische Gäste, die das köstliche und preiswerte Essen ebenfalls zu schätzen wissen. Das Lokal ist nur ein paar Minuten von Antwerpens Hauptbahnhof entfernt und gut zu erreichen.
Lange Herentalsestraat 23, Mo–Fr 12–15 und 17.30 bis 21.30, Sa, So 13–21.30 Uhr, www.aahaar.com, Tel. +32 3 235 31 35

Appelmans Brasserie

Beliebter Treff in der Altstadt bei der Kathedrale. Tagsüber Restaurant, nach 22 Uhr Club mit DJs aus dem In- und Ausland. In der Absinthbar in der Brasserie wird neben Cocktails

auch – wie der Name schon sagt – Absinth serviert, jener berüchtigte Drink, der van Gogh den Verstand geraubt haben soll und auch Wilde, Manet, Gauguin und Hemmingway die Sinne vernebelte.
Papenstraatje 1, tgl. ab 12 Uhr, www.brasserieappelmans.be, Tel. +32 3 226 20 22

Impérial

Luxusbrasserie im königlichen Palast am Meir, der einst Napoleon gehörte und anschließend vom belgischen König als Gästehaus genutzt wurde. »High tea« bei dezenter Musik oder ausgedehntes Lunchen und Abendessen, bei schönem Wetter auch im großen Innenhof.
Meir 50, tgl. 9–19 Uhr, www.cafe-imperial.be, Tel. +32 3 206 20 20

07 AMSTERDAM

Moeders

Gemütlich, lecker und leicht chaotisch: Bei Moeders isst man wie bei Muttern. »Stamppot« und Fleischklops. Fast jeder setzt sich dazu, vom Hausfrauenclub bis zu mondänen Managern. Und Hunderte von Müttern schauen wohlwollend von Fotos an den Wänden zu.
Rozengracht 251, tgl. 17–1 Uhr, www.moeders.com Tel. +31 20 626 79 57

Restaurant Johannes

Chefkoch Tommy den Hartog beglückt seine Gäste im monatlichen Turnus mit koketten Eigenkompositionen wie Graved Lachs mit Tsatziki und Avocado. Zur Auswahl steht im gediegenen Rahmen eines Grachtenhauses ein Menü mit vier bis sechs Gängen und optionaler Weinbegleitung.
Herengracht 413, tgl. 18–22.30 Uhr, www.restaurantjohannes.nl, Tel. +31 20 626 95 03

Café de Jaren

In dem Café de Jaren treffen sich alle – Studenten, Beamte, Intellektuelle, Touristen – auf einen »koffie verkeerd«, den typischen Milchkaffee, oder zum Zeitunglesen. Im dem großen hellen Saal kann man auch essen. Unten gibt es eher Kleinigkeiten, wie zum Beispiel feine Käsebrötchen oder eine thailändische Tom-Kha-Gai-Suppe. Im Restaurant im ersten Stock werden Menüs serviert. Bei schönem Wetter nippen die Amsterdamer auf der lauschigen Terrasse mit Blick auf die Gracht an ihrem Wein.
Nieuwe Doelenstraat 20-22, So, Mo–Do 9.30–1, Fr, Sa 9.30–2 Uhr, www.cafedejaren.nl, Tel. +31 20 625 57 71

Wynand Fockink

Ebenso winzige wie charmante und gut versteckte Probierstube für Jenever-Variationen, deren Historie bis ins Jahr 1679 zurückreicht. Mit Verkaufslokal, Destillerie-Führungen und Wacholderbeeren-Brennkurs. Mehr als 70 holländische Liköre und Jenever werden hier erzeugt, nach traditionellen Methoden aus dem 17. Jh.
Pijlsteeg 31, Mo–Fr 9–17 Uhr, www.wynand-fockink.nl, Tel. +31 20 639 26 95

Paradiso

Der Standort in einem Kirchengebäude hat dem Paradiso ewigen Ruhm beschert. Dieser wurde durch die lange Liste der Legenden, die hier schon auf der Bühne gestanden haben, noch gesteigert. Sie reicht von David Bowie bis zu Amy Winehouse. Die Stars geben sich weiter die Klinke in die Hand, weil die Atmosphäre so viel schöner als in den meisten Hallen ist. Auch die Club-Abende wie »Noodlanding« (Notlandung) haben Stil.
Weteringschans 6–8, tgl. ab 19 Uhr, www.paradiso.nl, Tel. +31 20 626 45 21

08 OSLO

Illegal Burger

Wer hier einmal einen Burger probiert hat, mag sich nicht mehr mit 08/15-Ware zufriedengeben. Der Zuspruch ist enorm, daher ist das Lokal meist ziemlich voll. Kein Ort für ein langes Abendessen, sondern eher für zwischendurch.
Møllergata 23, Mo–Do 16–23, Fr 16–1, Sa 15–1, So 15–22 Uhr, Tel. +47 2 220 33 02

Fuglen

Im Fuglen (»Vogel«) wird schon seit 1963 Kaffee verkauft. Was Fuglen einzigartig macht: Es repräsentiert eigentlich drei Geschäfte gleichzeitig. Tagsüber eine Kaffeebar mit Kaffeeverkauf, am Abend eine schicke Cocktailbar und zu allen Tageszeiten ein Interieurgeschäft mit Retro-Möbeln und Accessoires, vor allem aus den

1950ern und 1960ern. Denn alles, was es im Laden an Ausstattung gibt, kann man kaufen: Stühle, Lampen, Dekoration.
Universitetsgata 2, Mo/Di 7.30–19, Mi/Do bis 1, Fr bis 3, Sa 10–3, So 10–18 Uhr, www.fuglen.no, Tel. +47 2 220 08 80

Cinemateket
Oslos Werkstattkino bietet eine Palette an möglichen Alternativen zu Blockbuster-Filmen. Darunter sind sowohl norwegische wie auch internationale Produktionen, viele sind englischsprachig oder mit Untertiteln.
Dronningens gate 16, Mo 10–17, Di–Fr 10–21, Sa 12–17 So 13–21 Uhr, www.cinemateket.no, Tel. +47 2 247 45 00

Restaurant Fauna
Eine Rundreise durch Norwegens Fauna (und z. T. Flora) kann man in dem mit einem Michelin-Stern ausgezeichneten Restaurant unternehmen, denn es hat sich die Verfeinerung exzellenter nordischer Rohwaren zum Ziel gesetzt. Also: Fisch, Meeresfrüchte aus heimischen Gewässern, norwegisches Lamm etc. Dabei kann man durchaus auch Entdeckungen machen, wie eher ungewöhnliche Käsesorten oder Seetang als Beilage zu einem Hummer.
Solligata 2, Di–Sa ab 18 Uhr, www.restaurantfauna.no, Tel. +47 41 67 45 43

Herr Nilsen
Intimer Jazzklub mit 60 Sitzplätzen im Zentrum von Oslo. Donnerstage und Samstage sind fest für Jazz reserviert, an den anderen Tagen kann auch mal Blues oder Bluegrass gespielt werden. Schöne Mischung aus norwegischen und internationalen Acts.
C. J. Hambros plass 5, So–Do 14–3, Fr 13–3, Sa 12–3 Uhr www.herrnilsen.no, Tel. +47 94 05 89 17

09 KOPENHAGEN

Royal Smushi Café
Das Flaggschiff bei den Speisen sind raffiniert zubereitete Mini-»smørrebrød« im Sushi-Look, die man hier »Smushies« nennt. Kuchen und Desserts sind hausgemacht. Die Einrichtung hat Charme: eine märchenhafte, farbenfrohe Mischung aus Kitsch und edlem dänischem Design. Genau das Richtige nach einem Einkaufsbummel.
Amagertorv 6, Mo–Sa 10–19, So 10–18 Uhr, www.royalsmushicafe.dk, Tel. +45 3 312 11 22

Kanalen
Im Sommer gibt es kaum eine bessere Adresse, denn dann kann man im Garten direkt am Kanal sitzen und sich die dänischen bzw. vom Mittelmeer inspirierten Gerichte schmecken lassen.
Wilders Plads 2, Mo–Sa 11.30–24 Uhr, www.restaurant-kanalen.dk, Tel. +45 3 295 13 30

Mikkeller
Kopenhagen ist traditionell eine Bierstadt. Der Bierbrauer Mikkel Borg Bjergsø hat international etliche Preise für seine Braukunst eingeheimst. Er produziert spezielle Biere für die führenden Restaurants

Bis zu 20 Sorten an Craft Bieren kann man im Mikkeller (➤ S. 9) probieren, die meisten davon selbst gebraut.

der Stadt und hat seine eigene kleine, moderne Kellerkneipe eingerichtet. Hier gibt es ausschließlich Bier vom Fass. Dafür aus mehr als 20 Hähnen für alle Biergeschmäcker.
Victoriagade 8 B-C,
So–Mi 13–1, Do/Fr 13–2, Sa 12–2 Uhr, www.mikkeller.dk,
Tel. +45 3 331 0415

Rubys

Im etwas stilleren Teil der Innenstadt versteckt sich das Rubys. Kein Hinweisschild verweist auf die elegante Cocktailbar in einer denkmalgeschützten Patrizierwohnung mit hohen Decken. Das Interieur mischt mutig alte Chesterfield-Möbel mit modernem skandinavischem Design.
Nybrogade 10, Mo–Sa 16–2,
So 19–2 Uhr, www.rby.dk,
Tel. +45 3 393 12 03

Schønnemann

Bereits seit 1877 wird hier Hering, Schnaps und Bier serviert – das Schønnemann ist eines der ältesten Restaurants der Stadt. Hier gibt es erstklassiges »Smørrebrød«. Die Schnapskarte bietet 140 verschiedene Verdauungshilfen.
Hauser Plads 16,
Mo–Sa 11.30–17 Uhr, www.restaurantschonnemann.dk,
Tel. +45 3 312 07 85

10 STOCKHOLM

Kajsas Fisk

Im Untergeschoss der Hötorgshallen liegt Stockholms beliebtestes Fischrestaurant der Budgetkategorie. Seit über 30 Jahren beglückt »Kajsas Fisk« die Stockholmer mit seiner berühmten Fischsuppe und anderen einfachen Fischgerichten.
Hötorgshallen 3, Mo–Do
11–18, Fr bis 19, Sa bis 16 Uhr,
www.kajsasfisk.se,
Tel. +46 8 20 72 62

Pelikanen

Eine der wenigen Bierkneipen (Ölhallar), die sich über die schwedische Prohibition hinwegretten konnte, ist das Pelikanen. Die einfachen, typisch schwedischen Gerichte, das Urstockholmer Ambiente und die erschwinglichen Preise sind eine unschlagbare Kombination. Hier kehren alle Stockholmer ein, die Klientel ist daher erfreulich heterogen.
Blekingegatan 40, Mo–Do ab 16, Fr–So ab 12 Uhr,
www.pelikan.se,
Tel. +46 8 55 60 90 90

Vollendete Kochkunst und minimalistisches Design im Oaxen (➤ S. 10).

Konditori Vete-Katten

In zentraler Lage in der Kungsgatan liegt seit 1928 das kuschelige Café Vete-Katten mit Bäckerei, Konditorei und Café. Kleine Mittagsgerichte, Frühstück, Gebäck, ein leckeres Törtchen nach dem Shopping oder auch nur eine Schachtel hausgemachter Pralinen? All dies gibt es hier und noch vieles mehr.
Kungsgatan 55, Mo–Fr
7.30–19.30, Sa/So 9.30–18 Uhr,
www.vetekatten.se,
Tel. +46 8 611 67 33

Oaxen

Das Edelrestaurant des international erfolgreichen Kochduos Agneta Green und Magnus Ek bietet »cuisine suedoise« mit einem internationalen Twist. Gastrofans greifen tief in ihr Portemonnaie, um sich hier diesen Gaumenfreuden hingeben zu dürfen. Bodenständiger und preisgünstiger ist das Angebot im Bistroteil Oaxen Slip.
Djurgårdsvägen 26,
Restaurant Di–Sa 18–21,
Bistro Mo–Fr 12–16 und
17–23, Sa/So 12–16 Uhr
(Brunch), www.oaxen.com,
Tel +46 8 55 15 31 05

Trädgården

Wer jung und trendig sein möchte oder es gar ist, begibt sich zum Sommerclub Trädgården (der Garten), der unter der Autobahnbrücke Skanstullsbron angesiedelt ist. Mit Bar und eigenem Restaurant.
Hammarby Slussväg 2,
Mo/Di 20–3, Mi–Sa 17–3 Uhr,
www.tradgarden.com,
Tel +46 8 644 20 23

11 HELSINKI

Wellamo

Eine kleine, ruhige kulinarische Oase ist das kleine Galerie-Restaurant mit Künstlertouch in einem etwas versteckt liegenden, schmalen, turmartigen Haus am Hang. Die Küche ist finnisch, jedoch russisch inspiriert.

Vyökatu 9, Di–Fr 11–14, Di–Sa 17–23, So 13–20 Uhr, www.wellamo.fi, Tel. +358 9 66 31 39

Juuri Keittiö & Baari

Frische heimische Zutaten kommen in der Wurzel(juuri)-Küche in Topf und Pfanne. Die einzigartige Spezialität des Hauses sind neben Fisch, Steak und Wild Sapas, finnische, also Suomi-Tapas: kleine Gaumenkitzler. Das Restaurant ist häufig gut besucht, daher wird eine Reservierung empfohlen.

Korkeavuorenkatu 27, Mo–Fr 11.30–23, Sa 12–23, So 16–23 Uhr, www.juuri.fi, Tel. +358 9 63 57 32

Silvoplee

Beliebtes vegetarisches Lunchrestaurant: Satu Silvo serviert leckere Suppen, Rohkost und Gemüsekreationen – bezahlt wird nach Gewicht. Natürlich verwendet die Küchenchefin Bioprodukte, und viele Gerichte treffen auch vegane Ansprüche. Und tolle Kuchen gibt's! In der Smoothiebar, die in der Woche schon um 8 Uhr öffnet, lässt sich der Tag mit einem kleinen Frühstück beginnen.

Toinen linja 7, Mo–Fr 11–19, Sa 11–18 Uhr, www.silvoplee.com, Tel. +358 9 26 09 00

Nosturi

Im Hafenumfeld von Hietalahti ist in einem umfunktionierten Fabrikgebäude eines der besten Rock-Venues der Stadt zu Hause. Besitzer ist die Livemusik-Vereinigung ELMU. Konzerte, aber auch Theater und Ausstellungen finden hier statt. Die große Bühne sieht viele erstklassige Bands mit Reputation, aber auch Underground.

Telakkakatu 8, www.elmu.fi, Tel. +358 9 681 11 88 10

Tavastia Klubi

Schon eine Legende: Unumstritten ist die Position als Finnlands ältester und bekanntester Rockclub. Hier tritt alles auf, was im Lande Rang und Namen hat. Auch Bands aus dem Ausland schätzen Location und Publikum. Und auch der Nachwuchs bekommt seine Chance: im Semifinal, dem kleinen Bruder, der sich gleich nebenan befindet. Zum Klubi gehört das preisgünstige und gute Bistrolokal Ilves.

Urho Kekkosenkatu 4–6, So–Do 20–1, Fr/Sa 20–4 Uhr, www.tavastiaklubi.fi, Tel. +358 9 77 46 74 20

12 TALLINN

Rataskaevu 16

Das Restaurant ist bei Einheimischen und Touristen beliebt. In den gemütlichen Räumen und auf der Hinterhof-Terrasse kann man sich u. a. estnischen Käse und Elchfleisch schmecken lassen. Dazu gibt es eine sorgfältige Weinauswahl.

Rataskaevu 16, So–Do 12–23, Fr/Sa 12–24 Uhr, www.rataskaevu16.ee, Tel. +372 6 42 40 25

Kuldse Notsu Kõrts

Im Kuldse Notsu Kõrts (Gasthaus zum goldenen Ferkel) werden traditionelle estnische Gerichte aufgetischt. Die Küche ist deftig: Schweinebraten, Blutwurst und Sauerkraut, selbst gemachter Käse, das Ambiente gemütlich mit viel Holz und rustikalen Tischen.

Dunkri 8, tgl. 12–24 Uhr, www.hotelstpetersbourg.com/restaurant/golden-piglet-inn/, Tel. +372 6 28 65 67

Maiasmokk

1864 wurde das Café Maiasmokk mit Konditorei von Georg Stude eröffnet. Schnell wurde es über Tallinn hinaus bekannt für seine Marzipan-Kreationen. Heute gibt es hier selbst gemachte Kuchen, Pralinen und natürlich immer noch Marzipan. Daneben kann man aus einer kleinen Menükarte Suppen, Vor- oder Hauptspeisen auswählen.

Pikk 16, Mo–Fr 8–21, Sa/So 9–12 Uhr, www.kohvikmaiasmokk.ee, Tel. +372 6 46 40 79

Hell Hunt

Gemütlicher Pub mit einer hervorragenden und sehr großen Auswahl an Biersorten. Damit für das Bier ausreichend »Fundament« vorhanden ist, werden hier auch Burger, Snacks, Salate, Suppen sowie Pastagerichte serviert.

Pikk 39, tgl. 12–2 Uhr, www.hellhunt.ee, Tel. +372 6 81 83 33

Olde Hansa
Mittelalterliche Speisen, Gewürzbier, Pfeifenklänge und kostümiertes Personal lassen Tallinns Vergangenheit lebendig werden. Spezialität des Hauses sind Gerichte mit Elchfleisch. Serviert wird es als Filet, Braten, Gulasch oder auch getrocknet als Vorspeise.
Vana Turg 1, tgl. 11–24 Uhr, www.oldehansa.ee, Tel. +372 6 27 90 20

13 RIGA

Vecmeita ar kaķi
In der »Jungfrau mit der Katze« sitzt man bei lettischen Speisen in angenehmer folkloristischer Atmosphäre. Im kleinen Kellerlokal gegenüber des Schlosses werden u. a. gute, preiswerte Salate und frische Rigaer Heringe serviert.
Mazā pils 1, Mo–Fr 11–22, Sa/So 12–23 Uhr, www.facebook.com/vecmeita/, Tel. +371 67 32 50 77

Vincents
Die mehrfach prämierte Gourmetküche von Küchenchef Mārtiņš Rītiņš basiert auf regionalen Zutaten und findet großen Anklang bei Gästen aus aller Welt. Eine Auswahl erlesener Weine und ein stimmiges Dekor runden den Besuch ab.
Elizabetes 19, Mo–Sa 18–22 Uhr, www.restorans.lv, Tel. +371 67 33 28 30

Kanēļa Konditoreja
Ein anheimelndes Ambiente aus den 1930er-Jahren und eine große Auswahl wunderbarer Torten und Kuchen – was will man mehr, um einen gemütlichen Nachmittagskaffee oder -tee zu genießen oder um nach einem Stadtbummel neue Kräfte zu schöpfen.
Dzirnavu 84 (Berga Bazārs), Mo–Fr 9–20, Sa 10–20, So 11–18 Uhr, www.kanelakonditoreja.lv, Tel. +371 67 21 71 70

Skyline Bar
Einen Mai Tai, einen Mojito oder doch lieber einen Daiquiri, während man des Abends über die Lichter der Altstadt blickt. Möglich wird dies in der einzigen Skyline Bar Rigas, im 26. Stock des Radisson Blu Hotel Latvija. Hier hat man bei über 100 Cocktails und Drinks die Wahl. Zusätzlich gibt es jeden Sonntag Vormittag einen Brunch mit Livemusik.
Elizabetes 55, So–Mi 11.30–1, Do 11.30–2, Fr/Sa 11.30–3 Uhr, Brunch: So 11.30–15 Uhr, www.skylinebar.lv, Tel. +371 67 77 22 22

Für Naschkatzen: Süßes in der Kanēļa Konditoreja (➤ S. 12).

Folkklubs Ala Pagrabs
Großes Bierlokal in einem urigen Gewölbekeller. In Lettland gibt es insgesamt 27 verschiedene Fassbiere, alle können im Ala Pagrabs probiert werden. Das Essen ist typisch lettisch, preiswert und gut mit großen Portionen. Dazu wird Livemusik gespielt. Möchte man sich unterhalten, sollte man sich weiter weg von der Bühne setzen, ansonsten könnte es etwas laut werden.
Peldu 19, Mo, Di 12–4, Mi 12–5, Do, Fr 12–7, Sa 14–7, So 14–4 Uhr, www.folkklubs.lv, Tel. +371 277 969 14

14 SANKT PETERSBURG

Rooftop Terrace
Im obersten Stock des W-Hotels befindet sich eine Bar mit 360-Grad-Panorama auf das historische Stadtzentrum. Die Kuppel der Isaakkathedrale scheint zum Greifen nahe und der Ausblick auf die Newa ist spektakulär! An Sommerabenden steigt man noch eine Etage höher auf die Dachterrasse. Am Wochenende legen russische oder internationale DJs auf.
Wosnessenski pr. 6, So–Do 12–2, Fr/Sa12–4 Uhr, www.terrace.wstpetersburg.com, Tel. +7 812 610 61 55

Idiot
Noch zu Ende der Sowjetzeiten, während der Perestroika, als Worte wie »ökologisch« und »vegetarisch« Seltenheitswert besaßen, kam ein Peters-

burger Künstler auf die Idee, eine vegetarische Kellerkneipe im Herzen der Stadt zu eröffnen und sie nach Dostojewskis Roman »Idiot« zu nennen. Das Etablissement erfreute sich sogleich des Zuspruchs der damaligen Leningrader Boheme, nicht zuletzt wegen der guten und preiswerten Wodka und Bierauswahl. Heute ist das Restaurant für viele russische Vegetarier ein Mekka.
nab. reki Moiki 82, tgl. 11–1 Uhr, www.idiot-spb.com, Tel.+7 921 946 51 73

Mari Vanna

Mari Vanna lädt in ihr Wohnzimmer voller Nippes im Stil der sowjetischen Kommunalka, der Gemeinschaftswohnung, ein, und manch Petersburger fühlt sich wie in vergangenen Zeiten. Tritt man ein, beginnt die Reise in die Nostalgie. Die Tür öffnet sich, man betritt einen Flur, der mit Einmachgläsern, Äpfeln und Holzskiern vollgestellt ist. In der guten Stube wird schmackhafte russische Hausmannskost serviert: Pilzsuppen, Borschtsch, Piroggen, Pelmeni, »Hering im Pelzmantel« oder Frikadellen. Mari Vanna ist ein Erfolgsmodell, das es auch in London, New York und L. A. gibt.
ul. Lenina 18, tgl. 12–23 Uhr, www.marivanna.ru/spb/, Tel. +7 812 640 16 16

Biblioteka

In diesem ehemaligen Buchladen eröffnete ein Café/Restaurant über drei Etagen. Im Parterre lädt ein riesiges Buffet mit Kuchen und Sandwiches zum Schlemmen ein. Die Preise sind moderat. Im ersten Stock wird Lunch oder Dinner serviert, darüber befinden sich ein weiterer Restaurantraum mit offener Küche und dazu ein wirklich netter Buchladen.
Newski 20, tgl. 8–23, Fr/Sa bis 24 Uhr (Café), tgl. 12–23, Fr/Sa bis 1 Uhr (Restaurant), tgl. 17–2 Uhr (Bar), www.ilovenevsky.ru, Tel. +7 812 244 15 94

Mariinski-Theate

Schon 1783 wurde der Grundstein für die aristokratische Ballettkunst Russlands gelegt. Aus dem Ensemble gingen immer wieder weltberühmte Tänzer hervor: Anna Pawlowa, Wazlaw Nijinski, Rudolf Nurejew und Michail Baryschnikow. Hier kann man noch Choreografien von Marius Petipa vom Ende des 19. Jh. sehen sowie die legendären Choreografien von Michail Fokine, die er für Diaghilews Ballets Russes geschaffen hat. Ein großartiges Erlebnis sind die Operninszenierungen, besonders wenn der Chef des Hauses, Waleri Gergijew, dirigiert.
Teatralnaja pl. 1, www.mariinsky.ru, Tel. +7 812 326 41 41

15 SYLT

La Grande Plage

In dem auf Stelzen gebauten Holzhaus, nur ein paar Meter nördlich des Kampenener Hauptstrandes, kann man vom Frühstück bis zum letzten Drink auf der Terrasse sitzen und den wunderbaren Ausblick genießen. Die Küche serviert einfache und auch raffiniertere Gerichte.
Riperstig/Weststrand, Kampen, So–Do 11–20, Fr/Sa bis 23 Uhr, www.grande-plage.de, Tel. +49 4651 88 60 78

Alte Friesenstube

In Westerlands ältestem Haus (steht mindestens seit 1648) ist natürlich auch die Stube mit friesischen Antiquitäten möbliert. Und die Spezialitäten auf der Karte in Plattdeutsch? Von »Nordfreesische Pannfisch« über »Braden Aant« bis »Rode Grütt«. Trotz aller Tradition haben sich die Speisen dennoch dem sich wandelnden kulinarischen Geschmack angepasst. Daher werden neben den typisch friesischen Gerichten auch moderne Kreationen wie Rote-Beete-Carpaccio angeboten. Tipp: Großmutters Fliederbeerensuppe mit Apfelspalten und Grießklößen.
Gaadt 4, Westerland, Mo–So ab 18 Uhr, Nebensaison Mo Ruhetag, www.altefriesenstube.de, Tel. +49 4651 12 28

Vogelkoje

Inmitten des Dickichts der Vogelkoje bieten die liebevoll eingerichtete Stube und die schöne Terrasse Erholung. Der Tag kann mit einem Kojen- oder Champagner-Frühstück (bis 15 Uhr) beginnen. Abends wird der Klassiker »Kojenente« mit Rotkohl und Kartoffelkloß serviert. Große Auswahl an exzellentenWeinen.
Lister Str. 100, Kampen, Mo bis Do ab 12, Fr–So ab 10 Uhr, www.vogelkoje.de, Tel. +49 4651 952 50

Französischer Chic und gehobene Küche: Im Petit Bonheur (➤ S. 15) in Hamburg speist man elegant.

Kleine Teestube

Das friesisch-gemütliche Ambiente der Teestube zieren blumige Vorhänge, Spitzendecken und liebevoll dekorierter Nippes zu lindgrünen Möbeln. Von Ofenkartoffeln und Krabbenbrot bis zu Waffeln und den beliebten Blaubeerpfannkuchen ist alles frisch zubereitet. Besonders lecker ist hier die Friesentorte.
Westerhörn 2, Keitum, tgl. 10–18 Uhr, Okt.–Juni Do geschl., www.kleineteestube-sylt.de, Tel. +49 4651 318 62

Gosch am Hafen

Wer gerne goscht, muss unbedingt hierher, denn in List am Hafen fing alles im Jahr 1973 an. Die »nördlichste Fischbude Deutschlands« ist mittlerweile riesig und umfasst mehrere Restaurants. Für alle, die lieber etwas Wärmeres als Fischbrötchen essen möchten, sind Thai-Nudeln oder gegrillte Garnelen, die auch in der Fischbude angeboten werden, eine gute Alternative. Gehobener geht es in den Restaurants zu, etwa im Restaurant Hafendeck. In der Alten Tonnenhalle befindet sich auch ein Gosch-Fischmarkt mit Shop.
Am Hafen, List, ganztägig geöffnet (Fishbude), tgl. ab 11 Uhr (Restaurants), tgl. 9.30–18 Uhr (Shop), www.gosch.de, Tel. +49 4651 87 04 01 (Fischbude), Tel. +49 4651 836 09 66 (Restaurant Hafendeck)

16 RÜGEN

Rasender Roland

Der Rasende Roland ist nicht nur eine nostalgische Kleinbahn durch die Granitz, sondern auch ein schmuckes Restaurant im Bahnhofgebäude, in dem man in einer Art Zugabteil oder auf der Terrasse mit Südlage sitzt.
Bahnhofstr. 54, Binz, tgl. 11–22 Uhr, www.restaurant-rasender-roland.de, Tel. +49 38393 13 49 70

Aalkate

Hier gibt es Aal in allen Variationen. Spezialität des Hauses ist die Räucherfischplatte. Alle Fische kommen frisch aus eigenem Fang auf den Tisch und werden in der Räucherei des Restaurants veredelt. Auch Direktverkauf von Frisch- und Räucherfisch.
Am Aalkaten 13, Baabe, tgl. ab 17 Uhr (Restaurantbetrieb), tgl. 9–11 Uhr (Verkauf), www.aalkate-baabe.de, Tel. +49 38303 875 40

Café Froschkönig

Im charmanten Café Froschkönig sitzt man mit Blick auf die Zicker Alpen und kann sich dazu die selbst gemachten Torten und Kuchen schmecken lassen. Besonders gepriesen wird die köstliche Mohntorte.
Dorfstr. 24, Middelhagen, Mo bis Sa 12–17 Uhr, Tel. +49 38308 256 63

Schillings Gasthof

Der legendäre ehemalige Gasthof Keil wurde von der Familie Schilling wiederbelebt und steht für Kochkunst auf hohem Niveau. Grundlage der Küche sind heimische Produkte: z. B. Bio-Öherind und frischer Fisch, gefangen von Hiddenseer Kutterfischern.
Hafenweg 45, Schaprode, Jan. bis März Mo–Fr ab 15 Uhr, Sa/So ab 12 Uhr, Apr.–Dezember tgl. 12–23 Uhr, www.schillings-gasthof.de, Tel +49 38309 12 16

Sök di wat ut

Eine charmante Mischung aus Café, Blumenladen, Hofladen, Antikhandel und Streichelzoo.

Im familiär geführten Café werden Kuchen, Säfte und Aufstriche angeboten. Im Sommer kann man draußen in dem schönen Bauerngarten Kaffee und Kuchen genießen.
Gerhart-Hauptmann-Str. 6, Wiek, Okt.–Apr. Di–Fr 13–17, Sa 9–17, So 13–17 Uhr, Mai–Sept. So–Di 13–18, Mi–Sa 9–13 Uhr, www.blumencafe-ruegen.de, Tel: +49 38391 76 99 32

17 HAMBURG

Petit Bonheur
Das Restaurant mit Bar im Pariser Bistro-Stil – rote Wände, Bilder in goldenen Rahmen, weiße Tischdecken – liegt im Stadtinnern zwischen Michel und Johannes-Brahms-Museum. Serviert wird feine französische Küche in einer entspannten Atmosphäre. Zur Speisekarte gibt es ein wechselndes monatliches Menü sowie ausgesuchte Weine.
Hütten 85–86, Mo–Fr 12–24, Sa 17–24 Uhr, www.petitbonheur-restaurant.de, Tel. +49 40 33 44 15 26

Alt Hamburger Aalspeicher
Das Nikolaifleet im Blickfeld, kann man hier typisch hamburgisch speisen. Auf der Speisekarte stehen Gerichte, wie z. B. der berühmten Bad Zwischenahner Räucheraal oder Aal grün sowie weitere Fischspezialitäten, Labskaus und Matjesfilets.
Deichstr. 43, www.aalspeicher.de, Tel. +49 40 36 29 90

Laeiszhalle
Dieses Zentrum klassischer Musik ist auch als »Musikhalle« bekannt und wird regelmäßig von den Hamburger Symphonikern, dem NDR-Sinfonieorchester und renommierten internationalen Gästen bespielt. Der große Saal ist im neobarocken Stil gehalten und fasst mehr als 2000 Besucher. Die äußere Hülle der Orgel, der Orgelprospekt, stammt noch original aus dem Jahr 1908.
Johannes-Brahms-Platz, www.elbphilharmonie.de, Tel. +49 40 35 76 66 66

Abendmahl
Szenerestaurant mitten auf dem Kiez in St. Pauli, aber trotzdem eine kleine ruhige Oase. Im Sommer kann man draußen sitzen und das bunte Treiben beobachten. Freundlicher Service und gutes Essen mit mediterranem Einschlag zu angemessenen Preisen.
Hein-Köllisch-Platz 6, Mo–Fr 12–17, 18–open end, Sa/So 12–16, 17 Uhr–open end, www.restaurantabendmahl.de, Tel. +49 40 31 27 58

Oberhafenkantine
In diesem denkmalgeschützten Imbiss (einer ehemaligen Kantine für Hafenarbeiter) gibt es Matjes hausgemacht mit Bratkartoffeln und das Hamburger Rundstück mit Gewürzgurken zu annehmbaren Preisen in herzlicher Atmosphäre.
Stockmeyerstr. 39, Di 17–22, Mi–Sa 12–22, So 12–17.30 Uhr, www.oberhafenkantine-hamburg.de, Tel. +49 40 32 80 99 84

18 KÖLN

Peters Brauhaus
Als »Brauhaus zum Kranz« fand das dreistöckige Giebelhaus schon 1544 Erwähnung, nach einer wechselhaften Geschichte firmiert das ebenso große wie heimelige Lokal seit 1994 mit eigenem Kölsch unter dem heutigen Namen. Auf der Speisekarte steht auch der »Rheinische Soorbrade« (Sauerbraten), allerdings in der Variante mit Rind- statt mit Pferdefleisch.
Mühlengasse 1, tgl. 11–24.30 Uhr, www.peters-brauhaus.de, Tel. +49 221 257 39 50

King Georg
In schummrigem Licht tanzen selbstbewusste Gestalten auf der winzigen Tanzfläche zu tonangebender Musik. Die Séparées dienen ebenso wie die Bar zum Konsum formidabler Cocktails. Und auf wundersame Weise finden sogar Bands hier ausreichend Platz, um ihre Instrumente zu spielen.
Sudermanstr. 2, Do 22–3, Fr/Sa 22–5 Uhr, Veranstaltungen ab 20 Uhr, www.kinggeorg.de, Tel. +49 178 251 48 96

Die Fette Kuh
In der populären Burger-Braterei in der Bonner Straße spielen sich zuweilen tumultartige Szenen ab: Fleischliebhaber stehen bis auf die Straße, um in den Genuss experimenteller Burger-Variationen zu kommen. Auf den handwerklich vollendet zubereiteten Buletten thronen Chili-Mayo, Cheddar- oder Blauschimmelkäse,

Speck, karamelisierte Zwiebelringe, Teriyaki-Soße oder Kräuterjoghurt. Wöchentlich wechselnde Kreationen.
Bonner Str. 43, Mi–Mo 12–23 Uhr, www.diefettekuh.de, Tel +49 221 376 277 75

Senftöpfchen

Den Ausspruch »Weltberühmt in Köln« kann sich nur eine Kabarett-Spielstätte leisten. Tatsächlich aber ist das kleine Theater deutschlandweit eine der ersten Adressen für Kabarett, Kleinkunst, Jazz und natürlich kölsche Töne. Konrad Beikircher und Richard Rogler gehören zu den festen Größen auf dem Spielplan.
Große Neugasse 2–4, www.senftoepfchen-theater.de, Tel. +49 221 258 10 58

Wartesaal am Dom

Wunderschöner Bahnhofssaal aus der Zeit der Jahrhundertwende mit 120 Plätzen, einer großen Rundbar und einer Sommer-Außenterrasse mit Premiumblick auf den Dom.
Johannisstr. 11, tgl. 12–24.30 Uhr, Brunch: So ab 12 Uhr, www.wartesaalamdom.de, Tel. +49 221 12 60 64 70 13

19 BERLIN

Street Food Thursday

Internationale Delikatessen, die Weit gereisten schon den Gaumen kitzelten, also die vietnamesische Reisnudelsuppe Pho, chinesische Dumplings oder indisches Tandoori Chicken, werden von Köchen in kleinen Buden zubereitet.
Markthalle Neun, Eisenbahnstr. 42, Do 17–22 Uhr, www.markthalleneun.de

Monkey Bar

Was für eine Sicht auf den alten Westen. Im 10. Stock des Hotels 25hours sitzt man bei tollen Cocktails der Gedächtniskirche gegenüber, und weiter hinten schimmert die Goldelse über dem Tiergarten. Darüber hinaus sorgt das stimmungsvolle Ambiente und die Inneneinrichtung mit Urban Chic-Touch für einen lässigen Abend. Der perfekte Ort, um einen Tag in Berlin ausklingen zu lassen.
Budapester Str. 38–50, So–Do 12–1, Fr/Sa 12–2 Uhr, www.25hours-hotels.com, Tel. +49 30 120 22 12 10

Was könnte schöner sein als ein Sundowner in der Monkey Bar (➤ S. 16)? Von hier bietet sich eine wunderbare Aussicht über Zoo und Dächer Berlins.

Marjellchen

Obwohl in der Hand einer Römerin, wird im Marjellchen eine ebenso deftige wie leckere ostpreußische und schlesische Küche gepflegt. Also: Königsberger Klopse, Sauerampfersuppe, Schmandheringe, schlesisches Himmelreich mit Rauchfleisch, masurischer Braten, Beetenbartsch, Mohn- und Apfelklöß und noch vieles mehr. Es gibt immer eine Extrakarte mit Spezialitäten der Saison
Mommsenstr. 9, tgl. ab 17 Uhr, www.marjellchen-berlin.de, Tel. +49 30 883 26 76

Quasimodo

Der legendäre Jazzkeller unter dem Delphi-Kino gehört zu den renommiertesten Live-Clubs Europas und ist einer der ältesten Jazz-Clubs in Berlin. Auch andere Stilrichtungen wie Soul, Blues, Rock werden hier gespielt. Zum Club gehört auch ein Restaurant.
Kantstr. 12 a, Einlass Veranstaltungen ab 20 Uhr, www.quasimodo.de, Tel. +49 30 31 80 45 60

Quatsch Comedy Club

Stars und Newcomer der Comedy-Szene treten hier täglich auf. Angesagt von einem Moderator gehen Stars

und Newcomer ganz ohne Requisiten und Kostüm auf die Bühne und erzählen – Stand-up-Comedy eben. In der Talentschmiede, moderiert von dem Entertainer Horst Blue, stellen sich junge Comedians der »härtesten Jury der Welt«: dem Publikum, das entscheidet, wer auf der Bühne toppt und wer floppt.
Friedrichstr. 107, Abendkasse 75 Min. vor Vorführungsbeginn, www.quatsch-comedy-club.de, Tel. +49 30 47 99 74 13

20 LEIPZIG

Auerbachs Keller

In den historischen Räumen, inklusive Hexenküche, ließ Mephisto Wein aus allen Tischen fließen. Zum weltbekannten Restaurant schrieb es Goethe durch den »Faust«. Eine lebende Legende. In den historischen Gewölben wird eine deftige gutbürgerliche Küche mit sächsischem Einschlag aufgetischt.
Grimmaische Str. 2–4, tgl. 12–24 Uhr, www.auerbachs-keller-leipzig.de, Tel. +49 341 21 61 00

Stelzenhaus

Passend zum Namen thront das Stelzenhaus hoch über dem Karl-Heine-Kanal und überzeugt mit innovativer Kochkunst und einer frischen cross-over-Küche. Die Tische mit direktem Ausblick aufs Wasser sind äußerst beliebt. Empfehlenswert ist das »Quick-Lunch« von Montag bis Freitag (11–14 Uhr), bei dem ein Zwei-Gänge-Menü für 15 € serviert wird. Sonntags (9–14 Uhr) gibt es immer einen Brunch für 14,90 €.
Weißenfelser Str. 65h, Mo–Sa 11–1, So 9–1 Uhr, www.stelzenhaus-restaurant.de, Tel. +49 341 4 92 44 45

Mondschein

»Schmecken – Riechen – Hören – Fühlen« ist der Werbeslogan des Dunkelrestaurants zwischen Innenstadtring und Zoo. Nachdem man Menü und Speisenfolge gewählt hat, wird man von an Dunkelheit gewöhntem Personal in den stockdunklen Speiseraum geleitet. Danach ist nur noch mit Koordination und Geschmack zu fassen, was man sich zu Munde führt. Eine unvergessliche Erlebniswelt, die Raum schafft für ganz neue Sinneseindrücke.
Pfaffendorfer Str. 1, Di–So ab 17 Uhr, www.leipzig-dunkelrestaurant.de, Tel. +49 341 26 45 30 30

GeyserHaus

Johann Gottlieb Geyser war ein Kupferstecher, dessen Werk auch Goethe lobte. Sein Haus jedoch verfiel im Sozialismus, Privatinitiative rettete die Substanz. 1991 gründete sich ein Verein, der hier nun regelmäßig Konzerte, Kurse und diverse Projekte stattfinden lässt. Zum romantischen Fachwerkbau gehört eine gemütliche Kneipe und die Freilichtbühne im Bretschneiderpark. Als Insidertipp für innovative Musik gilt der Unterrock, die Kneipe und Bühne im Geyserhauskeller.
Gräfestr. 25, Mo–Sa ab 19 Uhr (Unterrock), www.geyserhaus.de, Tel. +49 341 910 73 39

Maître

In dem Kaffeehaus mit Pâtisserie scheint die Zeit stehen geblieben zu sein: Seit mehr als 100 Jahren gehören Kaffeetrinken und Kuchenessen im Maître zur gern gepflegten Tradition. Auf der Speisekarte finden sich Köstlichkeiten der französischen Küche, in der gläsernen Vitrine stehen exquisite Torten.
Karl-Liebknecht-Str. 62, Mo–Fr 11–18, Sa/So 9–18 Uhr, www.cafe-maitre-patisserie.de, Tel. +49 341 30 32 89 24

21 DRESDEN

Sophienkeller

In den Gewölben des Sophienkellers im Taschenbergpalais findet sich der Gast im Zeitalter von August dem Starken wieder. Zur deftigen sächsischen Küche werden vor allem Bier und Wein aus Sachsen getrunken. Gaukler, Musikanten, Wahrsager und manchmal auch August der Starke sorgen für Unterhaltung.
Taschenberg 3, tgl. 11–1 Uhr, www.sophienkeller-dresden.de, Tel. +49 351 49 72 60

Kunst-Café Antik

An der Decke, den Wänden und auch in den vielen Schränken und Vitrinen, die selbst antik sind, befinden sich historische Gegenstände. Während man auf das Essen wartet oder danach, lässt sich alles in Ruhe

betrachten. Gefällt etwas, kann es auch gekauft werden.
An der Frauenkirche 5 (Eingang Terrassengasse), Mo–So ab 10.30 Uhr, www.cafe-dresden.de, Tel. +49 351 496 52 17

Bärenzwinger
Dresdens traditionsreichster Treffpunkt für junge Leute unter der Brühlschen Terrasse. Zu DDR-Zeiten lange die einzige Disco der ganzen Stadt. Oft Livemusik und Diskothek, das Musikangebot reicht von Folklore bis Blues, von Jazz bis Rock.
Brühlscher Garten 1, www.baerenzwinger.de, Tel. +49 351 495 14 09

Herkuleskeule
Politisch-satirisches Kabarett, gegründet 1961 von dem deutschen Kabarettisten Manfred Schubert. Die Herkuleskeule war schon zu DDR-Zeiten weithin bekannt. Wenn das hauseigene Ensemble außerhalb spielt, treten hier oft Gäste auf.
Sternplatz 1, Abendkasse 60 Min. vor Spielbeginn, www.herkuleskeule.de, Tel. +49 351 492 55 55

Schillergarten
Großer und schöner Biergarten mit Blick auf die Elbe und das Blaue Wunder. Schiller selbst soll hier während seiner Zeit in Dresden Stammgast gewesen sein. Serviert wird eine gute bodenständige Küche in mittlerer Preislage.
Schillerplatz 9, tgl. 11–1 Uhr, www.schillergarten.de, Tel. +49 351 81 19 90

22 MÜNCHEN

Conviva im Blauen Haus
Zur Hälfte die Theaterkantine der Münchner Kammerspiele, aber auch ein Gastronomie-Projekt, bei dem Menschen mit und ohne Behinderung zusammenarbeiten. Leichte Küche.
Hildegardstr. 1, Mo–Sa 11–1, So 17 bis 1 Uhr, www.conviva-muenchen.de, Tel. +49 89 23 33 69 77

Goldglänzende Wände gaben der Goldenen Bar (➤ S. 18) ihren Namen, grandiose Cocktail-Kreationen tragen bis heute zur großen Beliebtheit bei.

Goldene Bar
Aufmerksamer Service und eine nette Crew, eine kleine Mittagskarte, abends tolle Cocktails und an Sommersonntagen auf der herrlichen Terrasse direkt am Englischen Garten den »Sundowner« – mit Grillen, Pingpong und Freiluft-DJ. Und nicht zuletzt ein schickes Interieur, das dem Namen der Bar alle Ehre macht.
Prinzregentenstr. 1, Mo–Sa 10–2, So 10–20 Uhr, www.goldenebar.de, Tel. +49 89 54 80 47 77

Hirschgarten
Mit 8000 Sitzplätzen ist er Münchens größter Biergarten, unweit von Schloss Nymphenburg gelegen. Gemütlichkeit unter schattigen Kastanien, besonders reichhaltiges Brotzeitangebot, süffige Augustiner-Biere aus dem Holzfass. Das angrenzende Damwildgehege ist eine zusätzliche Attraktion, nicht nur für Kinder. Ein weiterer Anreiz im Hirschgarten ist das jährlich im Juli stattfindende Magdalenenfest.
Hirschgarten 1, tgl. 11.30 bis 24 Uhr, www.hirschgarten.de, Tel. +49 89 17 99 91 19

Dallmayr
In diesen heiligen Hallen wird jeder Kauf zum Erlebnis. Selbst wer mit vollem Magen durch die Tür von Münchens feinstem Lebensmittelgeschäft tritt, wird sich sehr zusammenreißen müssen, um angesichts des herrlichen Angebots nicht total über die Stränge zu schlagen. Hinter blitzblanken Vitrinen und in edlen Holzrega-

len locken appetitliche Pralinen und feine, kleine Salate, hausgemachte Marmeladen und köstlich-bunte Sandwiches. Über die Stadtgrenzen hinaus ist Münchens ältestes Feinkosthaus durch seinen Kaffee bekannt geworden.
Dienerstr. 14, Mo–Sa 9–19 Uhr, Restaurant Di–Sa bis 23 Uhr, www.dallmayr.de, Tel. +49 89 213 51 00

Münchner Volkstheater

Kein Komödienstadel! Anspruchsvolle Bühne mit Bodenhaftung, aber auf ansehnlichem Niveau. Dafür garantiert seit Jahren Intendant Christian Stückl, der sich mit seinen erfolgreichen Inszenierungen der Oberammergauer Passionsspiele einen Namen gemacht hat. Spielplan-Klassiker seit 2005: »Der Brandner Kaspar und das ewig' Leben« – eine Komödie um Leben und Tod und der perfekte Einstieg in den bayerischen Humor in seiner schönsten Form. Nach dem Theater kehrt man im dazugehörenden Restaurant Meschugge mit einem gemütlichen Innenhof-Biergarten ein.
Brienner Str. 50, www.muenchner-volkstheater.de, Tel. +49 89 523 46 55

23 BODENSEE

Hafenhalle Konstanz

Wild aus eigener Jagd oder Bodenseefisch kommt in der rustikalen Hafenhalle auf den Tisch. Abends auf der Terrasse gibt es Bodensee »at it's best«, im Sommer finden beliebte Dixie-Frühschoppen statt.
Hafenstr. 10, Konstanz, Mo–Fr 11.30–1, Sa/So 10–2 Uhr, www.hafenhalle.com, Tel. +49 7531 211 26

Schlosscafé

Im Barockschloss auf Mainau befindet sich ein nettes, kleines Café. Hier werden Kuchen, Torten und Eis aus regionaler Herstellung sowie Kaffee- und Teespezialitäten aus aller Herren Länder serviert. Aus der Edelbrennerei der Insel stammen die Brände und Liköre.
Insel Mainau, tgl. 11–17 Uhr, www.mainau.de, Tel. +49 7531 30 30

Restaurant Ophelia

Das Ophelia im Hotel Riva in Konstanz gehört zu Deutschlands Spitzenrestaurants, Küchenchef Dirk Hohberg wurde für seine Kreativität am Herd mit zwei Michelin-Sternen geadelt und verwöhnt seine Gäste nach allen Regeln der Kunst. Den Seeblick und das Ambiente in der schönen Jugendstilvilla gibt's gratis.
Seestr. 25, Konstanz, Do–Mo, So ab 12, sonst ab 19 Uhr, www.hotel-riva.de, Tel. +49 7531 36 30 90

Zum Bären

Der älteste Gasthof Meersburgs bewirtet schon seit dem 13. Jh. Gäste und ist seit nun über 150 Jahren in der Hand derselben Wirtsfamilie. Heute sitzt man in der urgemütlichen Kachelofenstube und lässt sich Bodenseefisch und oberschwäbische Spezialitäten schmecken.
Marktplatz 11, Meersburg, Mitte März–Anfang Nov. Di bis So 12–14, 18–21 Uhr, www.baeren-meersburg.de, Tel. +49 7532 432 20

Seehalde

Bodenseefische, heimisches Wild, frisches Obst und Gemüse aus der Region machen die exzellente Küche des Restaurants Seehalde aus. Auch ausgefallene Gerichte wie Kutteln vom Lamm, Bodenseekrebse und Hechtrogen kommen hier auf den Tisch. Dazu wählt man den jeweils passenden Wein aus einem großen Angebot, darunter auch ausgesuchte Bodenseeweine.
Birnau Maurach 1, Uhldingen, Do–Mo 11.45–14, 15–18, Mi 18–21 Uhr, www.seehalde.de, Tel. +49 7556 922 10

24 ZÜRICH

Sternen Grill

Ob in der Opernpause, beim Shopping oder beim Warten auf die Tram: Am legendären Imbiss an der Zürcher Bellevue trifft man sich schon seit 1963 zu jeder Tages- und Nachtzeit auf die einzigartige St. Galler Bratwurst mit ultrascharfem Senf und knusprigem Bürli!
Theaterstr. 22, tgl. 10.30–23.45 Uhr, www.sternengrill.ch, Tel. +41 43 268 20 80

Le Dézaley

Hier gibt es besonders köstliches Fondue. Auch weitere Schweizer und Waadtländer Spezialitäten wie Zürcher Geschnetzeltes, Krautwürste oder die Eglifilets sind ein wahrer Genuss, von dem viele der Gäste schwärmen. Das Haus exisitiert schon seit dem 13. Jh., seit 1902 befindest sich hier das Restaurant Dézaley. Römergasse 7/9, Mo–Fr 11.30–24 Uhr, www.le-dezaley.ch, Tel. +41 44 251 61 29

Widder Bar

Intime Jazzkonzerte bekannter Jazzgrößen finden immer im Frühjahr und Herbst in der eleganten Bar im Widder Hotel statt. Durch einen separaten Eingang betritt man die Bar und steht erst einmal vor der bewundernswerten »Library of Spirits«: 1000 Flaschen und eine riesige Auswahl an Single Malts »stapeln« sich im Regal hinter dem langen Tresen. Dazu ist die Bar schick eingerichtet mit roten Ledermöbeln, blauen Kacheln und alten Holzbalken an der Decke. Rennweg 7, Mo–Mi 11.30–1, Do–Sa bis 2, So bis 24 Uhr, www.widderhotel.com, Tel. +41 44 224 25 26

Maison Manesse

Zürich hat einen neuen kulinarischen In-Tempel: Die wohl kleinste Menükarte Zürichs wechselt alle zwei bis drei Wochen und bietet Außergewöhnliches, zubereitet von dem Australier Fabian Spiquel. Er hat Lust auf Experimente und erweist sich als Meister der Nuancierung. Spiquels avantgardistische Küche provoziert ungewöhnliche Geschmackserlebnisse, die bleiben. Die ambitionierte Weinkarte vereint auserlesene Tropfen und Raritäten kleiner Winzer. Hopfenstr. 2/Am Manesseplatz, Mo–Fr 11.45–2, Sa 18.30–24 Uhr, www.maisonmanesse.ch, Tel. +41 44 462 01 01

Mascotte

Im Mascotte findet allabendlich ein wechselndes Programm statt. Die Location direkt am Bellevue ist ein Klassiker im Nachtleben Zürich, handelt es sich hier doch um den ältesten Nachtclub der Stadt. Das Interieur mit Discokugel hat sich einiges vom Flair der 80er-Jahre bewahrt. Fantastisch ist der Blick aus den großen Fenstern auf den nächtlichen See. Theaterstr. 10, www.mascotte.ch, Tel. +41 44 260 15 80

25 GENFER SEE

Auberge du Vigneron

Hier schmeckt nicht nur Wurst aus dem Nachbardorf, das Entrecôte oder eine Tarte Tatin ausgezeichnet. Auch der Blick von der Restaurant-Terrasse über die Weinberge ist spektakulär. Route de la Corniche 16, Epesses, Mo–So, www.aubergeduvigneron.ch, Tel. +41 21 799 14 19

Café du Soleil

Käsefondue gibt es (fast) überall in der Schweiz – aber nur wenige Restaurants haben so viel Flair und Tradition wie das Café du Soleil. Neben dem Klassiker Käsefondue gibt es sehr gute Platten mit Bündner Fleisch und andere Schweizer Spezialitäten. Seit über 400 Jahren mögen die Genfer das Essen im Café du Soleil und wie es aussieht, wird das auch so bleiben. Place du Petit-Saconnex 6, Genf, Mo–Fr 7–24, Sa 10–24, So 10–23 Uhr, www.cafedusoleil.ch, Tel. + 41 22 733 34 17

Café Romand

Seit 1951 gibt es das »Café Romand« am Place Saint-François schon – kein Wunder, denn die Zeit vergeht hier wie im Flug, und bei ein paar Schoppen Wein in der stadtbekannten Brasserie lässt es sich einfach

In der Brasserie Café Romand (➤ S. 20) lässt es sich gut bei einem Gläschen Wein oder einem leckeren Fondue aushalten.

schön verweilen. Bevor das »Café Romand« Einzug gehalten hat, befand sich in dem Gebäude eine Brauerei, an der Inneneinrichtung hat sich seit Eröffnung kaum etwas geändert – und gerade dies macht den besonderen Charme des »Café Romand« aus.
Place Saint-François 2, Lausanne, Mo–Sa 9–24, www.cafe-romand.ch, Tel. +41 21 312 63 75

Mad Club

Der Mad Club ist sozusagen der Ursprung des heutigen Flon-Quartiers – als hier statt Bars, Läden und Galerien noch braches Niemandsland war, wurden im Mad schon legendäre Partys auf mehreren Stockwerken gefeiert.
Rue de Genève 23, Lausanne, www.madclub.ch, Tel. +41 21 340 69 69

Auberge de l'Onde

In St-Saphorin, mitten in der reizvollen Landschaft der Weinregion Lavaux, ist in einem historischen Gebäude das exquisite Auberge de l'Onde untergebracht. Küchenchef Christophe Mazzieri zaubert kreative Gerichte, zu denen Jérôme Aké Béda, einer der besten und charmantesten Sommeliers der Schweiz, stets den passenden Wein empfiehlt. Die Räumlichkeiten des schönen Winzerhauses machen den Restaurantbesuch perfekt.
Ortszentrum, Chemin Neuf, St-Saphorin, Mi–So 12–16, 19–21.30 Uhr, www.aubergedelonde.ch, Tel. +41 21 925 49 00

26 SALZBURG

Goldene Kugel

Wo heute das Brauhaus Goldene Kugel in seinen hohen dunklen Gewölberäumen regionale Küche serviert, stand früher der Guglbräu, eines der traditionsreichsten Gasthäuser in der Stadt. Bereits vor mehr als 500 Jahren wurde hier im Gewölbekeller des Brauhauses schon Bier ausgeschenkt.
Judengasse 3, Mo–Fr 11–24, Sa, So 10–24 Uhr, www.goldene-kugel.at, Tel. +43 662 265 38 20

Café Bazar

Das Traditionscafé am Ostufer der Salzach war und ist Stammlokal vieler einheimischer Prominenter und Kulturschaffender. Ambiente und Angebot repräsentieren klassische Kaffeehaustradition. Besonders begehrt ist an Sonnentagen die Terrasse mit Altstadtblick.
Schwarzstr. 3, Mo–Sa 7.30–19.30, So 9–18 Uhr, www.cafe-bazar.at, Tel. +43 662 87 42 78

Rockhouse Salzburg

Schon das Ambiente ist sehenswert, denn man trifft sich hier in einem über 400 Jahre alten Gewölbe. Das bewahrt die Anwohner vor dem Lärm von Hardcore, Ethno-Jazz, Heavy Metal und Gospelkonzerten. Auch Kleinkunst und Workshops werden veranstaltet.
Schallmooser Hauptstr. 46, Mo–Do 18–1, Fr–Sa 18–2 Uhr www.rockhouse.at, Tel. +43 662 884 91 40

Hangar-7

An der Stelle eines herkömmlichen Hangars wurde ein Platz geschaffen, an dem die Liebe zur Fliegerei und zur Kunst und Kulinarik einander begegnen. Der Hangar-7 ist längst (Kult-) Stätte der Kunst und des Genusses geworden, mit Ausstellungen und Kulturveranstaltungen, Bar, Café, Lounge und einem Restaurant. Neben Kunstausstellungen zeigt der Hangar-7 auch historische Flieger der Flying Bulls.
Wilhelm-Spazier-Str. 7a, tgl. 12–14, 19–22 Uhr (Restaurant), tgl. 9–17 Uhr (Café), So–Do 12–24, Fr/Sa bis 1 Uhr (Bar), www.hangar-7.com, Tel. +43 662 219 70 (Restaurant)

Landestheater Salzburg

Das ganze Repertoire, von Oper, Ballett, Schauspiel, Musicals bis hin zum Jugendtheater, wird hier gespielt. Zum Haus gehört ein eigenes Ensemble.
Schwarzstr. 22, Abendkasse 60 Min. vor Vorstellungsbeginn, www.salzburger-landestheater.at, Tel. +43 662 871 51 22 22

27 WIEN

Wrenkh

Restaurant mit gehobener Vollwertkost am Bauernmarkt, auch mit vegetarischen und veganen Gerichten, in dem man sich gesund für die Sightseeingtour stärken kann. Wöchentlich wechselnde Speisekarte.
Bauernmarkt 10, Mo–Sa 11–23 Uhr, www.wrenkh-wien.at, Tel. +43 1 533 15 26

Loos American Bar

Ein Meisterwerk von Adolf Loos aus dem Jahr 1908, das mittlerweile unter Denkmalschutz steht. Stilvoller lässt sich ein Cocktail kaum genießen. Über die Preise sollte man jedoch hinwegsehen.
Kärntner Durchgang 10, Mo bis So 12–4 Uhr, www.loosbar.at, Tel. +43 1 512 32 83

Konditorei Oberlaa

Die Stadtfiliale der renommierten Konditorei mit ihren fantasievollen Tortenkreationen und leckeren Mehlspeisen gilt als Beste ihrer Art in ganz Österreich. Im Sommer sitzt man vor dem Café im Schanigarten.
Neuer Markt 16, tgl. 8–20 Uhr, www.oberlaa-wien.at, Tel. +43 1 51 32 93 60

Alt Wien

Tagsüber ein Kaffeehaus – abends ein uriges Beisl. Dann wird die Stimmung zwischen den mit Plakaten geschmückten Wänden ausgelassener, die Musik lauter und die Gäste sind jünger. Legendär ist das Gulasch.
Bäckerstr. 9, So–Do 10–2, Fr/Sa bis 3 Uhr, www.kaffeealtwien.at, Tel. +43 1 512 52 22

Volksgarten

Ein Tanzpavillon im Stil der 50er-Jahre und Wiens erste Adresse fürs Clubbing. Gastspiele namhafter DJs (House, Techno) und andere wechselnde Events, entweder im Volksgarten-Pavillon oder in der Disco, sorgen für die richtige Partystimmung.
Burgring 1, www.volksgarten.at, Tel. +43 1 532 42 41

28 PRAG

U Zlatého Tygra

Schriftsteller Bohumil Hrabal zählte zu den Stammgästen, und Dichterpräsident Václav Havel hat hier US-Präsident Bill Clinton zu Kartoffelpuffern und Schinkenrollen mit Käsefüllung verführt. Das Pilsner Urquell ist Trumpf zu den warmen und kalten Speisen im »Goldenen Tiger«.
Husova ulice 17, tgl. 15–23 Uhr, www.uzlatehotygra.cz, Tel. +420 2 22 22 11 11

Café Savoy

Der Blick bleibt an der kunstvollen Kassettendecke hängen. Das Lokal, 1893 gegründet, war schon zeitweilig verschwunden, bis es wieder entdeckt wurde. Der Geheimtipp für den Prager Schinken: warm in Meerrettichsauce mit flockenleichtem Kartoffelpüree serviert. Und die Obstknödel sind einfach nur himmlisch.

Fast wie im Paradies fühlt man sich bei den berühmten Pflaumenknödeln im Café Savoy (➤ S. 22).

Vítězná 5, Mo–Fr 8–22.30, Sa, So 9–22.30 Uhr, http://cafesavoy.ambi.cz, Tel. +420 2 57 31 15 62

Lucerna Music Bar

Ein Jugendstil-Labyrinth. Stars von New York bis Paris gastieren hier gern wegen des einzigartigen Nostalgie-Ambientes. Gespielt wird vor allem Rock, Pop, Indie, HipHop und Rap, aber auch Jazz und Blues. Regelmäßig finden 80er & 90er-Parties statt. Ende ist, wenn der Letzte geht.
Vodičková 36, ab 19 Uhr, www.musicbar.cz, Tel. +420 2 24 21 71 08

Lehká hlava

Mit »leichtem Kopf«: Der Name des Restaurants stimmt auf die schlanke Linie ein: Guacamole, Pâté vom Räuchertofu sind nur einige der Köstlichkeiten. Verarbeitet werden ausschließlich Bioprodukte aus der Region, je nach Saison. Alle Säfte sind frisch gepresst, der Café Latte wird selbstverständlich mit Sojamilch zubereitet.
Boršov 2, Mo–Fr 11.30–23.30, Sa/So 12–23.30 Uhr, www.lehkahlava.cz, Tel. +420 2 22 22 06 65

Pálffy Palác

Im obersten Stock des Prager Konservatoriums wird auf allerhöchstem Niveau gespeist. Alte Lüster, weiße Gladiolen und eine Bildergalerie schmeicheln dem Auge. Von der Terrasse blickt man auf die Kleinseitener Gärten.
Valdštejnská 14, tgl. 11–23 Uhr, www.palffy.cz, Tel +420 2 57 53 05 22

29 KRAKAU

Wierzynek

Die Einrichtung ist vom Wawel-Schloss inspiriert, das Restaurant eins der ältesten in Europa. Dieser langen Tradition fühlt man sich hier verpflichtet und serviert eine exzellente Küche. Exquisite Torten und Kuchen gibt es im Café im Erdgeschoß.
Rynek Główny 15, tgl. 13–23 Uhr, www.wierzynek.pl, Tel. +48 12 424 96 00

Piano Rouge

Im Jazzclub an der Nordseite des Marktplatzes gibt es fast jeden Tag Livemusik, oft »smooth jazz« – und ein feines Dinner. Nicht zuletzt sorgen die opulente Deko, das imposante Bechstein-Piano und leckere Cocktails für Stimmung.
Rynek Główny 46, tgl. 10 Uhr–open end, www.thepianorouge.com.pl, Tel. +48 12 431 03 33

Alchemia

Die Kultkneipe am »Neuen Platz« von Kazimierz – man fühlt sich hier beinahe in eine Wohnstube aus sozialistischer Zeit versetzt. Jesusbildchen und vergilbte Fotos hängen an der Wand, unterm Entlüftungsrohr steht Omas altmodische Anrichte. Öffnet man eine unscheinbare Schranktür, entdeckt man sogar ein Separee zum Abtauchen.
ul. Estery 5/pl. Nowy, Mo 10–4, Di–So 9–4 Uhr, www.alchemia.com.pl, Tel. +48 12 421 22 00

Pijalnia Czekolady Wedla

In der im ganzen Land mit zahlreichen Filialen vertretenen Traditionsconfiserie werden exquisite Pralinen und Trüffel verkauft. In dem eleganten Lichthof der Confiserie kann man die Köstlichkeiten nebst variantenreicher heißer Schokolade kosten.
Rynek Główny 46, Mo–Do 9–22, Fr–So 9–24 Uhr, www.wedelpijalnie.pl, Tel. +48 12 429 40 85

Polakowski

Der Allerweltsname verheißt eine unkomplizierte polnische Küche in dem Selbstbedienungsrestaurant. Die Auswahl ist recht groß, die Gerichte sind preiswert und schmackhaft. Aus diesem Grund wird das Restaurant von einer Vielzahl von Gästen aufgesucht und kann daher auch schon einmal voll werden.
ul. Miodowa 39, tgl. 9–22 Uhr, www.polakowski.com.pl, Tel. +48 12 421 21 17

30 BUDAPEST

Veggie Nyers Vegán Bisztro

Die Stadt lockt mit allerlei süßen Verführungen, da ist ein Besuch im »Veggie-Raw-Bistro« eine gute Alternative. Das vegane Rohkost-Restaurant bietet Köstliches und Gesundes aus Obst und Gemüse – ganz ohne Kochen oder Backen.
Garibaldi utca 5, Mo–Sa 11.30–20, So 11.30–15.30 Uhr, Tel. +36 30 625 56 65

Instant

»The biggest ruin pub in Budapest« lautet die stolze Eigenwerbung. Die beliebte Location der Underground-Szene umfasst zwei Gärten, 26 Räume und sieben Trinktheken. Party gibt es jeden Tag – und der Eintritt ist immer frei. Man will alternativ sein, und ist es. Ein Eintrittsticket wäre neoliberale Geldmache, das will man nicht. Dies ist ein Ort zum Abhängen, zum Tanzen und um andere Leute kennenzulernen.
Nagymezö utca 38, tgl. 16–6 Uhr, www.instant.co.hu, Tel. +36 1 311 07 04

Dzsungel étterem

Das Dzsungel étterem hält, was der Name verspricht. Denn hier gibt es vier thematisch gestaltete Räume, die jeweils in ganz unterschiedliche Ecken der Erde führen. Neben der Savanne und dem Dschungel gibt es den Ozean- und den Piratenraum. Von außen kaum erkennbar, ergibt sich hier die Möglichkeit, eine kleine Weltreise zu machen. Neben Aquarien und einem kleinen Wasserfall sind es aber vor allem die kleinen Extras in der Dekoration, die das Dzsungel étterem so lohnenswert machen.
Jókai utca 30, Mo–So 12–1 Uhr, www.dzsungelcafe.hu, Tel. +36 1 302 40 03

Hadik Kávéház

Das Hadik Kaffeehaus blickt auf eine bewegte Geschichte zurück, denn hier trafen sich in den 1920er-Jahren die großen Literaten der Zeit, unter

ihnen Frigyes Karinthy, Dezső Kosztolányi und Zsigmond Móricz. Bis heute hält sich die hartnäckige Legende, dass der Kaffee so schlecht wie die Gesellschaft gut gewesen sei. Zum Glück ist dies heute etwas anders. Die Gesellschaft ist nach wie vor ausgezeichnet, und auch der Kaffee ist es mittlerweile. Im Sommer nimmt das Café den kleinen Bertalán-Lajos-Platz vor der Tür fast komplett mit seinen Tischen und Stühlen ein.
Bartók Béla út 36, Mo–So 9–23 Uhr, www.hadikkavehaz.com, Tel. +36 1 279 02 90

Halászbástya

Abendessen bei Kerzenschein unter Sternen mit Blick über die Donau und Pest: Die Küche bietet ungarische Klassiker wie Rindsgulasch mit einem experimentellen Touch. Wie es sich für solch eine exklusive Adresse gehört, sind die Kellner nicht nur aufmerksam, sondern auch mehrsprachig, antworten auf Fragen zu Gerichten hilfsbereit, und wer sich bei der exquisiten Weinkarte nicht entscheiden kann, verlässt sich ganz einfach auf die Empfehlung des hauseigenen Sommeliers.
Halászbástya, nördlicher Nachrichtenturm, Mo–So 12–24 Uhr, www.halaszbastya.eu, Tel. +36 1 2 01 69 35

31 LJUBLJANA

Druga Violina

Die »Zweite Geige«, ein Nonprofit-Restaurant in der Altstadt Ljubjanas, integriert Menschen mit Behinderungen und serviert täglich wechselnde slowenische Speisen aus regionalen Produkten, darunter auch vegetarische und glutenfreie Varianten. Mit Straßenterrasse.
Stari trg 21, tgl. 8–24 Uhr, www.facebook.com/drugaviolina, Tel. +386 82 05 25 06

Le Petit Café

Gemütliches kleines Frühstückscafé mit mediterraner Küche. Es gibt Omelett, hausgemachte Marmelade, Brot, Joghurt und Müsli. Man kann zwischen diversen Frühstücksvariationen auswählen, darunter auch englisches Frühstück. Mittags gibt es Salate, Fleisch-, Fisch- und Pastagerichte.
Francoske Revolucije 4, Mo–Sa 11–22, So bis 17 Uhr, www.lepetit.si, Tel +386 1 251 25 75

Top Six Club

Im obersten Stockwerk des Einkaufszentrums Nama, im Herzen von Ljubljana, befindet sich dieses Clubbing-Paradies. Hier legen renommierte DJs aus dem In- und Ausland auf, häufig wird Dance und House mit Balkaneinschlag gespielt. Der Blick aus den großen Fenstern über die Stadt ist einfach nur großartig.
Tomšičeva 2, Fr/Sa 11–5 Uhr, www.topsixclub.si, Tel. +386 40 66 77 22

Špajza

Frische Zutaten vom Wochenmarkt und heimische Produkte sowie ein aufmerksamer Service machen das Geheimrezept des Restaurants aus, das die vielen (Stamm-)Gäste zu schätzen wissen. Eine Reservierung wird daher empfohlen.
Gornji trg 28, Mo–Sa 12–23, So bis 22 Uhr, www.spajza-restaurant.si, Tel. +386 1 425 30 94

Vinotheka Movia

Das richtige Klima und viel Erfahrung im Weinanbau sorgen dafür, dass der Großteil der slowenischen Weine von hervorragender Qualität ist. In der Vinothek Movia lassen

Ein bisschen wie Kaugummi: die Sitzplätze und Wände im schicken Georges (➤ S. 25) auf dem Dach des Centre Pompidou.

sich u. a. einige dieser Weine verkosten. Dazu gibt es für Interessierte eine fachkundige Beratung (in Englisch) und Erklärungen zu den einzelnen Weinen.
Mestni trg 2, Mo–Fr 12–23 Uhr, www.movia.si, Tel. +386 1 425 54 48

32 PARIS

Georges
Nicht zuletzt wegen des einzigartigen Blickes auf die Stadt und die wichtigsten Pariser Sehenswürdigkeiten ist das von renommierten Architekten entworfene Restaurant auf dem Dach des Centre Pompidou so begehrt. Super gestylt, ein wenig zu teuer, aber wie gesagt: der Blick!
120, rue St-Martin, tgl. 12–2 Uhr, www.restaurantgeorgesparis.com, Tel. +33 1 44 78 47 99

La Closerie des Lilas
Als es 1847 eröffnete, gehörten Charles Baudelaire, Paul Verlaine und Stéphane Mallarmé zu den Stammgästen, später trafen sich die Surrealisten zu ihren Festen an der berühmten Piano-Bar. Ernest Hemingway schrieb hier sein Buch »Paris – ein Fest fürs Leben«. Auf der Terrasse des Café-Restaurants sitzt man wunderschön unter viel Grün zwischen schreibenden Poeten und debattierendem Philosophie-Nachwuchs.
171, bd. du Montparnasse, tgl. 12–14.30, 19–23.30 Uhr, www.closeriedeslilas.fr, Tel. +33 1 40 51 34 50

Bofinger
In der ältesten Brasserie von Paris, 1864 gegründet, herrscht im wahrsten Sinne des Wortes Belle-Époque-Stimmung. Am schönsten sitzt man unter der herrlichen Glaskuppel. Das meistens proppenvolle Restaurant ist zwar bekannt für seine Sauerkraut-Spezialitäten, doch ebenso für seine frischen Austern und Meeresfrüchte, und ein saftiges Steak.
5, rue de la Bastille, tgl. 12–15, 18.30–24 Uhr, www.bofingerparis.com, Tel. +33 1 42 72 87 82

Le Bon Marché
Das älteste Kaufhaus von Paris ist das einzige auf dem linken Seine-Ufer und der Lieblingsladen vieler junger Pariser Familien, weil sie hier auch für die Kleinsten alles finden. Das Feinkostgeschäft Grande Épicerie ist das größte der Stadt mit einer überwältigenden, wundervoll drapierten Auswahl an Produkten aus aller Welt. Für Gourmets ein reines Schlaraffenland – zum Einkaufen mit allen Sinnen.
38, rue de Sèvres, Mo–Sa 10–20, Do/Fr bis 21 Uhr, www.lebonmarche.com, Tel. +33 1 44 39 80 00

Moon Roof
Auf der Dachterrasse der Cité de la Mode et du Design, dem neuen Event- und Freizeitgelände, untergebracht in einem futuristischen Gebäude, befindet sich das Moon Roof. Lounge-Atmosphäre, kühle Drinks und ein unverstellter Blick auf die Seine garantieren hier einen entspannten Abend.
34, Quai d'Austerlitz, Di–So 12–2, Fr/Sa bis 4 Uhr. www.moonroof.fr, Tel. +33 1 44 24 39 34

33 BORDEAUX

Baud et Millet
Die Fromagerie ist ein wahres Mekka für Käseliebhaber. Im Restaurant werden Wein, Käsespezialitäten u. v. m. serviert. In der »Käsehöhle« im Keller des Hauses reifen über 100 Käsesorten. Wer nicht genug bekommt, kann sich im Laden noch Käse mit nach Hause nehmen.
19 Rue Huguerie, Mo–Sa 11–23 Uhr, www.baudetmillet.com, Tel. +33 5 56 79 05 77

Kokomo Cantine Americaine
In dem Restaurant und Takeaway werden Pommes und Burger in allen Variationen serviert. Man kann auch ausgefallene Kreationen, wie z. B. einen Lachsburger, probieren. Alles wird frisch zubereitet, das Fleisch kommt vom Angusrind, die Brötchen aus der Bäckerei St. Michel um die Ecke. Zur Erfrischung dienen leckere Limonanden, Smoothies aus frischen Früchten, Milkshakes und Eistees und als Nachspeise ein »Brownie de la muerte«.
12 Place Fernand Lafargue, Mo–So 12–23.30 Uhr, Tel. +33 5 57 77 07 24

Le Croc-Loup
Spezialität des eleganten Lokals nahe der Kathedrale ist Fisch aus dem Becken

von Arcachon. Auch weitere Spezialitäten der französischen Küche finden sich auf der Speisekarte. Man sollte unbedingt noch Platz für eine der köstlichen Nachspeisen lassen.
35 Rue du Loup,
Di, Do–Sa 12–14, 19–22 Uhr,
www.crocloup.fr,
Tel. +33 5 56 44 21 19

Le Pavillon des Boulevards

Das intime Lokal mit schöner Gartenterrasse überrascht mit einer raffiniert verfeinerten, einfallsreichen, jedoch nicht ganz preiswerten Regionalküche. Schwerpunkt der Küche liegt auf Fisch und Meeresfrüchten. Die Weinkarte ist hervorragend. Ein Mittagsmenü ist deutlich günstiger.
120 Rue Croix de Seguey,
Di–Fr 12–14, 19.45–21.30,
Sa 19.45–21.30 Uhr,
www.lepavillondesboulevards.fr, Tel. +33 5 56 81 51 02

Aux Quatre Coins du Vin

Stylische Weinbar im Zentrum von Bordeaux, nahe der Garonne. Angeboten wird eine große Auswahl der besten Jahrgänge an Weiß-, Rot- und Roséweinen sowie Champagnern. Die Mehrzahl der Weine stammt aus Frankreich, aber auch solche aus Südafrika, Italien, Deutschland, Österreich, Portugal, Kanada, Australien und der Schweiz finden sich auf der Karte. Dazu kann man Appetithäppchen, Toast, Käse und Desserts bestellen.
8 Rue de la devise, Mo–Di 18–24, Mi–Sa 18–1 Uhr,
www.aux4coinsduvin.com,
Tel. +33 5 57 34 37 29

34 STRASSBURG

Maison Kammerzell

Das Kammerzell ist eines der ältesten Bauwerke der Stadt und gehört zu den Häusern, die Modeerscheinungen einfach ignorieren. Die Karte setzt auf bewährte Klassiker. Hier wurde das Sauerkraut mit Fisch von Guy-Pierre Baumann erfunden.
16, pl. de la Cathédrale,
tgl. ab 12 und ab 19 Uhr,
www.maison-kammerzell.com,
Tel. +33 388 32 42 14

Fink' Stuebel

Thierry und Sophie Schwaller servieren in ihrer Weinstube eine einfache und authentische elsässische Küche, die auch von Einheimischen geschätzt wird. Vorzüglich sind Thierrys hausgemachte Königinpastete und seine »Fleischschnaka« mit Pilzen. Auch Klassiker wie Elsässer Zwiebelkuchen fehlen selbstverständlich nicht auf der Karte.

Flammkuchen in Straßburg, z. B. im Au Coucou des Bois (➤ S. 26).

26 Rue Finkwiller,
Mo–Sa 12–14, 19–22.30 Uhr,
www.restaurant-finkstuebel.com, Tel. +33 388 25 07 57

Salon de Thé Christian

Einer der Top-Chocolatiers in der an Pâtissiers wahrlich nicht armen Stadt. Im schmuckem Kaffeehaus-Ambiente gibt es Kuchen, Quiches, Gebäck, Eis und Pralinés vom Feinsten. Hier kann man sich wahrlich nach einem Stadtbummel oder einer anstrengenden Sightseeing-Tour verwöhnen lassen.
10 Rue Mercière,
Mo–So 7.30–18.30 Uhr,
www.christian.fr,
Tel. +33 388 22 12 70

Laiterie

Wer sich für Rock- und Independent-Musik sowie für deren diverse Subgenres interessiert, ist hier an der richtigen Adresse. In der ehemaligen Molkerei traten schon u. a. Superbus und Sonic Youth auf. Zum Kulturzentrum gehören ein großer und ein kleiner Konzertsaal. Die Macher der Laiterie verantworten auch das sehenswerte Festival Artefact.
13 Rue du Hohwald,
www.artefact.org,
Tel. +33 388 23 72 37

Au Coucou des Bois

Flammkuchen satt – Liebhaber dieser typischen Spezialität können im Au Coucou des Bois voll auf ihre Kosten kommen, denn hier gibt es nicht nur den allseits bekannten Flammkuchen mit Speck, Zwiebeln und Käse, sondern auch Varianten mit Lachs,

Kapern, Pilzen etc., und sogar süße Flammkuchen z. B. mit frischen Früchten, Schokolade oder Schlagsahne. Hat man dennoch genug vom Flammkuchen, dann stehen natürlich auch noch genügend andere Gerichte der französischen oder elsässischen Küche auf der Karte.
44 Allée David Goldschmidt, So–Fr 12–14.30, 18.45–22.30, Sa 18.45–22.30 Uhr, www.lecoucoudesbois.com, Tel. +33 388 39 76 19

35 PROVENCE

Chez Etienne

Es ist immer voll, im Panier-Viertel treffen sich Leute, die sich kennen. Die Preise sind angemessen, aber das sagt noch nichts über die angebotene Qualität aus. Die Gäste schwärmen von der Pizza, die hier als Vorspeise gilt. Reservierungen werden nicht angenommen. Früh kommen ist angesagt, um die lebhafte Atmosphäre zu erleben.
43, rue de Lorette, Marseille

La Caravelle

Die Bar im 1. Stock des Hotels Bellevue gehört zu den schönsten Plätzen für einen Aperitif. Vom Balkon hat man einen Traumblick über den Vieux Port. Zum Drink werden Tapas oder Snacks serviert. Mittwoch- und Freitagabend wird hier Musik gespielt, aber leider nicht im Sommer.
34, quai du Port, tgl. 18.30 bis 2 Uhr, www.lacaravelle-marseille.com, Tel. +33 491 90 36 64

La Treille Muscate

Mitten im idyllischen Moustiers-Sainte-Marie liegt dieses Restaurant und Bistro. Zwar ist es auch von Touristen gut besucht, bietet aber dennoch eine originär provenzalische Küche mit frischen aus der Region stammenden Zutaten und einer guten Weinauswahl.
place de l'eglise, Moustiers-Stainte-Marie, Mi Mittag und Do geschl., www.restaurant-latreillemuscate.fr, Tel. +33 492 74 64 31

Farniente Plage

Das Restaurant befindet sich etwas außerhalb von Saintes-Maries-de-la-Mer mit Traumlage direkt am Strand. Schwerpunkte der Küche sind Fischgerichte und Meeresfrüchte. Die Preise sind eher im gehobenen Bereich anzusiedeln, man zahlt wohl auch die Lage mit. Wer sich aber dennoch nicht den Blick aufs Meer oder einen wunderbaren Sonnenuntergang entgehen lassen möchte, bestellt nur ein Getränk und setzt sich damit auf die Strandterrasse mit gemütlicher Lounge-Atmosphäre.
Rte d' Aigues-Mortes, Plage Ouest, Clos du Rhône, Saintes Maries-de-la-Mer, tgl. 9–23.30 Uhr, www.farnienteplage.camargue.fr, Tel. +33 428 31 65 25

Café Oppidum

Kleine gemütlich eingerichtete Crêperie mit herzlichem Service, in der man auch noch andere Gerichte und frische Salate bestellen kann. Die Speisen sind ohne großen Schnickschnack, dafür aber umso leckerer. Ideal für ein schnelles Mittagessen zwischendurch oder ein herzhaftes Abendessen mit Nachspeise.
11, rue Capitaine Fouque, Saintes-Maries-de-la-Mer, Mo, Mi–Sa 12–15, 19–23, So 12–15 Uhr, www.facebook.com/bistroppidum/, Tel. +33 490 47 50 43

36 PORTO

Fischessen in Matosinhos

Ein »Geheimtipp« sind die Fischrestaurants in der Hafenstadt Matosinhos im Norden Portos. Der frische Fisch wird vor den Augen der Gäste gegrillt – besonders Sardinen, die Spezialität der Stadt, sind ein Muss.
Rund um die Rua Heróis de França

Wine Quay Bar

Stylishe Weinbar in der Ribeira mit tollen portugiesischen Weinsorten, leckeren Tapas und nettem Service – der Chef gibt gerne Tipps zur Weinauswahl. Man sitzt etwas oberhalb des Douro mit schönem Ausblick auf die Ponte Dom Luís I. und das andere Ufer.
Muro dos Bacalhoeiros 111–112, Mo–Sa 16–23 Uhr, www.winequaybar.com, Tel. +351 22 208 01 19

Portucale

Auf einer Dachterrasse im 13. Stock serviert man feine Küche. Der Panoramablick über die Stadt und die Berge ist traumhaft. Das Interieur ist im Stil der 50er-Jahre gehalten,

für manche mag dies veraltet scheinen, für andere macht dies genau den Charme des Restaurants aus, auf jeden ist die Aussicht ihren Preis wert.
Rua da Alegria 598, tgl. 12.30 bis 14.30, 19.30–22.30 Uhr, www.miradouro-portucale.com, Tel. +351 22 537 07 17

Restaurante Casa da Música

Im Restaurant des städtischen Konzerthauses, Casa da Música, wird eine Küche auf gehobenem Niveau serviert – dennoch bei der Qualität der Speisen zu einem guten Preis-Leistungs-Verhältnis. Ein Besuch lohnt sich allemal, allein wegen des spektakulären, vom Architekten Rem Koolhaas entworfenen Gebäudes.
Avenida da Boavista 604-610, Mo–Sa 12.30–15, 19.30–23, Fr/Sa bis 24 Uhr, www.casadamusica.com, Tel. +351 22 010 71 60

Café Majestic

Schönes Kaffeehaus im Jugendstil mit Kronleuchtern und Spiegelsaal, das die Atmosphäre der Belle Époque wieder aufleben lässt. Zu seiner Eröffnung als Café Elite 1921 war es das Café der Reichen und Schönen, der Bohème Portos. Heutzutage ist es nach alten Fotografien renoviert worden und erstrahlt in altem Glanz. Joanne K. Rowling soll sich Anfang der 90er hier aufgehalten haben, als sie die ersten Kapitel von Harry Potter schrieb.
Rua Santa Catarina 112, Mo–Sa 9.30–24 Uhr, www.cafemajestic.com, Tel. +351 22 200 38 87

37 LISSABON

Patéo 13

Ein auch von den Lisboetas geschätztes Restaurant, wo man auf Bänken und an Holztischen unter Bäumen sitzt und nur auf dem Holzkohlengrill zubereiteten Fisch und Fleisch bekommt.
Calçadinha Sto. Estevão 13, Di–So 11–23 Uhr, Tel. +351 21 888 23 25

Velho Páteo de Santana

Nirgendwo drückt sich das Lebensgefühl Lissabons so perfekt aus wie in einem Fado, der mit ganzer Seele gesungen wird, begleitet von zwei Gitarren, der sechssaitigen und der zwölfsaitigen Guitarra Portuguesa. Im Velho Páteo de Santana finden regelmäßig Fado-Veranstaltungen auf hohem Niveau statt.
Rua Dr. Almeida Amaral 6, www.velhopateodesantana.com, Tel. +351 21 314 10 63

Noobai

Eine dieser Terrassen Lissabons, die über dem Fluss und den Dächern der Stadt zu schweben scheinen, hat das Café Noobai. Besonders schön ist es, wenn die Sonne tief im Westen steht. Es gibt kleinere und größere Gerichte, auch Kuchen. Am Wochenende angesagt und stark frequentiert, unter der Woche ruhiger. Sehr sympathisch der kleine Spielbereich für Kinder.
Miradouro/Rua Santa Catarina, Di–Do 12–22, Fr/Sa 12–24, So 12–20 Uhr, www.noobaicafe.com, Tel. +351 21 346 50 14

Matiz Pombalina

Niveauvolle Cocktailbar in einem noblen Gebäude aus dem 18. Jh. Stilvolle Einrichtung aus modernen und traditionellen Elementen, in der Ziegelwände, antike Polsterstühle und Stehlampen Akzente setzen. Jeder Raum hat ein anderes Farbthema, Sala Rosa, Sala Azur, Sala Morango. Kein Massenpublikum, Kult unter den zahlreichen Drinks ist derzeit der hausgemixte Obama-Cocktail.
Rua das Trinas 25, Di–Sa 19–2 Uhr, www.matiz-pombalina.pt, Tel. +351 21 404 37 03

Pastelaría Benard

In dem zentral gelegenen und eleganten Traditionscafé sind das Gebäck und die Kuchen die erste Wahl, darunter auch die bekannte lissabonnische Spezialität »Pastéis de Nata« – gefüllte Blätterteigtörtchen mit einer Art Puddingcreme. Im hinteren Raum des Cafés wird ein gemütliches Lokal unterhalten, in dem auch preiswerte Wochenmenüs angeboten werden. Mit Außenterrasse.
Rua Garrett 104, Mo–Sa 8–23 Uhr, Tel. +351 21 347 31 33

38 ANDALUSIEN

Arrocería Casa Pepe Sanchís

Viele Stammgäste schwärmen seit Jahren davon, dass es in der Casa Pape Sanchís die besten Paellas und Reisgerichte Andalusiens gibt. Ein Menü unter der Woche ist ohne

Getränke schon für 10 € erhältlich. Es gibt auch vegetarische Optionen, überwiegend werden jedoch »klassische« Varianten mit Fleich, Fisch oder Meeresfrüchten serviert.
Calle Naranjal de Almagro, Córdoba , Di–Fr 8–16.30, Sa/So 11–16.30 Uhr, www.arroceriacasapepesanchis.es, Tel. +34 957 41 22 95

Pasteleria Ysla Triunfo
»Piononos« sind eine typische Süßspeise aus Granada und werden jeden Tag in der Hausbäckerei Casa Ysla nach Geheimrezept frisch hergestellt. Achtung: Die süße Köstlichkeit macht süchtig und auf Dauer auch dick!
Av de la Constitución 48, Granada, Mo–So 8–21 Uhr, www.pionono.com, Tel. +34 617 45 04 07

Café-Bar Las Teresas
Die Atmosphäre der im Herzen des Barrio de Santa Cruz gelegenen Bar Las Teresas versetzt die Gäste zurück in das Sevilla zu Beginn des 20. Jh. Hier werden gute Weine und leckere Tapas serviert, die zwar etwas teurer sind, aber der reinsten Tapastradition der Stadt entsprechen. Der Jamón Serrano ist von besonders hoher Qualität!
Calle Santa Teresa 2, Sevilla, tgl. 10–1 Uhr, www.lasteresas.es, Tel. +34 954 21 30 69

Taberna Salinas
Im Jahr 1879 gegründet, ist die Taberna Salinas eine der Adressen für nostalgische Kneipenkultur und eine authentische Córdobeser Bar mit lokalen Gerichten und Spezialitäten. Die Beliebtheit der Taberna zeigt sich auch an der Vielzahl der Besucher, darunter viele Einheimische. Es gibt Tapas, aber auch vollständige Mahlzeiten, und dazu eine gute Weinauswahl.
Calle Tundidores 3, Córdoba, Mo–Sa 12.30–16, 20 bis 23.30 Uhr, www.tabernasalinas.com, Tel. +34 957 48 01 35

Los Diamantes
Fisch und Meeresfrüchte in allen Variationen, egal ob frittiert oder gebraten, gibt es im Los Diamantes. Es gilt als eines der besten Fischrestaurants der Stadt und ist noch dazu recht preiswert. Neben Fisch können auch Reis- und Gemüsegerichte sowie Lammkoteletts bestellt werden.
Calle Navas 28. Granada, Mo–So 12–16.30, 20–24 Uhr, www.barlosdiamantes.com, Tel. +34 958 22 70 70

Leckere »Pastéis de Nata« gibt es in der Pastelaría Benard in Lissabon (➤ S. 28).

39 MADRID

La Tía Cebolla
Trubelige Taverne mit Copla- und Flamencomusik. Die Tapas sind großzügig bemessen. Der Hit ist das »Canapé Don Paco«, ein mit Käse überbackenes Schinkentoastbrot von der Größe eines Herrenschuhs.
C. de la Cruz 27, tgl. 9–1.30 Uhr, www.latiacebolla.es, Tel. +34 91 522 90 50

La Infinito
Kein Pub, sondern ein Café, doch das Konzept Relax + Bücher funktioniert in diesem heimeligen Lokal in Lavapiés ausgezeichnet und überzeugt nicht nur Leseratten. Von der Bedienung über das Frühstück bis zu den Tapas: Alles ist betont entschleunigt. Außerdem werden hier regelmäßig Lesungen, Aufführungen und Konzerte abgehalten.
C. Tres Peces 22, tgl. ab 10.30 Uhr, www.lainfinito.es, Tel. +34 687 90 75 60

Artemisa
Eines der beliebtesten vegetarischen Restaurants in der Stadt. Die mit Käse und Champignonpastete gefüllten und mit Pistaziensauce gratinierten Zucchini- und Auberginenstreifen (»pastel persa«) sind ebenso beliebt wie das Tiramisu als Dessert. Mittags werden Tagesmenüs für 11,90 € angeboten.
C. Ventura de la Vega 4, tgl. 13.30–16, 21–24 Uhr, www.restaurantevegetariano huertascortes.com, Tel. +34 91 429 50 92

El Corte Inglés

Das Synonym madrilenischer Einkaufskultur. Der Kaufhausgigant mit 91 Filialen in ganz Spanien und 18 allein in der Region Madrid blickt dabei auf bescheidene Anfänge zurück: 1890 wurde in der Calle Preciados eine kleine Schneiderei eröffnet. Aus diesem Familiengeschäft ging 1940 die Firma El Corte Inglés hervor. Um den Namen ranken sich Mythen, aber wahrscheinlich hat er mit den anfangs verwendeten englischen Stoffen zu tun. Heute bekommt man hier alles, von Designerartikeln bis hin zu Kosmetik, Elektrogeräten etc.
Calle Preciados 3,
Mi–Sa 10–22, So 11–21 Uhr,
www.elcorteingles.es,
Tel. +34 91 379 80 00

Microteatro por Dinero

Kurze dramatische Texte, auch Pantomimen, in Mini-Sälen mit maximal zehn Zuschauern. Mittlerweile reißen sich sogar bekannte Bestsellerautoren darum, ihre Texte hier aufführen zu dürfen. Mitten im Szeneviertel Triball hat dieses Theater sein ganz eigenes Flair.
Loreto y Chicote,
www.microteatromadrid.es,
Tel. +34 91 521 88 74

40 BARCELONA

Pinotxo

Juanito Bayen, besser bekannt als »Pinotxo« (Pinocchio), ist der wohl berühmteste Imbissbesitzer von ganz Barcelona. Seinen Stand im legendären Markt La Boquería betreibt Bayen, dessen Kragen stets eine Fliege schmückt, bereits in dritter Generation. Blitzschnell zaubert er traditionelle Snacks, etwa Kalbskopf und -haxe oder Tintenfisch mit Bohnen. Dazu gibt's dann ein Glas Cava. Wer schon am frühen Morgen kommt, sitzt direkt neben den Marktarbeitern – und kann ihnen anschließend beim Aufbau der Stände zusehen.
Mercat de la Boqueria
466–470, tgl. 6.30–16 Uhr,
www.pinotxobar.com,
Tel. +34 93 317 17 31

Espai Sucre

Der von Pâtissier Jordi Butrón geschaffene »Zuckerraum« (so die Übersetzung des Namens) ist ein echter Exot der städtischen Gastroszene. Geboten werden ausschließlich Desserts, diese dann allerdings in bis zu fünf Gängen – Gäste kommen durchaus für ein abend- und magenfüllendes Menü. Mit dem Nachtisch wie bei Muttern haben die kleinen Dessert-Kunstwerke allerdings nicht mehr viel zu tun. Zwar sei auch seine erste Zutat Zucker, so gesteht Butrón, der sein Wissen mittlerweile sogar in einer eigenen Schule weitergibt. Durch zu viel Süße (und Fett) ersticke man allerdings jedes andere Aroma. Nur bei dezentem Einsatz von Zucker gelingen also Kreationen wie beispielsweise Kaffee-Zitronenkresse-Sorbet, Karamellkuchen mit Anis und Oliven oder gewürzte Schokolade.
C. de Princesa 53, Di–Do
21–23.30, Fr/Sa ab 20.30 Uhr,
www.espaisucre.com,
Tel. +34 93 268 16 30

Moog

Der kleine Club in einer Seitenstraße der Rambles ist legendär; die internationalen DJs, die hier bereits an den Turntables standen, ebenso.
Carrer de l'Arc del Teatre 3,
www.masimas.com/moog,
Tel. +34 93 390 80 70

Gresca

Bewusst minimalistisch dekoriertes Restaurant, in dem nichts vom Essen ablenken soll: Rafael Peñas behutsam modernisierte katalanische Klassiker wie Tintenfisch mit schwarzer Blutwurst sind spektakulär, das Preis-Leistungs-Verhältnis ist ungeschlagen. Empfehlenswertes Mittagsmenü.
Carrer Provença 230,
hwww.gresca.net,
Tel. +34 93 451 61 93

Mercat de la Princesa

Er will Sushi, sie Tapas, die Kinder Pizza. Rund um den überdachten Innenhof bieten 17 Restaurants an kleinen Ständen eine große Auswahl frisch zubereiteter Gerichte an. Ordentliche Qualität.
Carrer Flassaders 21,
So–Mi 9–24, Do–Sa 9–1 Uhr,
www.mercatprincesa.com,
Tel. +34 93 268 15 18

41 MALLORCA

El Cruce

Eine Autobahnraststätte auf mallorquinische Art: Von Weitem sieht man viele Lastwagen – und traut sich evtl. nicht hinein. Die munteren Kellner bringen die kräftige Inselküche aber schnell näher.

Carretera Palma–Manacor, km 41, Vilafranca de Bonany, tgl. 6–22, Fr/Sa bis 1 Uhr, www.restaurantescruce.es, Tel. +34 971 56 00 73

Abaco

Wer die Flügeltüren dieses Patrizierpalasts aus dem 17. Jh. aufstößt, glaubt sich in eine Filmkulisse versetzt: Berge von Früchten auf antiken Tischen, goldene Spiegel an den Wänden, dazu Blumen, Kerzenschimmer, klassische Musik – und Gäste, die wie Komparsen mit einem Cocktail in der Hand umherwandeln. Freitags kurz vor Mitternacht findet immer ein einmaliges Ereignis im Abaco statt: Von der Decke regnet es Rosenblätter.
Calle San Juan 1, Palma de Mallorca, So–Do 20–1, Fr/Sa 20–2.30 Uhr, www.bar-abaco.es, Tel. +34 971 71 49 39

Restaurant Antonio

Es gibt Einheimische, die fahren quer über die halbe Insel, um bei Antonio Paella zu essen. Darüber hinaus ist das Lokal für frischen Fisch und Meeresfrüchte bekannt. Als Nachspeise kann man eine der selbst gemachten Eissorten probieren. Zum Restaurant gehören auch eine Terrasse und ein recht großer Speiseraum für Familienfeiern.
Carrer Alexandre Farnese 5, Colònia de Sant Jordi, März Sa/So 13–16 Uhr, Apr./Mai Di–So 13–16 Uhr, Juni–Aug. Di–Sa 13–16, 20–23, So 13–16 Uhr, Sept./Okt. Di–So 13–16 Uhr, www.restauranteantonio.net, Tel. +34 971 65 54 05

Tito's

Diese Disco ist rund 70 Jahre alt – und kein bisschen veraltet. Im Gegenteil, aufgerüstet mit neuen Musik- und Laseranlagen und einem gläsernen Aufzug, stellt sie manche »junge« Disco in den Schatten.
Paseo Maritimo, Avenida Gabriel Roca 31, Palma de Mallorca, www.titosmallorca.com, Tel. +34 971 73 00 17

El Guía

Ursprünglich ein Gasthof, in dem sich – so der Name – Wanderführer trafen. Dass die eine anständige Mahlzeit erwarteten, kann man sich denken. Mehr oder weniger ist es in dem Haus aus dem 17. Jh. so geblieben: Es wird landestypisches Essen serviert – und wohnen kann man in den einfachen Zimmern auch.
Calle Castañer 2, Sóller, www.hotelelguia.com, Tel. +34 971 63 02 27

Nostalgischer Charme in der denkmalgeschützten Stube des Schnalshuberhofs (➤ S. 31).

42 SÜDTIROL

Haselburg

Hoch über Bozen liegen die Gemäuer der Haselburg, die bis ins 12. Jh. zurückreichen. Nach aufwendiger Renovierung sind dort Gaumenfreuden, kulturelle Highlights und ein sensationeller Blick auf die Stadt angesagt. Für Weinliebhaber empfiehlt sich vor allem der Haselburger Zweigelt, der besonders aromareich ist.
Kuepachweg 48, Bozen, Di–So 12–14, Di–Sa 19–22.30 Uhr, www.haselburg.it, Tel. +39 0471 40 21 30

Eisdiele by Nicolas

Direkt am Obstmarkt spachtelt Nicolas seine überaus cremigen, hocharomatischen Eissorten wie Ingwer-Basilikum oder Feige auf die Waffel. Erfrischend: die köstliche Himbeer-Granita. Da die Eisdiele überaus beliebt ist, kann es aber auch durchaus zu längeren Schlangen davor kommen.
Obstmarkt 7, Bozen, Mo–So 11–1 Uhr, Tel. +39 339 830 08 13

Schnalshuberhof

Auf dem Schnalshuberhof wird man von der Familie Pingerra mit viel Herzlichkeit und gutem Essen empfangen. Aufgetischt werden in der Buschenschänke des Hofes Spezialitäten der Südtiroler Küche: Schlutzer, Knödel, Schupfnudeln, Speck und Käse. Dazu gibt es Wein und selbst gemachte Säfte aus dem hofeigenen Obst- und Weinanbau sowie Destillate aus der eigenen Brennerei.

Alles wird hier nach Richtlinien des Ökolandbaus hergestellt, die Produkte können auch im Hofladen erworben werden. Bereits 1318 wurde der Schnalshuberhof zum ersten Mal urkundlich erwähnt. Zu Tisch sitzt man in der gemütlichen, denkmalgeschützten Bauernstube, die alte Zeiten wieder lebendig werden lässt.
Oberplars 2, Algund, Ende Feb. bis Ende Juli, Mitte August bis Mitte Dezember Do–So ab 18 Uhr (Vorbestellung), Tel. +39 04 73 44 73 24

Sketch Clublounge

Merans bester Club. Im cool designten Keller des Hotels Aurora geben sich am Wochenende unter schillernden Discokugeln wechselnde DJs und Livemusik-Acts die Ehre. Unter der Woche gibt es Cocktails und Musik vom Band.
Passerpromenade 40, Meran, Di–Sa 17–1, So 17–24 Uhr, Events bis 3 Uhr, www.sketch.bz, Tel. +39 04 73 21 18 00

Restaurant Terra im Auener Hof

Alles, was hier auf den Tisch kommt, ist hausgemacht. Die Küche des Gourmetchefs Heinrich Schneider ist modern und von subtiler Raffinesse. Die passenden Weine empfiehlt Sommelière Gisela Schneider, Schwester des Chefs. Ein Blickfang ist der begehbare Winecube, der an der Decke im Restaurant schwebt. Mundgeblasene Gläser, handgemachte Teller, alles ist mit Passion gemacht. Und das Sahnehäubchen: das atemberaubende Panorama der Dolomiten.
Auen 21, Sarntal, Mo–Sa ab 19 Uhr, www.auenerhof.it, Tel. +39 04 71 62 30 55

43 GARDASEE

Pizzeria Leon d'Oro

In einem verträumten Gässchen, das die Stadtmauern mit dem Hafen von Riva verbindet, liegt dieses Restaurant. Familie Salvaneschi führt es bereits seit 1939. Exzellente Küche, beste Weine aus der Region verwöhnen den Gast.
Via Fiume 28, Riva del Garda, www.leondororiva.it, Tel. +39 0464 55 23 41

Corsaro

Das Lokal liegt direkt am See, unterhalb der Burg in Malcesine. Fangfrische Fischspezialitäten und ausgesuchte Weißweine munden in dem schicken Restaurant besonders gut bei einem Sonnenuntergangsblick.
Via Paina 17, Malcesine, Mo–So 19–22.30 Uhr, www.alcorsaro.it, Tel. +39 045 658 40 64

Gemma

Ein Genuss sind hier Tagliatelle und Lasagne. Auch Meeresspezialitäten stehen im Gemma auf der Karte. Das Restaurant liegt direkt am See, im Zentrum von Limone. Am besten an dem Parkplatz der Uferpromenade parken und die 100 m zu Fuß gehen. Das Restaurant ist auch per Boot bequem und leicht zu erreichen, da es über einen privaten Anlegeplatz mit Stiege bis zum Wasser verfügt. Allerdings muss man reservieren, es ist gut besucht.
Piazza Garibaldi 12, Limone sul Garda, Mo–So 8.30–24.30 Uhr, www.ristorantegemma.it, Tel.+39 0365 95 40 14

La Torre San Marco

In dem trutzigen Turm, den der deutsche Fabrikant Richard Langensiepen als Beobachtungsposten im 19. Jh. direkt ans Wasser bauen ließ, geht es vor allem am Wochenende hoch her. Ob Restaurant oder Weinbar für eher sanftere Klänge oder Club mit wechselnden DJs – einmal sollte man den Turm besuchen, die Atmosphäre ist einzigartig. Wer ein Boot besitzt, legt direkt im geschützten Hafen an.
Corso Zanardelli 142, Gardone Riviera, Ende Mai bis Ende Sommer Di–So 20–3 Uhr, www.torresanmarco.it, Tel. +39 0365 201 58

Osteria La Miniera

Die rustikale Osteria in Tignale besticht durch ihre herzhafte und authentisch-italienische Küche. Verwendet wird ausschließlich Olivenöl »extra vergine«; der Fisch kommt fangfrisch aus dem Gardasee auf den Teller und schwarzer Trüffel aus der Region ist eine der Spezialitäten des Hauses. Über die Qualität der Speisen freut sich der Gaumen und bei dem Preis-Leistungs-Verhältnis auch der Geldbeutel.
Via Chiesa 9/a, Tignale, Mi–Mo 12.30–14, 18.30–22 Uhr, www.gardaminiera.it, Tel. +39 0365 76 02 25

44 MAILAND

Casa Fontana

Spezialität des Hauses sind »risotti«. Es werden insgesamt 23 Reisgerichte – von pikant bis fruchtig – aufgetischt, eines schmackhafter als das andere. Die anderen italienischen Gerichte sind ebenfalls empfehlenswert. Im Restaurant sitzt man gemütlich, draußen gibt es eine kleine Straßenterrasse.
Piazza Carbonari 5,
Di–So, www.23risotti.it,
Tel. +39 02 670 47 10

Osteria al 55

Das Ambiente erinnert an eine Bar aus den 1960er-Jahren, doch das Angebot auf der Speisekarte ist äußert innovativ. Michele und Carlo kreieren vegetarische Gerichte, die sie wie kleine Kunstwerke auf dem Teller anrichten, darunter viele vegane Varianten. Reservierung empfohlen.
Via Messina 55, Mo–Fr 7–15.30, Di–Sa 20–23.30 Uhr,
www.osteriaal55.it,
Tel. +39 02 49 75 22 86

Camparino in Galleria

Hier wurde 1867 der Campari erfunden. Die »aperitivo«-Bar ist legendär, schon Verdi und die Callas zählten zu den Gästen. Nach dem Shoppen gehört ein Besuch zum Pflichtprogramm! Der Campari wird mit Sodawasser zubereitet und kommt hier nicht aus dem berühmten runden Fläschchen.
Galleria Vittorio Emanuele II,
Ecke Piazza Duomo 21,
Di–So 7.15–20.40 Uhr,
www.camparino.it,
Tel. +39 02 86 464 4 35

Princi

In den insgesamt fünf Filialen des Mailänder Bio-Bäckers gibt es bestes Brot und leckere Snacks frisch aus dem Ofen, wie kleine Tartes oder Baguettes. Auch das süße Gebäck ist ein Gedicht sowie die Focaccia und die Lasagne. Ein Hauch von Luxus zu mehr als akzeptablen Preisen.
Piazza XXV Aprile 5, Via Ponte Vetero 10, Via Speronari 6, Largo la Foppa 2, Corso Venezia 21, www.princi.it

Hier soll es 1867 den ersten Campari gegeben haben: Camparino in Galleria (➤ S. 33) ist ein Klassiker unter den Bars in Mailand.

Cantine Isola

Das sympathische kleine Lokal ist eine Institution in Mailand. Es besteht seit über einem Jahrhundert und ist seit 20 Jahren in derselben Hand. Hier treffen sich Weinliebhaber und Interessierte. Unfassbar, wie viele Weinflaschen in das kleine urige Lokal passen. Man kann sich von jedem Wein, der ausgestellt ist, ein Gläschen bestellen. Die Kleinigkeiten, die dazu serviert werden, schmecken wunderbar. Bei schönem Wetter kann man draußen sitzen.
Via Paolo Sarpi, 30,
Di–So 10–22 Uhr, www.facebook.com/CantineIsola,
Tel. +39 023 31 52 49

45 VENEDIG

CoVino

In dem gemütlichen Lokal gibt es nur sechs Tische, doch auf die, die sich einen Platz ergattern, warten kulinarische Hochgenüsse zu für Venedig korrekten Preisen. Reservierung geboten!
3829, Calle Pestrin,
Do–Mo 12.30–14.30 Uhr,
www.covinovenezia.com,
Tel. +39 04 12 41 27 05

Paradiso Perduto

Hier kommt man garantiert in (hautnahen) Kontakt zu den Einheimischen. Studenten, Künstler und Musiker lieben dieses immer lebendige, immer gesteckt volle Lokal, halb Kneipe und halb Restaurant. Mehrmals in der Woche gibt es Livemusik, Dichterlesungen und künstlerische Performan-

ces. Dazu kann man sich venezianische Gerichte schmecken lassen. Wer nur auf ein gutes Glas Wein hereinkommen möchte, ist ebenso herzlich willkommen.
2540, Fondamenta della Misericordia, Mo, Do–So 11–24 Uhr, www.ilparadisoperduto.com, Tel. + 39 041 72 05 81

Bistrot de Venise

Hier werden alte Rezepte und neue Kunst verbunden: Zu Stockfisch-, Aal- und Scampi-Gerichten, die nach traditionellen Rezepten des 14. und 15. Jh. zubereitet werden, bietet man in dieser Lokalität auch Kunstausstellungen und literarische Abende. Das Interieur ist geschmackvoll im venezianischen Stil gehalten.
4685, Calle dei Fabbri, tgl. 12–15, 19–24 Uhr (Restaurant), tgl. 11–24 Uhr (Bar), www.bistrotdevenise.com, Tel. +39 04 15 23 66 51

Caffè Florian

Ein Symbol der Stadt und der städtischen Geschichte ist dieses im Jahr 1720 eingeweihte Kaffeehaus unter den Arkaden des Markusplatzes, das das älteste Italiens ist. Hier sind Casanova und Goldoni eingekehrt, Goethe und Lord Byron, antiösterreichische Verschwörer 1848 und Intellektuelle und Künstler zu allen Zeiten. Das Lokal ist teuer, aber selbst die Venezianer treffen sich gern im pompösen Samt-Stuck-Ambiente.
57, Piazza San Marco, tgl. 9–24 Uhr, www.caffeflorian.com, Tel. +39 04 15 20 56 41

Il Nuovo Galeon

Gleich ein bisschen wie ein Matrose fühlt man sich in diesem mit einem Schiffsrumpf eingerichteten Lokal zwischen Biennalegärten und Arsenal. Abseits der Touristenrouten wird bodenständige venezianische Küche aus garantiert frischen Fischen und Meeresfrüchten serviert.
1309, Via Garibaldi, www.ilnuovogaleon.com, Tel. +39 04 15 20 46 56

46 TOSKANA

Il Cibreo

Elegantes Lokal, in dem deftige, aber verfeinerte Gerichte der einfachen Florentiner Küche von Fabio Picchi gekocht werden.
Via Andrea del Verrocchio, 8 r, Florenz, tgl. 13–14.30, 19–23.15 Uhr, www.edizioniteatrodelsalecibreofirenze.it, Tel. +39 05 52 34 11 00

Il Bistrot

Hier verliebt man sich – wenn nicht in sein Gegenüber, so doch mindestens in das elegante und dennoch gemütliche Lokal. Sehr gut sind die »pici« mit Käse, Birne und Pfeffer.
Piazza Chiara Gambacorti 17, Pisa, Mo, Mi–Fr, So 13–15, 19.30–1 Uhr, Juli–Sept. So geschl., www.ilovebistrot.it, Tel. +39 349 075 98 09

Konditorei Nannini

Cantucci, Panforte, Ricciarelli … Wie in jeder Pasticceria Sienas bekommt man auch hier die lokaltypischen Süßspeisen nebst Espresso, Cappuccino und anderen Kaffeespezialitäten. Nur sind die Nanninis eben die alteingesessenste Konditorfamilie Sienas. Ihr berühmtestes Mitglied ist die Popsängerin Gianna Nannini, die angeblich immer wieder mal selbst auf einen Espresso vorbeischaut. Aber auch ohne Gianna kann man hier exzellent frühstücken. Außer den Süßigkeiten ist der hiesige »aperitivo«, das typisch italienische Buffet vorm Abendessen, sehr beliebt.
Via Banchi di Sopra 24, Siena, Mo–Do 7–21.30 Uhr, Fr bis 22.30, Sa/So bis 23.30 Uhr, www.grupponannini.it, Tel. +39 057 73 03 01

Taverna di San Giuseppe

Das schöne Gewölbe stammt aus dem 12. Jh. In der Küche regiert dementsprechend die Tradition: Besonders gut sind die »gnocchi verdi«, die Pasta-Gerichte mit Trüffeln und die Weine. Unbedingt anschauen sollte man den in Tuffstein gegrabenen Weinkeller.
Via Giovanni Duprè 132, Siena, www.tavernasangiuseppe.it, Tel. +39 057 74 22 86

Mayday Club

Hervorragende Cocktails im 1920er-Jahre-Ambiente. Zur Auswahl stehen eine breite Palette an klassischen Cocktails und englischen Craft-Beers. Der Barkeeper wird aber auch gerne kreativ und zaubert mit seinem ganzen Können neue Kreationen.
Via Dante Alighieri 16r, Florenz, Di–Sa 19–2 Uhr, www.maydayclub.it, Tel. +39 05 52 38 12 90

47 ROM

Da Cesare
Die Menükarte dieser beliebten Trattoria ist lang und alles schmeckt köstlich – von Buletten aus Kochfleisch und frittierten Auberginenbällchen über Tagliatelle oder Tonnarelli »frutti di mare« bis zu den Fisch- und Fleischgerichten. Am Wochenende ist eine Reservierung empfohlen.
Via Casaletto 45, Do–Di 12.45–15 und 19.45–23 Uhr, www.trattoriadacesare.it, Tel. +39 06 53 60 15

Art Studio Café
Hier hat man die Wahl: Cappuccino mit Croissants am Morgen, kleine Gerichte mittags, am Nachmittag ein Glas Wein oder ein Cocktail mit hausgebackenem Kuchen. Nebenbei darf nach Wunsch getöpfert oder Mosaik erstellt werden sowie ein Teller, eine Vase oder ein Bilderrahmen bemalt werden.
Via Paolo VI 27, tgl. 7.30 bis 21.30 Uhr, www.artstudiocafe.it, Tel. +39 06 68 30 70 17

Teatro India
In einer Ex-Fabrik am Tiber liegt dieses Kulturzentrum, das Experimentierhaus vom Teatro Argentina, in dessen Sälen häufig ausländische Theater oder Ballett-Ensembles der Avantgarde auftreten. Auch das Ambiente dieses Theaters mit Gasometer und Wohnblocks im Blick ist einen Besuch wert.
Lungotevere Vittorio Gassman 1, Abendkasse eine Stunde vor Beginn, www.teatrodiroma.net, Tel. +39 066 84 00 03 11

Bir & Fud
In-Lokal, das auf eine interessante Bierauswahl von kleinen Hausbrauereien setzt. Dazu gibt es diverse Pizzen, aber auch gute Küche wie Artischocken-Variationen oder Mozzarella. Möchte man einen Tisch, sollte man (besonders am Wochenende) besser reservieren, sonst sitzt man an der langen Bar.
Via Benedetta 23, Mo–Do 12–2 Uhr, www.birandfud.it, Tel. +39 065 89 40 16

Sciascia Caffé
Café-Institution in Rom: Das Sciascia Caffé kann eine lange Erfahrung in Sachen Kaffee aufweisen. Schon seit 1919 wird dieser hier geröstet und frisch aufgebrüht. Viele Besucher sind sich einig, dass im Sciascia einer der besten Cappuccinos in Rom serviert wird.
Via Fabio Massimo n.80/a, tgl. 7–20 Uhr, Tel. +39 063 21 15 80

Authentische italienische Kaffeekunst lässt sich im Sciascia Caffé (➤ S. 35) in Rom genießen.

48 PALERMO

Da Frida
Erstklassige Pizzen in einem modernen Ambiente. An den Wänden hängen Reminiszenzen an die mexikanische Künstlerin Frida Kahlo. Im Sommer sitzt man schön auf der Terrasse.
Piazza Sant'Onofrio 37, Mi–Mo 19.30–24 Uhr, www.fridapizzeria.it, Tel. +39 091 550 54 40

Basquiat
Stimmungsvolles Café in Palermos Innenstadt, randvoll mit Fotos und Zeichnungen; der perfekte Ort für einen nachmittäglichen Kaffee oder Tee oder ein abendliches Bier. Es gibt auch eine kleine Speisekarte.
Via Sant' Oliva 20, Mo–Fr 13–1, Sa 13–15, So 17–1 Uhr, www.basquiatcafe.altervista.org, Tel. +39 09 16 09 00 90

Spinnato
Café und birreria, die schon seit 1860 Getränke ausschenkt. Elegante Atmosphäre, bemerkenswerte Cocktails und großartiges Eis. Die Speisekarte ist in den letzten Jahren erweitert worden, sodass man hier auch gut essen kann, darunter hervorragende »arancini« (kleine panierte Reisbällchen).
Via Principe di Belmonte 111, www.spinnato.it, Tel. +39 09 17 49 51 04

Trattoria ai Cascinari
Die Slow-Food-Bewegung findet auch in Sizilien viele Anhänger. Diese Trattoria mit

ihren karierten Tischdecken hat sich der regionalen Küche verschrieben. Ein Muss sind die Antipasti, zudem gibt es authentische palermitanische Spezialitäten wie »involtini« (Rouladen) oder »farsumagru« (gefüllter Rollbraten), die auch die Einheimischen schätzen.
V. D'Ossuna 43–45, Mo geschl., Tel .+39 09 16 51 98 04

Biobistrot Le Freschette

Auch in Palermo muss man nicht auf Bio verzichten. Das kleine, von zwei engagierten jungen Frauen geführte Restaurant mit angeschlossenem Bioladen ist auch bei Einheimischen beliebt. Auf der Karte stehen abwechslungsreiche Gerichte zu günstigen Preisen, darunter auch vegane und/ oder glutenfreie Varianten, sowie leckere Nachtische. Im Sommer kann man draußen auf einer Straßenterrasse sitzen.
Piazetta Monteleone 5, Di–Sa12–23.30 Uhr, www.freschette.com, Tel. +39 393 243 04 40

49 MALTA

Il-Merill

In dieser ursprünglichen Taverne mit nur 32 Plätzen, nahe der Uferstraße, bereiten die herzlichen und trotzdem professionellen Inhaber v. a. frischen Fisch und maltesische Spezialitäten zu.
St. Vincent St., Sliema, Mo–Fr 18.30–22, Sa 19–22 Uhr, www.il-merill.com, Tel. +356 21 33 21 72

Portomaso Tower

In der Lounge-Bar »Level 22« auf der obersten Etage, also im 22. Stock von Maltas höchstem Gebäude, treffen sich besser betuchte und stets schick gekleidete Nachtschwärmer in gepflegtem Ambiente mit grandiosem Blick über Malta zu Cocktails und Champagner. »Sehen und gesehen werden« ist hier ebenso wichtig wie die chillige Lounge-Musik. Auf jeden Fall hat man das Gefühl, oben angekommen zu sein.
Portomaso Tower, www.22.com.mt, Tel. +356 21 38 68

Höher hinauf kommt man in Malta nicht mehr als in der Lounge-Bar Level 22 des Portomaso Tower (➤ S. 36).

Ta' Frenc

Der Clou des gozitanischen Spitzenrestaurants in einem alten Farmhaus aus dem 17. Jh. ist der kleine Kräutergarten, aus dem sich die Küche stets frisch bedient. Auch sonst setzen Chef Mario Schembri und sein Team auf Inselprodukte, beziehen ihr Schweine- und Lammfleisch sowie die Wachteln vom gozitanischen Vertragszüchter.
Triq Ghajn Damma, Gozo, Mo–So 12–13.30, 19–21.30 Uhr, www.tafrencrestaurant.com, Tel. +356 21 55 38 88

Tal-Familja

Das Restaurant am Ortsrand mit etwa 150 Plätzen innen und auf der Terrasse wird von der Familie Preca liebevoll geführt und gilt als eines der besten der Insel. Als Hauptgerichte werden Fisch und Fleisch gleichermaßen angeboten, auch für Vegetarier ist gesorgt. Ungewöhnliche Vorspeisen sind z.B. Kaninchenleber und Fischfrikadellen.
Triq il-Gardiel, Marsascala, Di–So 11–23 Uhr, www.talfamiljarestaurant.com, Tel. +356 21 63 21 61

King's Own Band Club

Nirgendwo kann man sich leichter unters Volk mischen als in einem der Stammlokale der Bandas, der örtlichen Musikkapellen. Eins davon, das King's Own Band Club, liegt zentral in der Fußgängerzone, so ist man mitten im Treiben und kann sich die Malteser Küche schmecken lassen.
Republic St. 274, Valletta, Tel. +356 21 23 02 81

50 DUBROVNIK

Otto Taverna

In einem charmanten, über 400 Jahre alten, ehemaligen Bootshaus befindet sich die gemütliche Otto Taverna. Zwar ist die Menükarte nur klein, doch sind alle Gericht schmackhaft und empfehlenswert. Die mediterran ausgerichtete Küche des Restaurants wird durch eine Auswahl hervorragender kroatischer Weine abgerundet. Und alles wird zu fairen Preisen für Dubrovnik angeboten.

Nikole Tesle 8,
www.tavernaotto.com,
Tel. +385 20 35 86 33

Nishta

Die beiden gelernten Köche Ružica und Gildas erfüllten sich ihren Traum, das erste vegetarische Restaurant in Dubrovnik zu eröffnen. Seitdem wird hier Genuss mit Gesundheit verbunden: Aus ausgewählten Zutaten zaubern sie geschmackvolle Klassiker der vegetarischen und veganen Küche, aber auch neue Kreationen, Rohkost und glutenfreie Gerichte werden in dem gemütlichen kleinen Restaurant angeboten,

Prijeko bb ,
Mo–Sa 11.30 bis 23 Uhr,
www.nishtarestaurant.com,
Tel. +385 20 32 20 88

Restaurant Panorama

An der Seilbahnstation auf dem Berg Srđ oberhalb Dubrovniks befindet sich dieses Restaurant mit großartigem Panoramablick auf die Altstadt und das Meer. Nicht nur der Blick macht das Restaurant empfehlenswert, auch die Qualität und der Geschmack der Speisen tragen zur Beliebtheit bei Gästen von nah und fern bei.

Srđ ul. 3,
www.dubrovnikcablecar.com,
Tel. +385 20 31 26 64

D'vino Wine Bar

Über 60 Sorten, darunter viele erstklassige Weine kleiner kroatischer Weingüter, aber auch eine Vielzahl internationaler Weine lassen sich hier verköstigen. In der Nebensaison bekommt man kein Essen, in der Hauptsaison gibt es zu den Weinen Antipasti, Käseplatten mit getrockneten Früchten oder marinierten Oliven.

Palmotićeva 4a, tgl. ab 10 Uhr,
www.dvino.net,
Tel. +385 20 321 12 30

Soul Caffe & Rakhija Bar

Ein paar Straßen abseits des Haupttrubels auf dem Stradun, in den engen Gässchen der Altstadt findet man charmante kleine Cafés, so z. B. das Soul Caffe. Hier bekommt man guten, frisch gemahlenen Kaffee, dazu leckere Kuchen und abends Cocktails, Rakijas und Schnäpse.

Uska ulica 5, tgl. 9–2 Uhr,
Tel. +385 95 199 85 07

51 ATHEN

Restaurant Cookoovaya

Die Eule (Cookoovaya heißt zu deutsch Eule) überzeugt sowohl ein einheimisches als auch ein internationales Publikum durch die Qualität der angebotenen Speisen und der verwendeten Zutaten.
Mit eigenem Hauswein in vier Sorten (Assyrtiko, Malagousia, Syrah Rosé und Merlot).

Chatzigianni Mexi 2a, tgl.
13–1 Uhr, www.cookoovaya.gr,
Tel. +30 21 07 23 50 05

Restaurant Oikeio

Im Oikeio (ausgesprochen Ikío) wird eine traditionelle griechische Küche gehobener Qualität serviert. Das Restaurant ist (bislang) wenig touristisch und wird daher von Einheimischen gern frequentiert. Alle Gerichte werden aus frischen, hochwertigen Zutaten und Produkten aus der Region zubereitet, verwendet wird ausschließlich Bio-Olivenöl. Man sollte sicherheitshalber vorab reservieren.

Ploutarchou 15,
Mo–Sa 13–24 Uhr,
Tel. +30 21 07 25 92 16

Café Yiasemi

Innen ist das Café und Bistro gemütlich mit einer offenen Feuerstelle ausgestattet, draußen wird es zu einem anheimelnden Straßencafé. Die Tische sind auf der Treppe vor dem Café aufgestellt – so lässt sich das bunte Treiben auf der Straße gut beobachten. Perfekt ist dann ein kalter Café Frappé oder ein Freddo Cappuccino in der warmen Sonne.

Mnisikléous 23, tgl. 10–3 Uhr,
www.yiasemi.gr,
Tel. +30 21 30 41 79 37

Tailor Made

Direkt auf dem Agias Irinis Platz, dem beliebten Ausgehplatz, und in einem der

belebtesten Viertel Athens befindet sich diese viel besuchte Kaffeebar. Tagsüber ist sie ein Café mit einer hervorragenden Auswahl an Kaffeesorten und abends eine Bar mit Cocktails.
Plateia Agias Eirinis 2,
Mo–Do 8–2, Fr/Sa 8–4,
So 9–2 Uhr, www.tailormade.gr,
Tel. +30 213 0049645

Shopping im Monastiráki-Viertel

Ein Spaziergang durch das Monastiráki-Viertel lohnt immer, besonders am Sonntagmorgen, wenn die fliegenden Händler ihre Stände aufbauen: Zwischen Edelkitsch und vielen geschmacklosen Souvenirs findet sich, häufig versteckt in den Nebenstraßen, so manches ausgefallene Stück: Karaghiozis-Figuren aus dem griechischen Schattentheater, Porzellan und Fotografien aus Zeiten, als Athen noch ein Dorf war.
Rund um den Monastiráki Platz

Braucht man mal eine Pause vom Geschichtsausflug, bietet sich das gemütliche Café Yiasemi (➤ S. 37) in der Nähe der Akropolis an.

52 ISTANBUL

Karaköy Lokantası

Höhepunkte sorgfältiger Kochkunst erlebt man gleich in der Hafengegend von Karaköy in stilvoll mit türkiser Wandkeramik dekorierten Räumen.
Kemankeş Caddesi 37 A,
tgl. 12–24 Uhr,
www.karakoylokantasi.com,
Tel. +90 212 292 44 55

Sensus Wine

Meterlange Regale voller Flaschen bedecken in der Weinbar die Wände; die Auswahl an türkischen und internationalen Weinen ist riesig.
Büyükhendek Caddesi 5,
www.sensuswine.com,
Tel. +90 212 245 56 57

Kurukahveci Mehmet Efendi

Bekannter Händler türkischen Kaffees seit 1671; der Kaffee hier ist einer der besten in der Stadt. Serviert wird er immer frisch geröstet und gerade aufgebrüht.
Tahmis Sokak 66,
www.mehmetefendi.com,
Tel. +90 212 511 42 62 63

Edebiyat Kıraathanesi Hafiz Mustafa

Süßes ohne Ende: Lokum, feinste Törtchen, Baklava, verschiedene Puddingsorten, Konfekt – ein Traum für alle Liebhaber türkischer Süßigkeiten. Das Süßwarengeschäft ist in einem schönen historischen Gebäude mit einer eleganten Teestube untergebracht.
Divanyolu Caddesi 14,
www.hafizmustafa.com,
Tel. +90 212 514 90 68

Sultanahmet Köftecisi Selim Usta

Das Lokal besteht schon seit 1920 am Sultanahmet-Platz. Es ist immer gut besucht, sowohl von Einheimischen wie auch von Touristen. Die Gäste schwärmen, dass es hier die besten Köfte in Istanbul gibt. Das Restaurant eignet sich für einen kleinen Lunch zwischendurch bei einem Stadtbummel oder bei einer Besichtigungstour. Der Service ist schnell und freundlich.
Divan Yolu Caddesi 12,
www.sultanahmetkoftesi.com,
Tel. +90 212 520 06 55

IMPRESSUM

Dieses Booklet gehört zum Buch »Die schönsten Wochenendtrips«
ISBN: 978-3-8342-2121-6
Preis: (D) 19,99 €, (A) 20,60 €

Alle Angaben in diesem Reiseführer sind gewissenhaft geprüft. Preise, Öffnungszeiten usw. können sich aber schnell ändern. Für eventuelle Fehler übernimmt der Verlag keine Haftung.

Holiday ist eine eingetragene Marke der GANSKE VERLAGSGRUPPE.

5. Auflage

Bei Interesse an maßgeschneiderten Produkten:
veronica.reisenegger@travel-house-media.de

Bei Interesse an Anzeigenschaltung:
KV Kommunalverlag GmbH & Co KG
Tel. 089/9 28 09 60
info@kommunal-verlag.de

TRAVEL HOUSE MEDIA
Postfach 86 03 66
81630 München
Tel. 089/450 00 99 00
holiday@travel-house-media.de
www.travel-house-media.de

TRAVEL HOUSE MEDIA

Ein Unternehmen der
GANSKE VERLAGSGRUPPE

Programmgeschäftsleitung
Frank-H. Häger

Verlagsleitung
Michaela Lienemann

Idee/Konzept
Verónica Reisenegger, Martina Krammer, Simon Pause

Redaktion
Viktoria Paschke, Martina Krammer

Layout
Michaela Fischer M-DESIGN

Bildredaktion
Tobias Schärtl, Dr. Nafsika Mylona

Schlussredaktion
Dr. Anita Meschendörfer

Produktion
Anna Bäumner

Repro
Repro Ludwig, Zell am See

Druck und Bindung
Printer Trento, Italien

BILDNACHWEIS

Cover: Getty Images; S. 3 (v. l.) Getty Images, Christina Koerte/JAHRESZEITEN VERLAG, Kristina Rütten/Fotolia.com; S. 4 seasons.agency/GourmetPictureGuide; S. 6 seasons.agency/Kris Jacobs photography; S. 9 Mikkeler Bar; S. 10 oaxen/erik olsson photography; S. 12 seasons.agency/GourmetPictureGuide, S. 14 seasons.agency/GourmetPictureGuide; S. 16 mauritius images/Novarc/Christian Reister; S. 18 seasons.agency/GourmetPictureGuide; S. 20 seasons.agency/Lengler, Gregor; S. 22 Gregor Lengler/JAHRESZEITEN VERLAG; S. 24 seasons.agency/GourmetPictureGuide; S. 26 Shutterstock/SEAGULL_L; S. 29 Kristina Rütten/Fotolia.com; S. 31 Christina Koerte/JAHRESZEITEN VERLAG; S. 33 Christina Koerte/JAHRESZEITEN VERLAG; S. 35 Andrea Di LorenzoJAHRESZEITEN VERLAG; S. 36 Level 22; S. 38 INTERFOTO/Danita Delimont/Peter Adams; U4 (v. l.) oaxen/erik olsson photography, Shutterstock/SEAGULL_L, Andrea Di Lorenzo/JAHRESZEITEN VERLAG

Damit der Kurztrip rundum gelingt, gehört der Frühstückskaffee am Morgen genauso dazu wie das passende Restaurant und spannende Ausgehmöglichkeiten am Abend.
Hier finden Sie 260 Tipps, die Ihren Kurztrip perfekt machen:

★ hübsche Cafés

★ außergewöhnliche Restaurants

★ angesagte Bars

★ Kulturelles am Abend

★ besondere Ausgehmöglichkeiten

★ tolle Shoppingadressen

★ ausführliche Service-Informationen mit Öffnungszeiten, Telefonnumern und Webadressen

ISBN 978-3-8342-2121-6

Die schönsten Wochenendtrips

Die besten Adressen für unterwegs

Holiday

Cover: Abenddämmerung in Venedig, Blick von der Ponte di Rialto auf den Canal Grande, Getty Images/Rilind Hoxha Photography; U2 (v. l. o. im Uhrzeigersinn) H & D Zielske/JAHRESZEITEN VERLAG, Miquel Gonzalez/laif, imageBROKER/vario images, Getty Images; S. 2 (v. l.) Getty Images, Klaus Bossemeyer/JAHRESZEITEN VERLAG, H & D Zielske/JAHRESZEITEN VERLAG; S. 3 (v. l.) Prisma/Lucas Vallecillos, Maurizio Rellini/SIME/Schapowalow, Getty Images; S. 5 (v. l. o. im Uhrzeigersinn) Andreas Hub/laif, Maurizio Rellini/SIME/Schapowalow, Getty Images, Getty Images, S. 6 mauritius images/Alamy; S. 8 Irish Image Collection/vario images; S. 9 Maurizio Rellini/SIME/Schapowalow; S. 11 mauritius images/Alamy; S. 12/13 Getty Images; S. 15 Getty Images; S. 16 Getty Images; S. 18 mauritius images/Joana Kruse/Alamy; S. 19 Getty Images; S. 21 mauritius images/Jochen Tack/Alamy; S. 22/23 Gulliver Theis/JAHRESZEITEN VERLAG; S. 25 dpa Picture-Alliance; S. 26/27 Peter Adams/AWL Images; S. 29 Ad Nuis/Hollandse Hoogte/laif; S. 31 (v. l. o. im Uhrzeigersinn) Berthold Steinhilber/laif, Klaus Bossemeyer/JAHRESZEITEN VERLAG, mauritius images/Alamy, Andreas Teichmann/laif; S. 32 mauritius images/Alamy; S. 34 Berthold Steinhilber/laif; S. 35 Getty Images; S. 37 mauritius images/Alamy; S. 38/39 Andreas Teichmann/laif; S. 41 Martin Sasse/laif; S. 42 Karl Thomas/AWL Images; S. 44 Eric Nathan/Loop Images/laif; S. 45 imageBROKER/vario images; S. 47 Corbis/Peter Seyfferth/imageBROKER; S. 48/49 Arthur F. Selbach/JAHRESZEITEN VERLAG; S. 51 Corbis/Atlantide Phototravel; S. 52/53 Klaus Bossemeyer/JAHRESZEITEN VERLAG; S. 55 Klaus Bossemeyer/JAHRESZEITEN VERLAG; S. 57 (v. l. o. im Uhrzeigersinn) imageBROKER/vario images, H & D Zielske/JAHRESZEITEN VERLAG, Arthur F. Selbach/JAHRESZEITEN VERLAG, dpa Picture-Alliance/Jan Woitas; S. 58 Pieter-Pan Rupprecht/JAHRESZEITEN VERLAG; S. 60 Getty Images; S. 61 Henry Czauderna/Fotolia.com; S. 63 Corbis; S. 64 H & D Zielske/JAHRESZEITEN VERLAG; S. 66 Christoph Keller/VISUM; S. 67 H & D Zielske/JAHRESZEITEN VERLAG; S. 69 Kai Nedden/laif; S. 70/71 Pierre Adenis/laif; S. 73 Philip Koschel/JAHRESZEITEN VERLAG; S. 74 dpa Picture-Alliance/Jan Woitas; S. 76 Peter Hirth/JAHRESZEITEN VERLAG; S. 77 Walter Schmitz/JAHRESZEITEN VERLAG; S. 79 Gregor Lengler/JAHRESZEITEN VERLAG; S. 80/81 Walter Schmitz/JAHRESZEITEN VERLAG; S. 83 Christina Körte/JAHRESZEITEN VERLAG; S. 84 Arthur F. Selbach/JAHRESZEITEN VERLAG; S. 86 Bildagentur Huber/R. Schmid; S. 87 Zürich Tourism/Martin Rütschi; S. 89 Zuerich Tourismus/Keystone/Gaetan Bally; S. 90 Bildagentur Huber/Richard Taylor; S. 92 imageBROKER/vario images; S. 93 Tourismus Salzburg GmbH; S. 95 look-foto; S. 96/97 MuseumsQuartier Wien/Hertha Hurnaus; S. 99 Shutterstock/maudanros; S. 100 Bildagentur Huber/M. Rellini; S. 102 Francesco Iacobelli/AWL-Images; S. 103 Martina Krammer; S. 105 Corbis; S. 106/107 huber-images.de/Rellini Maurizio; S. 109 Darshana Borges/JAHRESZEITEN VERLAG; S. 110/111 dpa Picture-Alliance/Karl Thomas; S. 113 Getty Images; S. 115 (v. l. o. im Uhrzeigersinn) Miquel Gonzalez/laif, Katja Kreder/awl-images, Prisma/Lucas Vallecillos, Getty Images; S. 116/117 Getty Images; S. 119 Getty Images; S. 120 Miquel Gonzalez/laif; S. 122 Getty Images; S. 123 René Mattes/hemis.fr/laif; S. 125 Kyle Ford/Gallery Stock/laif; S. 126/127 Katja Kreder/awl-images; S. 129 Bertrand Gardel/hemis.fr/laif; S. 130 Corbis; S. 132 Karl-Heinz Raach/laif; S. 133 Getty Images; S. 135 Shutterstock/Shchipkova Elena; S. 136 huber-images.de/Taylor Richard; S. 138 Prisma/Lucas Vallecillos; S. 139 Pietro Canali/SIME/Schapowalow; S. 141 huber-images.de/Kremer Susanne; S. 142/143 Le Figaro Magazine/laif; S. 145 look-foto; S. 146/147 Getty Images; S. 149 Getty Images; S. 151 (v. l. o. im Uhrzeigersinn) Santosha57/Fotolia.com, Shutterstock/Catarina Belova, Getty Images, Andreas Hub/laif; S. 152/153 Bildagentur Huber/Johanna Huber; S. 155 look-foto; S. 156 Tobias Gerber/laif; S. 158 Getty Images; S. 159 Massimo Pignatelli/SIME/Schapowalow; S. 161 Getty Images; S. 162/163 Sebastiano Scattolin/SIME/Schapowalow; S. 165 Shutterstock/Catarina Belova; S. 166 Francesco Iacobelli/AWL-Images; S. 168 Maurizio Rellini/SIME/Schapowalow; S. 169 Klaus Bossemeyer/JAHRESZEITEN VERLAG; S. 171 Pigi Cipelli/The New York Times/Redux/laif; S. 172 Bildagentur Huber/Giocoso Paolo; S. 174 Ignazio Sciacca/laif; S. 175 mauritius images/Alamy; S. 177 Andreas Hub/laif; S. 178/179 Santosha57/Fotolia.com; S. 181 huber-images.de/Fantuz Olimpio; S. 182 Shutterstock/S. Borisov; S. 184 Anastasios71/Fotolia.com; S. 185 Walter Schmitz/JAHRESZEITEN VERLAG; S. 187 Walter Schmitz/JAHRESZEITEN VERLAG; U4 (v. l.) Getty Images, Prisma/Lucas Vallecillos, Getty Images, Klaus Bossemeyer/JAHRESZEITEN VERLAG, Maurizio Rellini/SIME/Schapowalow
Icons: Michaela Reitinger; Artco/Fotolia.com; Thierry RYO/Fotolia.com

5. Auflage
ISBN: 978-3-8342-2121-6

Bei Interesse an maßgeschneiderten Produkten:
veronica.reisenegger@travel-house-media.de

Bei Interesse an Anzeigenschaltung:
KV Kommunalverlag GmbH & Co KG
Tel. 089/92809 60
info@kommunal-verlag.de

TRAVEL HOUSE MEDIA
Postfach 86 03 66
81630 München
Tel. 089/450009900
holiday@travel-house-media.de
www.travel-house-media.de

TRAVEL HOUSE MEDIA

Ein Unternehmen der
GANSKE VERLAGSGRUPPE

Programmgeschäftsleitung
Frank-H. Jäger

Verlagsleitung
Michaela Lienemann

Idee/Konzept
Verónica Reisenegger, Martina Krammer, Simon Pause

Projektleitung
Martina Krammer

Redaktion
Martina Krammer, Simon Pause, Viktoria Paschke

Layout
Michaela Fischer M-DESIGN

Bildredaktion
Tobias Schärtl, Dr. Nafsika Mylona

Schlussredaktion
Dr. Anita Meschendörfer

Autoren
Peter Dorsch, Peer Pierrot, Greta Galiard, Gisela Buddée, Christian Eder, Eva Gerberding, Izabella Gawin, Marina Bohlmann-Modersohn, Ralf Nestmeyer, Rüdiger Tschacher, Annette Birschel, Annette Rübesamen, Bärbel Nückles, Bernd Wurlitzer, Charlotta Rüegger, Christa M. Andersen, Christiane Bauermeister, Christine Rettenmeier, Christoph K. Neumann, Elisabeth Katalin Grabow, Eva-Maria Kallinger, Friederike Kaiser, Georg Weindl, Hans Eckart Rübesamen, Harald Klöcker, Heidede Carstensen, Heidrun Reinhard, Heiner Labonde, Jessika Kuehn-Velten, Henner Kotte, Holger Wolandt, Isabel González Alegría, Jenny John, Katja Wündrich, Kerstin Schweighöfer, Kerstin Sucher, Klaus Bötig, Manfred Wöbcke, Michael Baumgartner, Niklaus Schmid, Nina Wacker, Pablo Santiago Chiquero, Ralf Johnen, Sascha Borrée, Simone Klein, Sonja Still, Stefanie Bisping, Sünje Carstensen, Susanne Asal, Thomas Borchert, Thomas Büser, Thomas Migge, Thomas Veszelits, Wolfgang Rössig, Wolftraud de Concini, Beate Kirchner, Julia Macher, Max Fleschhut, Volker Knopf

Kartografie
Gecko-Publishing GmbH,
Kunth Verlag GmbH & Co. KG

Produktion
Anna Bäumner

Repro
Repro Ludwig, Zell am See

Druck und Bindung
Printer Trento, Italien

PEFC
PEFC/18-31-506

Liebe Leserinnen und Leser,

hat Ihnen unser Buch gefallen? Falls ja, freuen wir uns, wenn Sie es weiterempfehlen – Ihren Freunden, Verwandten, Kollegen, Nachbarn, dem Buchhändler Ihres Vertrauens und allen, die auf der Suche nach einem Reisebuch-Tipp sind, z. B. bei Online-Händlern.

Wenn Sie Kritik oder Korrekturen haben, schreiben Sie uns gerne an holiday@travel-house-media.de – und natürlich auch, wenn Sie uns Ihr Lob auf direktem Weg zukommen lassen möchten.

Ihre HOLIDAY-Redaktion